思想政治教育实践研究

—— 新探索丛书 ——

主编◎杨晓慧　刘志

# 研究生思想政治教育论要

刘　志◎著

中国人民大学出版社

·北京·

# 总　序

问题是时代的呼声与口号，理论是在思想中把握到的时代，真见以问题为基础和前提。马克思说："问题是时代的格言，是表现时代自己内心状态的最实际的呼声。"① 中国特色社会主义进入新时代，这是我们当前所处的历史方位，也是思想政治教育学科发展的基本场域。新时代提出新课题，新课题引发新思考，新思考呼唤新作为。思想政治教育学科的建设与发展，只有科学把握时代问题，关注时代变化，才能在培养中国特色社会主义事业建设者和接班人的过程中彰显独特价值。

人类究竟应当确立什么样的生存方式，从而正确地面对自然、社会和人类自身，不仅仅是思想政治教育学科发展面临和回答的基本问题，也是整个人文社会科学应当优先解释与科学解决的重要课题之一。思想政治教育是对人进行思想理论教育和价值引领的重要学科，如何引领人们正确看待人类社会发展中出现的各种问题与挑战，在一定意义上构成了思想政治教育学科发展的时代之问。思想政治教育不只是一门理论学科，更是一门实践学科，具有明确的应用指向。思想政治教育不是"书斋里的学问"，而是面向生活、面向实践的，其学科发展必然依时代发展与实践推进而变化。离开了现实生活与社会实践，思想政治教育学科就是无源之水、无本之木。

回顾历史，从思想政治教育发展历史来看，高度重视思想政治教育的实

① 马克思，恩格斯．马克思恩格斯全集：第1卷．2版．北京：人民出版社，1995：203.

践创新，推进思想政治教育规律的探索与应用，全面提高思想政治教育的针对性和实效性，是思想政治教育改革发展的思想主题和历史主线。思想政治教育学科自诞生以来，一直发挥着“解释世界”与“改变世界”的基本功能。如果说“解释世界”主要在学科体系的构建中阐释其学科功能的话，那么，人才培养则是其发挥“改变世界”功能的主体依托。在学科发展过程中，其生成逻辑逐渐由思想政治教育“是什么”“为什么”“怎么办”的传统学术解释逻辑向“时代需要什么样的思想政治教育”“思想政治教育如何回应时代需要”“思想政治教育能为培养人做什么”的生活实践逻辑转化。思想政治教育需要在“解释世界”与“改变世界”的过程中，不断更好地服务于培养德智体美劳全面发展的社会主义建设者和接班人这一学科建设与发展目的。

立足当下，新时代思想政治教育的创新发展理应放在当今世界百年未有之大变局、党和国家事业发展全局中来看待，从坚持和发展中国特色社会主义、全面建成社会主义现代化强国、实现中华民族伟大复兴的高度来对待。“四个正确认识”的新方向，“遵循思政工作规律、教书育人规律、学生成长规律”的新指向，“因事而化、因时而进、因势而新”的新取向，“围绕学生、关照学生、服务学生”的新导向，为我们划定了新时代思想政治教育的主攻方向和实践方略。在此基础上，思想政治教育应在深化理解思想政治教育学科本质的同时，直面时代问题，明确应用导向，充分发挥思想政治教育的价值和功能，夯实思想政治教育实践研究的现实根基，在顺应新形势、解决新问题中不断焕发新的生命力。

思想政治教育实践研究一直是东北师范大学思想政治教育研究中心的重点研究方向与优势领域。多年来，我们始终聚焦思想政治教育应用研究和比较研究，积极进行学术探索。应用研究旨在破解高校思想政治工作和学生成长中面临的实践难题，把问题变成课题，把经验上升为理论，把成果转化为成效；比较研究旨在通过跨文化德育比较，探索构建比较思想政治教育的理论体系与研究范式，推动思想政治教育由本土走向世界。应用研究与比较研究相互支撑、相辅相成，通过揭示不同国家思想政治教育差异性特质与普遍性规律，创建兼具中国风格与世界视野的思想政治教育实践理论，服务于当代思想政治教育的创新发展。

在已有系列成果基础上，聚焦思想政治教育应用研究和比较研究两大领域，东北师范大学思想政治教育研究中心与中国人民大学出版社、商务印书馆签订系列出版协议，全面启动“思想政治教育实践研究新探索丛书”“中外价值观教育前沿论丛”共计十余部著作的系统创作。丛书瞄准新时代思想政治教育研究的当代转向，聚焦前沿论域，关注重大现实，打通关键环节，紧紧围绕思想政治教育工作中的实际问题、重点任务、瓶颈难题等开展论述，对当前思想政治教育存在的一些前瞻性、根本性问题做出积极探索，有助于我们从更深层次思考新时代思想政治教育理论研究的新突破和实践创新的新发展。

“思想政治教育实践研究新探索丛书”抛砖引玉，希望可以引起读者对思想政治教育学科理论与实践更多的关注与思考。恳请各位同人与读者批评指正。

**杨晓慧**

2020 年 6 月 1 日

# 目　录

# 导 言

1987年，中共国家教委党组与中宣部联合发布《关于加强研究生思想政治工作的几点意见》，文件明确提出“研究生教育是高等教育的最高层次，培养研究生必须坚持德智体全面发展，在德才两方面都要有严格的要求”。2020年7月，习近平总书记对研究生教育工作做出重要指示，强调“各级党委和政府要高度重视研究生教育，推动研究生教育适应党和国家事业发展需要”[①]。2022年10月，党的二十大报告指出，“坚持创新在我国现代化建设全局中的核心地位”[②]，并基于对教育、科技、人才三者内在规律的深刻把握，提出了“加快建设教育强国、科技强国、人才强国，坚持为党育人、为国育才，全面提高人才自主培养质量，着力造就拔尖创新人才”[③]。如今，再次审读与体味这些要求，我有了更加独特、深刻的感知，并在此基础上将研究视角聚焦研究生思想政治教育理论与实践中的要点问题。本书的研究建立在本人长期从事研究生教育一线工作的实践经历之上。多年来，本着对于这份工作的热爱与坚守、执着与追求，我从一开始便树立了“将工作问题聚焦为研究主题、将工作经验提升为学理”的学术研究理念、精益求精的学术研究追求，形成了独特的研究思路和视角。

---

① 适应党和国家事业发展需要　培养造就大批德才兼备的高层次人才．人民日报，2020-07-30（1）.

② 习近平．高举中国特色社会主义伟大旗帜　为全面建设社会主义现代化国家而团结奋斗：在中国共产党第二十次全国代表大会上的报告［M］．北京：人民出版社，2022：35.

③ 同①33-34.

将以上研究理念、研究追求、研究思路和视角系统整合并应用于实践，便有了《研究生思想政治教育论要》这本专著。“要”指重大、值得重视，也指主要内容，隐含着代表性、重要性和实效性的意蕴。那么何谓论“要”？首先，所论之“要”应集各界重视的焦点、研究面临的难点和社会关注的热点这“三点”于一身。所谓焦点问题，是指研究过程中社会各界广泛探析的重点问题；所谓难点问题，是指研究过程中难以突破的重大障碍以及艰难困境；所谓热点问题，是指时下深受社会大众关注的重大事件。它们是研究进程中极具代表性和迫切性的关键点，也必然是“要点”研究的核心突破。其次，论“要”应关注发展过程中特殊点的研究。思想政治教育论要需要运用归纳、梳理、整合、类比等手段对具有动态代表性、实效趋向性、发展前瞻性的问题特征进行分析研究。

在厘清要点问题内涵的基础上，还需明晰研究生思想政治教育研究领域要点问题的标准。一是能够代表研究生思想政治教育基本理论在当前发展阶段所面临的新困境和新情况的难点问题。这些问题关系到研究生思想政治教育实践的整体推进，必须迫切地进行回应和解答。二是能够体现研究生思想政治教育基本理论未来发展新思路与新领域的问题。这些问题对于研究生思想政治教育实践的未来发展具有前瞻性和趋向性的引导作用，必须给予重视和探讨。三是能够反映研究生思想政治教育基本理论发展过程的原理性和特征性的问题。这些问题是研究生思想政治教育基本理论的根本要素，必须予以深入的学术研究。四是能够完善研究生思想政治教育基本理论的具有时代性、理论性特征的框架式与概念式问题。这些问题是研究生思想政治教育基本理论在新时代条件下得以完善发展的关键所在，必须加以重视。

加快破解要点问题是研究生思想政治教育的核心关切，更是其落脚点和试金石，对推动研究生思想政治教育改革创新具有重大意义。首先，有助于丰富研究生思想政治教育基本理论，推动学科发展。研究生思想政治教育基本理论，作为当代中国研究生教育学基本理论和高校思想政治教育基本理论的重要组成部分，在指导实践工作开展中发挥着强有力的理论力量。其中，要点问题是研究生思想政治教育基本理论的关键问题，必须着重探讨，从而加强研究生思想政治教育基本理论研究的针对性与全面性。本研究通过辨析“研究生思想政治教育话语权”“和谐导生关系”等基本命题的科学内涵，探讨上述概念的内在本质，揭示概念与命题之间的逻辑关系，挖掘概念背后蕴藏的现实问题，最终掌握研究生思想政治教育基本理论的核心命题，实现学理性与政治性的统一，为后续理论研究做好铺垫，从而有利于研究生思想政治教育基本理论的创新与发展。同时，要点问题的研究对整个中国特色研究生教育学科的建设、更新、升级有着十分重大的意义。研究生教育理论要在新时代持续发挥育人功能、切实提升育人质量，回应好培养什么人、怎样培养人、为谁培养人的重大命题，就必然要依赖完整、科学、与时俱进的研究生思想政治教育基本理论，就必然需要一个以研究生思想政治教育基本理论为重要根基的学科作为支撑。

其次，有助于破解研究生思想政治教育现实难题，服务国家战略。党的二十大报告指出，“教育、科技、人才是全面建设社会主义现代化国家的基础性、战略性支撑”[①]，研究生教育是教育、科技、人才的关键载体，是国家创新体系的重要组成部分，是深入推进科教兴国战略，加快建设教育强国、科技强国、人才强国的重要支撑。对研究生思想政治教育的要点问题进行分析的整体意义并不仅仅体现在创新与发展研究生思想政治教育基本理论这一个维度，还体现为有助于破解研究生思想政治教育的现实难题，提升研究生教育服务国家战略的能力。研究生思想政治教育，既是党和国家关切的重大宏观命题，也是事关高校现实发展的微观命题，在这一重大命题的背后是一系列深层次的要点问题。本研究重在回应党和国家的重大关切，重在聚焦高校研究生思想政治教育的现实问题，并且为解决高校研究生思想政治教育遇到的瓶颈问题提供有效对策，为研究生思想政治教育因事而化、因时而进、因势而新提供强有力的理论指导，最终服务于党和国家培育时代新人的战略需求。

---

① 习近平．高举中国特色社会主义伟大旗帜 为全面建设社会主义现代化国家而团结奋斗：在中国共产党第二十次全国代表大会上的报告［M］．北京：人民出版社，2022：33.

因此，研究生思想政治教育要点问题研究的进度越快、程度越深、高度越高，必然越有助于丰富、完善与发展研究生教育理论体系，必然越能够有效支撑、稳步推进中国特色研究生教育学科的建设。同时，研究生思想政治教育现实问题的破解也离不开要点问题的深入研究和丰富完善。在这个意义上，我们认为本研究不仅能够推动研究生教育学理论的丰富与发展、创新与升华，支撑与助推研究生教育学科建设，而且对于研究生思想政治教育现实困境的破解也有十分重大的意义。

正确的研究方向是进行科学探索的第一步。那么如何确保研究生思想政治教育要点问题研究这项工作的方向始终正确？在理论指导层面，需要坚持以马克思主义理论为指导。正如习近平总书记所言，“我们要坚持用马克思主义观察时代、解读时代、引领时代，用鲜活丰富的当代中国实践来推动马克思主义发展”①。马克思主义作为当代中国特色社会主义事业的指导思想，是我们进行一切实践活动的理论依据，研究生思想政治教育也不例外。研究生思想政治教育作为高校立德树人工作的关键，要旗帜鲜明地运用马克思主义基本原理与方法指导实践活动的开展，研究生思想政治教育的要点问题剖析必然要更加自觉地坚持和运用辩证唯物主义世界观和方法论，唯有如此，研究才能实现学理性与政治性的统一，研究成果才会更加完整准确、科学有效。尤其要坚持以习近平新时代中国特色社会主义思想为指导。只有坚持以习近平新时代中国特色社会主义思想为指导，我们才能够更好地立足于当代中国的实际、立足于当代中国高等教育事业的实际、立足于当代中国高校思想政治教育的实际，来认识、分析、把握、定位、发展、创新研究生思想政治教育。

在方法选择层面要做到以下三点：首先需要将理论自觉与实践反思相结合。研究生思想政治教育的重要性与复杂性，迫切要求我们必须时刻保持理论自觉，既坚持自觉运用最新理论成果指导实践活动的开展，也时刻保持主动学习理论的热情。同时，要有效推进实践工作，就必须分析以往工作的宝贵经验和教训，总结实践工作的规律，解决当下实践工作中存在的突出问题。

① 习近平．在纪念马克思诞辰200周年大会上的讲话．人民日报，2018-05-05（2）．

理论自觉和实践反思是紧密相连、不可分割的，唯有将二者结合起来，才能实现理论创新与实践推进的双丰收。其次需要将扎根中国大地与开阔国际视野相结合。自改革开放以来，我国与世界各国在政治、经济、文化、生态等方面的联系越来越紧密，高等教育互鉴与高层次人才往来更是日益频繁，研究生思想政治教育必须面对与回应一系列国际性难题，这就要求研究生思想政治教育要点问题研究必须在中国发展需要的基础上，批判继承有益于解决中国问题的国际经验。最后需要将回望历史与展望未来相结合。研究生思想政治教育要实现长久性、稳定性、创新性发展，就必须站在整个历史长河中审视其发展轨迹、高低起伏，更要具备发展的眼光，着眼于当代问题和需要，从历史、现在和未来的交汇点上，动态把握研究生思想政治教育要点分析的发展规律，并据此推断其未来发展的要点问题，最大程度地发挥其不可替代的作用。

无论是理论创新、学科建设，还是实践发展，我们对要点问题进行分析，都离不开对前人智慧的汲取。党的二十大报告特别强调“实施科教兴国战略，强化现代化建设人才支撑”① 的战略部署，研究生教育是国民教育的最高层次，肩负高层次人才培养和创新创造的历史使命，大力加强研究生思想政治教育研究迫在眉睫，系统总结前人研究成果是本研究有效开展的基础。经过对前人研究成果的梳理、分析，本研究从宏观上对研究生思想政治教育研究进行审视，可以得出一个基本结论：研究生思想政治教育研究处于起步、上升阶段。做出此判断有三方面的依据：一是研究队伍匮乏且不稳定，存在如队伍数量、能力、动力和精力不足，导师遴选忽视思想政治素养，导师职责不清等问题。二是高层次研究成果数量较少，比如从检索到的 381 篇（截至 2022 年 9 月）重点文献来看，近 30 篇是各高校实际工作的做法，属于工作经验的总结。三是研究成果整体呈现出实践经验总结色彩浓厚而理论逻辑推演色彩轻淡、研究内容的“量”占比较大而“质”占比较小的特征。比如关于

① 习近平．高举中国特色社会主义伟大旗帜 为全面建设社会主义现代化国家而团结奋斗：在中国共产党第二十次全国代表大会上的报告［M］．北京：人民出版社，2022：33.

研究生群体特征的研究，在381篇重点文献之中，共有145篇论及此点，但其中通过调查研究总结分析的文献仅有13篇，其他文献中的观点都是研究者的经验判断和主观认识。再比如，关于研究生思想政治教育的对策建议，不同学者在381篇文献中提出了7个方面的111条具体对策，可见结论观点的丰富性。但是，这些丰富的结论和观点，更多基于文章作者本人的主观认识和判断。研究生思想政治教育研究处于起步、上升阶段，近几年的研究领域日益扩大，既有意义研究、背景研究，又有针对性的群体研究、实践性的教育现状研究，还有重大瓶颈问题与相对具体问题的对策研究，主要包括以下五方面的内容：

一是研究生思想政治教育意义研究。研究生思想政治教育到底有多重要？习近平总书记指出："研究生教育在培养创新人才、提高创新能力、服务经济社会发展、推进国家治理体系和治理能力现代化方面具有重要作用。"① 同时，研究者从不同角度给出了答案与解释。从国家安全的角度，有研究者认为我们必须从反"和平演变"的战略高度出发，充分认识做好研究生思想政治工作的现实意义和长远意义。② 从社会主义事业前途与国家发展的角度，有研究者认为"研究生教育是我国高等教育的最高层次，研究生的科技文化素质和思想道德水平在一定程度上关系到社会主义的前途和国家的强盛"③。也有研究者认为"加强和改进研究生思想政治工作是事关高层次拔尖创新人才为谁培养、事关培养社会主义建设者和接班人、事关社会稳定和国家安全的重大问题"④。

二是研究生思想政治教育背景研究。研究生思想政治教育面临着怎样的时代境遇，处于时代的什么方位？当前，从国际形势看，新一轮科技革命和产业变革兴起，尖端领域竞争日益激烈，高水平人才成为影响国际竞争的重

① 适应党和国家事业发展需要　培养造就大批德才兼备的高层次人才．人民日报，2020-07-30（1）．

② 樊万清．必须切实加强研究生思想政治工作．中国高等教育，1992（2）：28．

③ 石红梅．加强和改进高校研究生党支部建设的几点思考．马克思主义与现实，2006（1）：178．

④ 刘志．把握研究生思政的三个着力点．光明日报，2019-03-19（15）．

要因素；从国内形势看，我国正处于社会主义现代化建设的关键时期，教育始终要发挥先导性、基础性的作用，因此全面提升我国研究生教育质量至关重要。有研究者认为“随着经济全球化进程的加快，研究生的思想受到了功利主义、拜金主义等浪潮的冲击”[①]，研究生群体的思想心理需求变得多元、思想心理问题变得复杂，必须对其加强思想政治教育。有研究者认为在国家全面提高研究生培养质量、切实有效培育社会主义核心价值观、统筹推进“双一流”建设的大背景下，研究生思想政治教育必须加强。[②]

三是研究生群体特征研究。对于研究生群体的特征，有研究者总结为：“生源结构复杂，价值取向多元。低龄趋势明显，集体意识淡薄。个体意识增强，现实需求增加。学术科研至上，道德修养弱化。压力来源扩展，心理问题频发。”[③] 具体而言，从高校研究生招生的入口来看，研究生群体不但身份多样（如未婚、已婚或离异），而且年龄差距较大（如有“90后”“80后”“70后”）。从思想心理特征来看，研究生群体思想观念多元，“整体积极向上，群体差异显著，呈现出整体与差异并存、内化与外化统一、坚守或屈从博弈、积极与消极交替的时代特征”[④]。从日常生活来看，研究生群体有着较强的自立意识与独立能力，但仍存在生活分散等不良生活特征，并且逐渐成为生活方式自媒体化的主力军。从学习研究能力来看，研究生群体大多有着浓厚的学术兴趣，有着强烈的学习研究愿望，但近年来学术不端事例的发生也证明，急功近利的不良态度依然存在于研究生群体之中。

四是研究生思想政治教育现状研究。对于研究生思想政治教育的现状，有研究者从“体制、机制，观念认识，教育内容，教育方法与载体，队伍建设，保障体系”六个方面进行分析。[⑤] 也有研究者认为“研究生思想政治教育

---

① 李涛，于亚光．研究生思想政治教育瓶颈及对策探究．学校党建与思想教育，2014（12）：51.

② 许婵媛，于伟，张颖．研究生对社会主义核心价值观认知的现状分析．学校党建与思想教育，2017（22）：40－42.

③ 张静．积极探索研究生思想政治教育的新机制新方法．中国高等教育，2009（1）：40.

④ 倪茂晋，陆风．“双一流”高校研究生思想政治素质现状特征及提升对策．研究生教育研究，2021（3）：50.

⑤ 刘志，许畅．研究生思想政治教育研究的前沿、热点与进路：基于CNKI重点期刊文献正文的归纳性主题分析．思想教育研究，2018（7）：135－139.

工作中存在一些功利主义倾向；研究生思想政治教育工作的内容手段相对单一，忽略了学生的内在需要；部分研究生思想政治教育工作者对思想政治教育工作的重要性存在理解偏差，存在过度放任现象”三个方面的问题。[①] “高校思想政治工作传统理念、既有模式、常规运行体系在新的形势和时代要求下显现出一定的滞后性和不适应性，面临着前所未有的挑战。”[②]

五是研究生思想政治教育问题对策研究。针对研究生思想政治教育存在的历史性难题与进入新发展阶段面临的新问题，有研究者概括出七个方面的对策：第一，要加强研究生思想政治教育体制、机制与运行模式建设。第二，要创新研究生思想政治教育理念与原则。第三，要完善研究生思想政治教育内容。第四，要完善研究生思想政治教育方法。第五，要完善研究生思想政治教育载体。第六，要加强研究生思想政治教育队伍建设。第七，要加强研究生思想政治教育保障体系。[③] 具体来说，在体制上重点建构协同育人模式，在理念创新上强调全员全过程全方位育人，在内容创新上突出价值观教育并且强化学术诚信教育，在方法上着眼于自我教育，在载体上注意网络载体的运用，在队伍建设上强化导师的责任制、切实加强队伍培训，在保障体系上完善评价体系。

综上，本研究认为新时代研究生思想政治教育基本理论的要点问题研究应当聚焦新时代研究生的普遍性群体特征与特殊性个体发展规律、新时代研究生思想政治教育发展现状与制约其前进的瓶颈、新时代研究生思想政治教育体制机制创新等方面，进而追求研究生思想政治教育基本理论研究在整体上、根本上取得重大进展。通过以上对于研究生思想政治教育基本理论研究的宏观性分析以及未来展望，结合我们对理论与现实问题的理性思考，本研究认为研究生思想政治教育要点问题研究应当围绕以下四个方面展开：

一是厘清研究生思想政治教育的核心概念。基本概念的澄清是理论研究

---

① 王干，高延安，高明国．研究生思想政治教育工作创新路径略探．学校党建与思想教育，2018（24）：41－42＋45.

② 赵盈，李睿．研究生思想政治教育协同机制探究．思想理论教育，2021（7）：103.

③ 刘志，许畅．研究生思想政治教育研究的前沿、热点与进路：基于CNKI重点期刊文献正文的归纳性主题分析．思想教育研究，2018（7）：135－139.

全面展开、向纵深处推进的前提条件。对于研究生思想政治教育的独特属性，我们必须通过分析其内容的特殊性、方式的特殊性、教育者的特殊性、教育对象的特殊性、载体的特殊性等去把握。因此，我们只有将研究生思想政治教育理论的基本概念作为研究全面展开的出发点与切入点，深入探讨研究生思想政治教育的内在规定、核心要素与研究对象，才能更有利于为思想政治教育科学化、学科化发展提供理论思考。

二是进行研究生思想政治教育的国际比较。研究生作为拔尖创新人才是各国人才计划重点之所在，世界各国均有符合本国国情的研究生人才培养策略，进行国际比较可以使我们准确认识不同国家思想政治教育的规律，进而正确分析我国思想政治教育的发展前景，探索出解决我国思想政治教育难题的有效思路和策略。因此，研究应该聚焦世界一流大学由于不同的文化和追求在思想政治教育实践上产生的差异，经过对比与分析进而挖掘可借鉴的经验，力求推动我国高校研究生思想政治教育针对性不断加强、实效性不断提升。

三是反观研究生思想政治教育的现实情况。一切事业的发展离不开对过去经验的深刻总结，更离不开对当下处境的科学判断。研究生思想政治教育处于起步、上升阶段，面临着教育任务难度加大、教育体制亟待创新、地位作用日益凸显、教育质量被广泛关注等现实情况。因此，研究应当重点关注研究生思想政治教育的现实状况和主要矛盾，如思想政治教育体系贯通研究生人才培养体系的关键瓶颈、研究生思想政治教育话语权建构面临的问题与挑战、导生关系的问题类型及其深层矛盾、导师师德建设面临的现实冲突、研究生导师立德树人评价的困难和障碍等问题。

四是提出研究生思想政治教育发展的启示策略。研究生群体能否满足社会整体的期待与需求、能否回应党和国家的召唤与需要、能否担当民族复兴伟业与人类美好大业的历史重任，与研究生思想政治教育质量息息相关。扎实推进研究生思想政治教育，稳步提升研究生思想政治教育质量，关键在于提升方略的整体布局，即工作方法的统筹与整合、继承与创新，比如构建思想政治教育体系贯通研究生人才培养体系的模型、优化研究生思想政治教育话语权建构的路径、促进和谐导生关系的培育生成、探索研究生导师师德建设的合理途径、提升研究生导师立德树人评价实效等。

研究生思想政治教育的要点问题完全贯穿于上述四个方面，是本领域最关键、最深层次、最立足实践的问题。本研究包括以下七章内容：

第一章，研究生思想政治教育概念界定。本章着重探讨研究生思想政治教育的内在规定、核心要素、研究对象。首先，梳理研究生思想政治教育发展的历史脉络，找寻研究生思想政治教育实践从起步到现在整个历史过程中的“变”与“不变”，总结相关文件中的“变”与“不变”，最终完全掌握研究生思想政治教育的基本要义，实现在概念演变的历史中把握概念本身的“变”与“不变”。其次，在概念与概念、范畴与范畴的相互比较中，如“研究生教育管理”“研究生德育”等概念的比较，实现界定研究生思想政治教育概念这一目标。再次，对研究生思想政治教育的三个核心要素进行逐一论述，分别是教育者、教育对象和教育影响。最后，从差异成长与统一培养的辩证统一、理性发展与信仰塑造的辩证统一、心理防御与规范引领的辩证统一三个方面对研究生思想政治教育的研究对象进行梳理。

第二章，思想政治教育体系贯通研究生人才培养体系。思想政治教育体系贯通研究生人才培养体系既是全员全过程全方位育人的现实体现，也是其必然要求。思想政治教育体系贯通研究生人才培养体系，既需要明确其基本内涵，也需要明确其应该克服的三对矛盾冲突，即观念更新与思维惯性之间的矛盾冲突、使命体认与能力缺失之间的矛盾冲突、责任划分与绩效评价之间的矛盾冲突，从而明晰“贯通”模型构建的基本遵循、要素分析、结构设计，真正实现贯通模型的科学构建，提升研究生人才培养质量。

第三章，研究生思想政治教育话语权建构。本章围绕研究生思想政治教育话语权建构的价值与本质、挑战与瓶颈、目标与路径展开论述。首先，回答研究生思想政治教育话语权“是什么”“何以重要”“重要程度如何”三个问题，帮助我们重视研究生思想政治教育话语权。其次，回答研究生思想政治教育话语权“现实中为什么不受重视”“工作中为什么构建不起来”“构建起来为什么不能被牢牢掌握”三个问题。最后，明确研究生思想政治教育话语权建构需要坚持马克思主义与多元文化思想相结合的原则，坚持立足实际与着眼未来相结合的原则，坚持教育者的主导性与教育对象的适应性相结合的原则。

第四章，和谐导生关系培育。近年来，导生关系既是党和国家、社会高度关注的热点问题，也是当前学界讨论的重点话题。本章首先分析导生关系的内在规定、对象范围和基本特征。其次，揭示和谐导生关系培育的重要意义及其面临的多重挑战。和谐导生关系培育在现实层面能够满足研究生个体能力素养提升和精神发展的需要，能够为研究生导师职业生涯的健康可持续发展提供保障，在未来向度上能够进一步推进高等教育的内涵式发展，助力第二个百年奋斗目标和中国梦的实现。但其背后却面临着诸多深层矛盾和关键问题，主要表现为给予充分培养与避免过度使用的平衡问题、实施有力影响与防止过度影响的平衡问题、实现师生有情与保持师生有别的平衡问题。最后，探讨和谐导生关系培育的原则与方法，包括内涵体认、规范标准、价值认同、监督治理和蕴蓄生态五个方面。

第五章，研究生导师师德建设。本章探讨并梳理研究生导师师德的概念，分析研究生导师师德建设面临的关键难题，为破解研究生导师师德建设的瓶颈问题奠定基础。首先，对师德内涵基本要素、研究生导师所处的特殊社会关系进行提炼整合，进而对研究生导师师德进行概念界定，回答研究生导师师德“是什么”的问题，并对其外延范畴进行探讨，真正把握研究生导师师德的本质。其次，探讨研究生导师师德建设面临的关键难题，通过牵住师德建设的“牛鼻子”，找准破解难题的抓手，全面提升研究生导师师德建设水准。最后，为研究生导师师德建设“开方子”，使其朝着正确的方向前进。

第六章，研究生导师立德树人评价。导师立德树人评价是推动导师立德树人工作实现科学化、规范化、标准化的有效途径之一。本章围绕“研究生导师立德树人评价的理论前提”“研究生导师立德树人评价的深层矛盾”“研究生导师立德树人评价的瓶颈突破”三个方面进行论述。首先是理论前提的澄清，包括内涵实质的解读、重要意义的诠释和可行性分析三个方面。其次是探讨研究生导师立德树人评价的三对深层矛盾，分别是立德树人效果表现潜隐迟滞性与评价要求外显即时性的矛盾冲突、评价主体情感牵涉与评价本质客观求真的矛盾冲突、立德树人效果归因边界模糊与评价绩效分割要求明晰的矛盾冲突。最后是提出破解深层矛盾的关键措施，分别是降低由于立德树人效果表现潜隐迟滞性所带来的误差，降低由于评价主体情感牵涉所带来的误差，降低由于立德树人效果归因边界模糊所带来的误差。

第七章，研究生思想政治教育国际视野。放眼国际、扎根中国大地进行卓有成效的研究生思想政治教育国际比较，目的在于批判性地借鉴，推动我国研究生教育在培养高质量拔尖创新人才方面更好地发力，在研究生教育层面实现“走出去”与“引进来”的完美搭接。本章第一部分主要回答研究生思想政治教育国际比较“是什么”“为什么”“怎么办”的基本问题，进行理论上的“破题”工作，从理论与实践两个维度厘清研究生思想政治教育国际比较的内涵。第二部分着重分析以哈佛大学、斯坦福大学等为代表的四所美国一流大学在研究生德育方面的现实状况，为科学把握国外高校相关教育活动的基本规律和发展趋向提供事实基础。第三部分详细阐释美国一流大学研究生思想政治教育批判审视的立场和原则，以及美国一流大学研究生思想政治教育的突出特点和局限反思为中国研究生思想政治教育的完善提供有益启示。

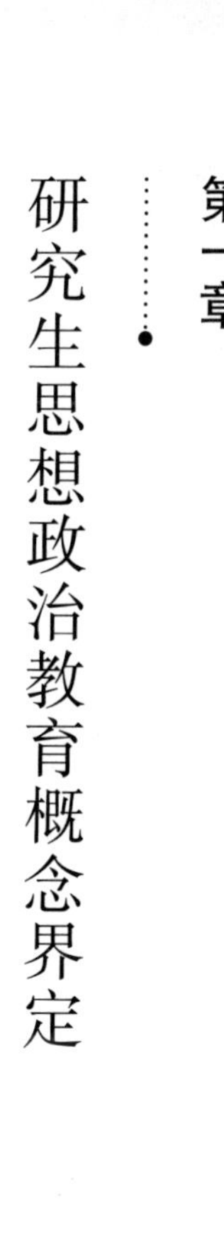

# 第一章 研究生思想政治教育概念界定

研究生思想政治教育实践推进的深度决定了研究生思想政治教育理论创新的高度，研究生思想政治教育理论深耕的广度反作用于研究生思想政治教育实践推进的进度。然而，理论界对研究生群体是否需要思想政治教育以及研究生思想政治教育作用发挥程度等问题始终未能充分澄清，同时，实践中对研究生思想政治教育是否可以完全借鉴本科思想政治教育模式等问题依然认识模糊。这充分说明，研究生思想政治教育理论研究仍然相对滞后，基本理论问题的研究空间仍然十分广阔。为有效解决理论研究的滞后问题，并丰富、更新研究生思想政治教育理论宝库，本章仅就研究生思想政治教育的基本概念进行探讨，着重回答研究生思想政治教育是什么的问题。

## 第一节　研究生思想政治教育的内在规定

内在规定的准确把握既是理解一个范畴的关键与核心，也是有效开展实践活动的前提与基础。概念的界定及内涵的理解通常采用“属加种差”的方式。对于研究生思想政治教育的内涵当前存在一种认识误区，即认为可以直接将研究生思想政治教育的内涵简单理解为对研究生开展的思想政治教育，认为其内涵可以通过研究生与思想政治教育两个概念的叠加得出。这一认识误区背后的逻辑是研究生思想政治教育的内涵与思想政治教育的内涵除了教育对象的独特性外并无差异，其逻辑错误在于忽略了研究生思想政治教育这一概念的整体性与特殊性之间的辩证关系。在阐释研究生思想政治教育的内涵前应明确两个问题：一是在概念范围的大小上，研究生思想政治教育从属于思想政治教育，是思想政治教育的重要组成部分，是一个整体性概念，不可简单拆解地进行定义。二是在概念的独特内涵上，研究生思想政治教育与其他思想政治教育相比，其独特性体现在研究生教育培养的方方面面，如特殊的教育者，包含研究生导师、研究生辅导员；特殊的教育方式，如师门组会、实验团队；特殊的教育目的，如培养拔尖创新人才；等等。因此，对于研究生思想政治教育这一概念的界定，应从国家规范要求与历史演进梳理入手，在实践经验中剥离出对于概念的一般性规定，再对不同范畴中的相近概念进行辨析，厘清概念边界，明确概念的独特性，在理论与实践、历史与现在、一般与特殊三对坐标中框定研究生思想政治教育的内在规定。

## 一、规范要求中蕴含的研究生思想政治教育概念要素分析

规范要求既包括党和国家发布的系列政策文件对研究生思想政治教育的规范要求，也包括党和国家主要领导人讲话对研究生思想政治教育的规范要求。对规范要求中蕴含的研究生思想政治教育概念要素进行梳理、挖掘、整合、提炼，既为我们厘清与掌握研究生思想政治教育的内在规定指明了方向，也为我们进行此领域的学理研究提供了根本遵循。

（1）党和国家发布的政策文件中蕴含的研究生思想政治教育概念要素。党和国家高度重视研究生思想政治教育，以整体性视域发布了一系列关于研究生思想政治教育的政策文件，如《关于加强高等学校学生思想政治工作的意见》（〔80〕教政字004号）、《中共国家教育委员会党组、中共中央宣传部关于加强研究生思想政治工作的几点意见》（〔87〕教党字084号）以及《教育部关于加强和改进研究生德育工作的若干意见》（教社政〔2000〕3号）等，对研究生思想政治教育进行全面部署。由此可见，研究生思想政治教育在党的领导下厚积薄发、推陈出新，经受住了时代的检验，同时也积累了宝贵的经验。通过对所有政策文献的研究，其中的五份文件《普通高等学校学生管理规定》（教育部令〔2017〕第41号）、《教育部、国家发展改革委、财政部关于深化研究生教育改革的意见》（教研〔2013〕1号）、《教育部关于进一步加强和改进研究生思想政治教育的若干意见》（教思政〔2010〕11号）、《教育部关于加强和改进研究生德育工作的若干意见》、《中共国家教育委员会党组、中共中央宣传部关于加强研究生思想政治工作的几点意见》尤为全面地展现了研究生思想政治教育的概念要素（见表1-1）。①

① 刘志．研究生思想政治教育基本问题论析．学位与研究生教育，2018（7）：21.

**表 1-1　党和国家发布的政策文件对研究生思想政治教育的规范要求**

| 概念要素 | 教育部令〔2017〕第 41 号 | 教研〔2013〕1 号 | 教思政〔2010〕11 号 | 教社政〔2000〕3 号 | 〔87〕教党字 084 号 |
|---|---|---|---|---|---|
| 主体要素 | — | 强化导师责任。发挥导师对研究生思想品德、科学伦理的示范和教育作用 | 建立起以研究生导师和辅导员为主体的研究生思想政治教育工作队伍；建设一支以专职为骨干、专兼结合的研究生辅导员队伍；充分发挥导师在研究生思想政治教育中首要责任人的作用 | 建立一支精干的专职研究生德育工作队伍；要以研究生导师队伍建设和马克思主义理论课教师队伍建设为中心，建设一支教书育人、管理育人、服务育人的研究生德育工作兼职队伍；研究生导师是研究生德育工作的重要力量 | 建立一支以少量专职人员为骨干、与较多兼职人员相结合的研究生思想政治工作队伍；充分发挥研究生导师教书育人的作用 |
| 对象要素 | 在普通高等学校、承担研究生教育任务的科学研究机构接受普通高等学历教育的研究生 | — | — | — | 研究生是从大学本科毕业生和实际工作者中选拔出来的，具有较高的科学文化基础；他们在学习方式等方面具有一些不同于本科生的特点 |
| 教育中介要素　内容 | 努力学习马克思列宁主义、毛泽东思想、中国特色社会主义理论体系，深入学习习近平总书记系列重要讲话精神和治国理政新理念新思想新战略 | 加强中国特色社会主义理论体系教育，加强人文素养和科学精神培养 | 加强对研究生的学术道德教育 | 马克思列宁主义、毛泽东思想和邓小平理论教育；党的基本路线教育；爱国主义、集体主义和社会主义教育；中华民族优秀文化传统和革命传统教育；民主法制教育；心理素质教育 | 马克思主义理论的教育；形势与政策的教育；爱国主义、国际主义和革命传统的教育；理想、道德和纪律的教育；社会主义民主和法制的教育 |

续前表

| 概念要素 | | 教育部令〔2017〕第41号 | 教研〔2013〕1号 | 教思政〔2010〕11号 | 教社政〔2000〕3号 | 〔87〕教党字084号 |
|---|---|---|---|---|---|---|
| 教育中介要素 | 载体途径 | — | 广泛开展社会实践和志愿服务活动；认真组织实施研究生思想政治理论课课程新方案；加强研究生党建工作；加强研究生心理健康教育和咨询工作 | 发挥课堂教学的主导作用；加强研究生学术文化建设；开展社会实践和志愿服务活动；加强研究生心理健康教育和咨询工作；解决研究生的实际问题；加强研究生党建工作；加强研究生团学组织和班级建设 | 加强研究生马克思主义理论教育；加强研究生党的建设工作，充分发挥研究生党员的作用；加强社会实践是研究生德育工作的重要环节；充分发挥计算机网络在研究生德育工作中的特殊作用；充分发挥第二课堂的作用 | 马克思主义理论教育；组织研究生参加社会实践；在研究生的招生、培养和毕业分配各个环节，都要加强思想政治考核；加强研究生党支部的建设；健全研究生思想政治工作的机构；加强党委对研究生思想政治工作的领导 |
| | 方法 | — | — | 充分发挥研究生在思想政治教育中的主体作用，调动和发挥研究生自我教育的积极性、主动性 | 研究生自我教育是加强研究生德育工作的重要方面 | 要从研究生的特点和思想情况出发，加强和改进对他们的思想政治工作；把马克思主义理论教育，贯穿到研究生的业务教学中去；校、系要加强对导师教书育人工作的领导；设置专门的管理机构，党政要密切配合，并协同有关部门；搞好研究生的自我管理、自我服务和自我教育 |

从表 1-1 可以清楚地发现研究生思想政治教育内涵较为显著和本质的特征。一是在开展研究生思想政治教育的主体层面尤为突出研究生导师的地位与作用。上述文件中无论是“强化导师责任”还是“首要责任人”，都充分反映和体现了导师在研究生思想政治教育中的独特地位和价值。“首要责任人”不仅意味着导师是研究生思想政治教育相较于其他群体思想政治教育特殊的教育实施者，更明确和规定了导师的“首要”地位，深刻揭示了导师不可替代的地位和作用。二是在研究生思想政治教育的对象层面重点强调了研究生这一群体的身份属性，即“大学本科毕业（或具有同等学力）后经考试录取，在高等学校或科学研究机构学习、研究的学生”[①] 构成了研究生思想政治教育的直接对象。三是在教育内容层面涵盖一般教育内容的同时着重突出学术道德教育。上述文件表明，研究生思想政治教育不仅要承担起一般意义上思想政治教育需要完成的教育内容，更由于教育对象的特殊性而突出强调了“学术道德教育”这一特定内容，其中，《教育部关于进一步加强和改进研究生思想政治教育的若干意见》明确提出，“制订研究生学术道德规范，加强对研究生的学术道德教育，并将其纳入学校研究生教育培养体系”。四是在教育渠道层面紧贴研究生群体的独特诉求。早在 2010 年，《教育部关于进一步加强和改进研究生思想政治教育的若干意见》就明确提出“加强研究生学术文化建设”，这也是突出“研究生”这个独特群体要求的内容，表明在重视研究生学术道德教育的同时，也要着力构建符合学术道德成长的独特文化氛围。五是在教育方法的选择层面兼顾自我教育法的运用。1987 年、2000 年以及 2010 年的文件都特别强调了“自我教育”，强调要更加突出教育对象的主体地位，充分调动和发挥研究生自我教育的积极性、主动性。

（2）党和国家主要领导人讲话中蕴含的研究生思想政治教育概念要素。一直以来，党和国家主要领导人都高度重视思想政治教育，围绕思想政治教育理论与实践进行了全方位部署。分析研究主要领导人的讲话内容和讲话精神，不仅可以从整体上把握研究生思想政治教育，还可以从中窥见研究生思想政治教育概念内涵的特殊要义（见表 1-2）。

---

① 中国社会科学院语言研究所词典编辑室．现代汉语词典．7 版．北京：商务印书馆，2016：1507.

表 1-2 党和国家主要领导人讲话对研究生思想政治教育的规范要求

| 领导人 | 论述一 | 来源 | 论述二 | 来源 |
| --- | --- | --- | --- | --- |
| 毛泽东 | 什么叫政治思想工作？政治思想工作是为了争取群众嘛。不考虑争取群众，谈不上政治思想工作。 | 中共中央文献研究室．毛泽东年谱：第3卷．北京：中央文献出版社，2013：127. | 掌握思想教育，是团结全党进行伟大政治斗争的中心环节。如果这个任务不解决，党的一切政治任务是不能完成的。 | 毛泽东．毛泽东选集：第3卷．2版．北京：人民出版社，1991：1094. |
| 邓小平 | 毫无疑问，学校应该永远把坚定正确的政治方向放在第一位。 | 邓小平．邓小平文选：第2卷．2版．北京：人民出版社，1994：104. | 按照实际情况决定工作方针，这是一切共产党员所必须牢牢记住的最基本的思想方法、工作方法。 | 邓小平．邓小平文选：第2卷．2版．北京：人民出版社，1994：114. |
| 江泽民 | 党的思想政治工作，是经济工作和其他一切工作的生命线，是团结全党全国各族人民实现党和国家各项任务的中心环节，是我们党和社会主义国家的重要政治优势。 | 江泽民．江泽民文选：第3卷．北京：人民出版社，2006：74. | 越是变革时期，越要警惕各种错误思想观念的发生及其给人们带来的消极影响，我们党的思想政治工作越要加强和改进。 | 江泽民．江泽民文选：第3卷．北京：人民出版社，2006：82. |
| 胡锦涛 | 培养造就千千万万具有高尚思想品质和良好道德修养、掌握现代化建设所需要的丰富知识和扎实本领的优秀人才…… | 胡锦涛．切实加强和改进大学生思想政治教育工作//中共中央文献研究室．十六大以来重要文献选编：中．北京：中央文献出版社，2006：633. | 在工作内容上，要突出抓好理想信念教育。……在工作对象上，要重点加强对特殊青年群体的思想工作。……在工作手段上，要特别注意发挥互联网等现代传媒在青年思想教育中的重要作用。 | 胡锦涛同志在共青团十四届四中全会上的讲话，2000-12-20. |
| 习近平 | 思想政治工作从根本上说是做人的工作，必须围绕学生、关照学生、服务学生，不断提高学生思想水平、政治觉悟、道德品质、文化素养，让学生成为德才兼备、全面发展的人才。 | 习近平．习近平谈治国理政：第2卷．北京：外文出版社，2017：377. | 青年的价值取向决定了未来整个社会的价值取向，而青年又处在价值观形成和确立的时期，抓好这一时期的价值养成十分重要。 | 习近平．习近平谈治国理政：第1卷．2版．北京：外文出版社，2018：172. |

表1-2虽不能直接呈现研究生思想政治教育概念的构成内容，但在思想政治教育的整体视域与一般要求下分析研究生思想政治教育的内容与要素，依然能够得到研究生思想政治教育的一般要求与特殊内容。一是强调围绕研究生的思想水平、政治觉悟、道德素质、文化素养开展研究生思想政治教育，目的在于培养全面发展的社会主义建设者和接班人。二是在教育对象层面重点强调研究生群体。三是在教育目标层面着重突出争取与团结包括研究生群体在内的青年群体。四是在教育渠道层面紧跟社会发展，即强调在互联网时代运用新媒体进行思想政治教育。五是在教育方法层面强调实事求是方法的运用。无论是邓小平强调的思想政治工作要按照实际开展，还是习近平强调的思想政治工作要围绕学生，运用到研究生思想政治教育中都是在强调实事求是的方法。

综上所述，通过对党和国家发布的系列政策文件以及党和国家主要领导人讲话关于研究生思想政治教育的规范要求的全面分析，我认为，研究生思想政治教育概念应涵盖以下要素：一是研究生思想政治教育的主体，包括以研究生导师为首要责任人的导师队伍与其他政工队伍，比如党委领导班子、共青团干部、院系领导等；二是研究生思想政治教育的内容，包括以马克思主义理论为核心内容的价值观教育、以学术道德为核心的道德教育、法制教育等；三是研究生思想政治教育的对象，即社会群体中全日制或非全日制攻读硕士和博士学位的学生；四是研究生思想政治教育的方法，包括以理论联系实际为核心内容的实事求是法、自我教育法；五是研究生思想政治教育的载体，包括互联网时代各类新型媒体等；六是研究生思想政治教育的目标，即以争取和团结广大研究生群体为落脚点的德智体美劳全面发展人才的塑造。

## 二、不同范畴本质内涵中的研究生思想政治教育概念要素分析

研究生思想政治教育的概念要素还需要从与之相关或相近的概念中去挖掘和探明。研究生思想政治教育在理论与实践层面与研究生教育、思想政治教育、研究生德育、研究生教育管理都存在着显著的联系，同时，关于研究生教育、思想政治教育、研究生德育、研究生教育管理的内涵和外延探究相

对成熟。通过研究生思想政治教育与以上概念内涵及外延的比较，可以更加准确地框定研究生思想政治教育的概念要素。

一是研究生教育反映的研究生思想政治教育概念要素。研究生教育是针对研究生这一特殊群体的教育，是“建立在本科教育基础上的更高层次的专业教育”，是“以研究为主要特征，主要是通过研究生参加必要的研究活动如参加课题研究、进行专题调查等，使其在本学科、专业领域具备一定的研究能力和创新能力”①，是培养德智体美劳全面发展的为建设社会主义现代化国家服务的高层次人才的过程。可见，研究生思想政治教育作为研究生教育的重要组成部分，既具有研究生教育在教育对象及成长规律等方面的一般属性，又有自身的独特性，集中反映在其主要任务是对研究生的“品”与“德”的培养，“针对研究生群体重点开展马克思主义基本理论教育、爱国主义教育、党的方针和形势安全教育、民主与法制教育、世界观与人生观教育、道德品质教育、学风教育、心理健康教育等，具体内容还要体现教育对象的独特需求，如在道德品质教育中应加强学术道德教育等”②。

二是思想政治教育揭示的研究生思想政治教育概念要素。研究生思想政治教育作为思想政治教育的重要组成部分，包含了思想政治教育的概念要素，但差异在于不同要素的具体内容的特殊性。“思想政治教育是一种富有鲜明观念一致性与群体差异性的意识形态建设活动，群体的差异性体现在对不同教育对象实施一致性的观念教育必须因群施教”③。因此，从群体差异维度来划分思想政治教育，大体可以分为农民思想政治教育、工人思想政治教育、知识分子思想政治教育、军人思想政治教育等。从群体生活场域维度来划分思想政治教育，可划分为企业思想政治教育、农村思想政治教育、军队思想政治教育、学校思想政治教育等。我们可知大学生思想政治教育是属于知识分子思想政治教育与学校思想政治教育的结合，包含着本科生和研究生两个特定群体。由此可见，研究生思想政治教育具有学校思想政治教育的一般属性，

① 薛天祥．研究生教育学．桂林：广西师范大学出版社，2001：64.

②③ 刘志．研究生思想政治教育基本问题论析．学位与研究生教育，2018（7）：21.

但教育对象有其特殊性，即研究生群体的特殊性。研究生思想政治教育所指的研究生，是指“大学本科毕业（或具有同等学力）后经考试录取，在高等学校或科学研究机构学习、研究的学生。一般分为硕士研究生、博士研究生两级。”①

三是研究生德育蕴含的研究生思想政治教育概念要素。一般而言，研究生德育“是相对于智育和美育来划分的，它的范围广，包括培养学生一定的思想品质、政治品质和道德品质”。为进一步推进研究生德育工作提质增效，使研究生培养工作迈上新台阶，2000年发布了《教育部关于加强和改进研究生德育工作的若干意见》，其中明确规定“研究生德育是研究生教育的重要组成部分，在研究生的全面培养中具有不可替代的作用”，对研究生德育的属性、地位进行了明确规定。同时，该文件还相对全面地界定了研究生德育的工作主体（研究生导师是研究生德育工作的重要力量）、内容（马克思主义理论）、方法（理论联系实际与自我教育）、原则（教育与管理相结合）等相关内容。在这个维度上，研究生德育其实就是指教育者根据研究生品德形成发展规律，为实现既定道德教育目标，有组织有计划地对研究生群体施加系统影响的教育实践活动。而研究生思想政治教育与研究生德育紧密相关，研究生德育要完成的培养人的任务，也正是研究生思想政治教育的目标和任务。因此，教育的主体、内容、方法、原则等要素都是研究生思想政治教育的概念要素。

四是研究生教育管理呈现的研究生思想政治教育概念要素。研究生教育管理属于管理的下位概念，既具有管理的一般特征，又有自身的独特性，其对象、内容、方法等具有与一般管理不同的性质和特征。学界对“研究生教育管理”这一特殊的教育实践活动的界定主要有三类观点。其一，有学者认为研究生教育管理的概念更倾向于管理内容，如李煌果等人认为“研究生教育管理是在研究生教育的基础上而展开的管理理论与管理实践活动。从管理理论讲，研究生教育过程就是研究生教育管理实施的过程；从管理内容讲，

① 中国社会科学院语言研究所词典编辑室．现代汉语词典．7版．北京：商务印书馆，2016：1507.

包括招生管理、教育管理、学位授予工作管理、思想政治教育管理、教育行政组织的管理等"[①]，即研究生教育管理是一项包括以管理学理论为内容、以招生管理等活动为过程的实践活动。其二，有学者认为研究生教育管理的概念更倾向于教育内容，如贺芝臣认为"从实现研究生教育的总目标出发，对研究生教育各方面的工作及影响质量的各种因素的力量进行严格的科学的组织、规范和协调，对学位和研究生教育进行质量和效益的控制，使研究生培养按照设计的模式、类型、规格、要求和目标发展，达到最佳效果，充分满足社会主义市场经济持续发展对各类人才的需要"[②]，即研究生教育管理是一项在以一定的教育内容为依托的基础上围绕既定的教育目标展开的教育活动。其三，有学者认为研究生教育管理的概念更倾向于"教育"与"管理"二者的综合，如薛天祥认为"研究生教育管理是人们依据研究生教育目的和发展规律，有意识地调节研究生教育系统内外各种关系和资源，以便达到既定研究生教育系统目的的过程"[③]。从一般意义上讲，研究生教育管理涉及研究生教育教学和生活资源的科学管理，它与协调教育系统有限的资源投入与高效益实现教育总目标的矛盾这一教育管理的本质是一致的。狭义的研究生教育管理应涵盖除学位与课程教学相关事务外的研究生教育、管理、服务事务，主要包括思想政治教育、心理健康教育与安全稳定、生涯发展指导与服务、日常管理、研究生奖励与惩处、研究生奖助贷与学费六大部分。由此可见，研究生思想政治教育所涵涉的内容都在研究生教育管理范畴下，研究生教育管理应包含研究生思想政治教育。

## 三、研究生思想政治教育的概念界定

研究生思想政治教育与研究生教育、思想政治教育的交集确定了研究生思想政治教育的基本范畴，研究生思想政治教育相关国家文件的规范要求为研究生思想政治教育框定了基本要素和内容（见表 1－3），二者的融会整合即

---

① 李煌果，王秀卿．研究生教育概论．北京：科学技术文献出版社，1991：336.

② 王大伟，毛杰，刘义伦，等．研究生教育论坛．长沙：中南大学出版社，2000：331.

③ 薛天祥．研究生教育管理学．桂林：广西师范大学出版社，2004：68.

**表 1-3　规范要求与不同范畴本质内涵中的研究生思想政治教育概念要素对比分析**

| 概念要素 | | 规范要求中蕴含的研究生思想政治教育概念要素 | | 不同范畴本质内涵中的研究生思想政治教育概念要素 | | | |
|---|---|---|---|---|---|---|---|
| | | 党和国家文件 | 领导人讲话 | 研究生教育 | 思想政治教育 | 研究生德育 | 研究生教育管理 |
| 主体要素 | | 以研究生导师和辅导员为主体、以马克思主义理论课教师队伍为中心 | 学校 | 研究生培养单位 | 无产阶级及其政党 | 教育者（其中研究生导师是研究生德育工作的重要力量） | — |
| 对象要素 | | 从大学本科毕业生和实际工作者中选拔出来的接受高等学历继续教育的研究生 | 青年学生 | 在普通高等学校、承担研究生教育任务的科学研究机构攻读博士学位和硕士学位的学生 | 劳动人民 | 研究生 | 研究生 |
| 教育中介要素 | 内容 | 包含学术道德内容在内的马克思主义理论 | 马克思主义理论、理想信念教育 | 专门学科的基础理论和系统的专门知识与能力 | 爱国主义、集体主义、社会主义的教育，理想、道德、纪律、法制、国防和民族团结的教育 | 马克思主义理论 | 招生、学位授予等 |
| | 载体 | 学术文化等社会实践活动 | 互联网媒体 | 传媒介体 | 传媒介体 | — | — |
| | 方法 | 自我教育 | 实事求是 | 引导、影响 | 教育、引导 | 理论联系实际与自我教育、教育与管理相结合 | 规范、组织、协调 |
| | 目标 | — | 具有高尚思想品质和良好道德修养、掌握现代化建设所需要的丰富知识和扎实本领的优秀人才 | 具备应有的思想观念、能力素质和行为习惯的高层次人才 | 具有适应社会发展的思想政治道德水准和健康发展的精神世界的人才 | 马克思主义理论工作者 | 社会主义市场经济健康、持续、快速发展所需要的人才 |

可界定研究生思想政治教育的基本内涵和外延。在这里，我们类比思想政治教育的一般概念，并根据逻辑学下定义常用的属加种差方法，界定研究生思想政治教育的概念。

关于思想政治教育的概念虽然有多种表述形式，但当前学界最为认可的一种表述是："思想政治教育是教育者与受教育者根据社会和自身发展的需要，以正确的思想、政治、道德理论为指导，在适应与促进社会发展的过程中，不断提高思想、政治、道德素质和促进全面发展的过程"①。这为研究生思想政治教育概念的界定提供了基本的概念框架。同时，类比"思想政治教育是人们之间思想政治道德等精神元素交互传导过程，本质上是社会、国家或某种社会集团通过教育实施者、各类各种传媒介体以及人文和自然环境等，教育、引导受教育者提升思想政治道德水准惠及人的精神世界健康发展的实践活动"② 等思想政治教育概念的表述，可以明确思想政治教育概念应该至少包含教育目的、教育主体、教育对象、教育介体等概念要素。在此基础上结合表 1-3 对研究生思想政治教育概念要素的梳理，发现研究生思想政治教育这一概念应包含主体要素、对象要素、教育中介要素等概念要素，其中教育中介要素还应包含内容、载体、方法和目标。

由此，在思想政治教育这个概念解释框架下，结合前面梳理的研究生思想政治教育概念所需的概念要素，可以将我国研究生思想政治教育概念界定为：研究生培养单位根据党和国家对高层次人才培养的目标要求，借助各类传媒介体，教育、引导和影响在普通高等学校、承担研究生教育任务的科学研究机构攻读博士学位和硕士学位的学生，使其形成高层次人才应有的思想观念、能力素质和行为习惯的社会实践活动。

这一概念明确界定了研究生思想政治教育的教育目的、教育主体、教育对象和教育介体四个概念要素。其中，研究生思想政治教育的目的是培养党和国家需要的"高层次人才"；教育主体是"研究生培养单位"；教育对象是"在普通高等学校、承担研究生教育任务的科学研究机构攻读博士学位和硕士

---

① 教育部思想政治工作司．大学生思想政治教育理论与实践．北京：高等教育出版社，2009：2.

② 张澍军．论思想政治教育的历史定位与运行特征．教育研究，2015（4）：43.

学位的学生”；教育介体涵盖研究生思想政治教育的目标、载体和方法，其目标是使研究生“形成高层次人才应有的思想观念、能力素质和行为习惯”，载体是“各类传媒介体”，方法是“教育、引导和影响”。

## 第二节　研究生思想政治教育的核心要素

科学揭示研究生思想政治教育的内在规定，准确把握研究生思想政治教育的构成要素，关键在于透过研究生思想政治教育的表象掌握其本质。研究生思想政治教育在本质上属于教育实践活动，“就教育实践活动而言，其构成要素有：(1) 教育者，以其自身的活动来引起、促进受教育者的身心发生合乎目的的发展和变化；(2) 受教育者，以其接受教育影响后发生合乎目的的变化来体现教育过程的完成；(3) 教育影响，是教育实践活动的手段，是置于教育者和受教育者之间并把它们联系起来的一切中介的总和”[①]。也就是，教育者、受教育者、教育影响作为教育活动的核心要素，共同组成完整的教育活动，因此，研究生思想政治教育的核心要素应当是：研究生思想政治教育者、研究生思想政治教育对象、研究生思想政治教育影响。

### 一、研究生思想政治教育者

研究生思想政治教育者是研究生思想政治教育的主体要素，“是加强和改进研究生思想政治教育的组织保证”[②]，“是研究生思想政治教育的领导者、决策者、发动者和实施者”[③]。按照“全员育人、全方位育人、全过程育人”的理念，高校全体教职员工均为研究生思想政治教育者。事实上，研究生思想政治教育“要根据研究生的特点和教育规律，建立起以研究生导师和辅导员

① 顾明远．教育大辞典．上海：上海教育出版社，1998：791.

② 教育部关于进一步加强和改进研究生思想政治教育的若干意见．(2010-11-17) [2019-08-30]．http：//www.moe.gov.cn/srcsite/A12/moe_1407/s6875/201011/t20101117_142974.html.

③ 刘志．研究生思想政治教育基本问题论析．学位与研究生教育，2018 (7)：23.

为主体的研究生思想政治教育工作队伍。同时，要明确专门的党政干部和共青团干部负责组织协调研究生思想政治教育工作，充分发挥思想政治理论课和哲学社会科学课教师在研究生思想政治教育中的相应作用”①。完整理解研究生思想政治教育者的内涵，还应把握以下几个维度的独特性：一是教育身份。研究生思想政治教育者是实施思想政治教育的人，不是任何人都能进行思想政治教育，因此，他必须具备一定的思想水平和政治素养方面的知识，并且具备实施教育的能力。二是教育对象。无可厚非，研究生思想政治教育的对象必然是广大的研究生群体，离开了研究生群体教育便无法开展。三是教育要求与教育权利。研究生思想政治教育不是一般性的实践活动，它必须在统治阶级的意识形态要求下进行，并且教育者在这样的要求下享有法律赋予的基本权利（如教育权与管理权）。四是教育场域与教育内容。研究生的培养模式不同于本科生的培养模式，因此，在教育场域与教育内容上同样不同于本科生，如研究生思想政治教育可以在师门组会或学术会议或实验室进行，而本科生可能缺乏这样的条件；研究生思想政治教育可以重点围绕学术道德内容开展，而本科生在此方面的要求比较弱。五是教育目标。研究生思想政治教育者设计、组织、创新教育不是漫无目的地进行的，而是在一定的目标方向指引或者追求导向的激励下进行的，比如，努力将研究生群体培养成马克思主义理论者或拔尖创新的高层次人才而不是一般人才。

上述五个方面的特殊性是研究生思想政治教育者的共有属性，不同的教育者还因其职责任务差异呈现特殊性。这种特殊性首先体现在研究生导师这一群体上。“导师是研究生思想政治教育的特有教育者，是研究生思想政治教育的首要责任人。这是研究生思想政治教育区别于其他群体思想政治教育的显著特征。导师是研究生在学习和生活中接触并交往最为密切的对象”，“教书和育人是导师的两大基本职责，导师负有对研究生进行思想政治教育的首要责任”②。研究生学习接触最密切的往往是导师，自身三观的发展会受导师

① 教育部关于进一步加强和改进研究生思想政治教育的若干意见．(2010-11-17)[2019-08-30]. http://www.moe.gov.cn/srcsite/A12/moe_1407/s6875/201011/t20101117_142974.html.

② 刘志．研究生思想政治教育基本问题论析．学位与研究生教育，2018 (7)：23.

的思想水平、道德观念、人生态度、行为习惯等的影响。导师必须努力成为学生健康成长的指导者和引路人，自主自觉地履行立德树人各项职责。

其次体现在研究生辅导员这一群体中。“研究生辅导员是基于研究生日常事务的思想政治教育主体。”[①] 研究生导师虽是研究生思想政治教育的首要责任人，但不是无限责任人，具体特定领域内的教育工作必须依靠专门的研究生辅导员队伍来组织开展，而不能使研究生导师承担全部教育任务。本科生的思想政治教育主要依赖于学生工作队伍，本科生辅导员是学生的人生导师与知心朋友，对学生除了进行专业学业上的指导，还需要深入学生群体关心学生的学习、生活、情感、工作等方方面面；而研究生虽然也有辅导员，但研究生辅导员主要是研究生的知心朋友，与研究生的交流内容更多地集中在学生事务上，诸如依托研究生党员发展与教育、心理健康教育、职业生涯规划指导、资助实施及奖励惩处等内容，在帮助其解决实际生活问题的过程中完成对其的思想引领，人生导师的任务仍需要由研究生导师来完成。所以，研究生辅导员与本科生辅导员相比有特殊的教育任务与依托，在研究生思想政治教育中发挥的作用不可或缺。

最后体现在思想政治理论课和哲学社会科学课教师队伍中。《教育部关于进一步加强和改进研究生思想政治教育的若干意见》指出：“充分发挥思想政治理论课和哲学社会科学课教师在研究生思想政治教育中的相应作用。”虽然研究生在思想政治理论课和哲学社会科学课上与本科生有着相似的课程类型，但在课程设置、教学内容与教学方法上却有其特殊性。一是课程设置不同，根据2020年中央宣传部、教育部制定的《新时代学校思想政治理论课改革创新实施方案》（教材〔2020〕6号），大学阶段必修本科课程为马克思主义基本原理、毛泽东思想和中国特色社会主义理论体系概论、中国近现代史纲要、思想道德与法治、形势与政策，并在全国重点马克思主义学院率先全面开设“习近平新时代中国特色社会主义思想概论”课，学分按有关要求执行。硕士研究生课程设置新时代中国特色社会主义理论与实践，博士研究生课程设置

① 刘志．研究生思想政治教育基本问题论析．学位与研究生教育，2018（7）：24.

中国马克思主义与当代；二是教学内容不同，研究生在刚刚经过本科生时期的思想政治理论课教育之后，又需要在研究生阶段接受相似的教育，因而研究生的教学内容必然要与本科生的教学内容有很大差别，要求上必然更加多样，思想政治理论课教师需要设计更丰富而深入的教育内容，从而适应研究生在此阶段的接受水平；三是教学方法不同，本科生的学习方式主要是依托课程，课程量较大、毕业学分需求较多，而研究生更多采取师门研讨、专业教学研讨班等形式，研究专而深，参与频次更高且更加主动，相比而言整体课程较少，毕业学分需求少，哲学社会科学类课程的设置也比较有限。所以在主渠道教育方面，思想政治理论课和哲学社会科学课教师必须将思想政治教育元素和内容融入课程知识传授的过程，使其在研究生思想政治教育中发挥更加突出的育人作用。

除此之外还有研究生管理服务人员。新时期研究生管理服务人员同样也是研究生思想政治教育者的重要组成部分，这类人群是沟通教师与学生之间的桥梁，直接参与教学活动的组织与安排，围绕教学活动主体做好管理、服务和协调工作，因此研究生管理服务人员的工作质量会直接或间接地影响教学质量。

## 二、研究生思想政治教育对象

研究生思想政治教育的对象是研究生思想政治教育过程中教育者施加影响的对象，即研究生这一特定群体。“作为教育对象的研究生同时也是研究生思想政治教育的另一个主体，在研究生思想政治教育活动中，教育对象的‘自觉能动性’起着主导作用”①。教育对象是自我教育的主体，也是在信息的双向交流中对教育者施加影响的主体。研究生思想政治教育作为思想政治教育的重要组成部分，其教育对象具有广泛性、层次性、可塑性、主体性等思想政治教育对象的一般特征。但作为一个特殊的教育对象群体，它还具有自身的独特性。这种独特性集中表现在四个方面：首先是“个体特征的多样性”②。研

①② 刘志．研究生思想政治教育基本问题论析．学位与研究生教育，2018（7）：24.

究生从层次上可划分为博士和硕士，从学习方式上可划分为全日制和非全日制，从学位类型上可划分为学术学位和专业学位，不同的群体在知识基础、思想认识、人生阅历等方面存在着显著差异，再加上部分研究生已经就业、成家，在承担学习压力的同时，还可能存在着较为突出的事业发展和家庭责任的压力。其次是“人员分布的散在性”①。研究生阶段的学习，对于年级、专业、班级的概念更加弱化，集中课程学习的内容十分有限，群体性的学习活动进一步减少。取而代之的是师门交流、课题组研讨及实验等，而且不同个体的学习时间安排、学习场所选择等都在很大程度上取决于学生的个人喜好，个人的活动范围边界更是千差万别，从整体上呈现散在分布的特征。再次是“思想方式的批判性”②。一般而言，研究生都具有更加丰富的学习、生活和工作经历，对于世界的认知态度、个人的道德观念都趋于成熟和稳定，研究生学习期间的学术训练更是帮助研究生形成了更加突出的批判思维方式。研究生面对新知识、新思想和新观念时，往往会把自己固有的认知作为评判标准予以审视，会有条件、有选择地接纳和认同，这种独特的思维方式也给研究生思想政治教育带来了更为艰巨的挑战。最后是“求知方式的自主性”③。对于研究生而言，从选择专业和研究方向时就表现出了强烈的自主意愿。在深入到某一具体研究领域时，不同个体关注的具体点位也不尽相同，在某一点位上的研究生甚至超越了其指导教师，也正因为此，研究生教育才成为国家创新型人才培养的主要途径。因此，研究生必须依靠导师指导与自主学习来获取知识、完成科研学习任务，进而在所属领域开创自己的学术天地。同时，研究生更加自主的求知方式，也为研究生思想政治教育实效性的提升提供了便利条件。

## 三、研究生思想政治教育影响

研究生思想政治教育影响是指“置于研究生思想政治教育教育者与受教育者之间并把它们联系起来的一切中介的总和，是教育者在研究生思想政治教育过程中用来影响教育对象的一定社会所要求的思想品德规范以及教育活

①②③　刘志．研究生思想政治教育基本问题论析．学位与研究生教育，2018（7）：24.

动的各种方式与手段，是研究生思想政治教育过程的基本要素，主要包含教育内容、教育载体和教育方法等”①。其独特性主要体现在三个方面：一是“教育内容更加深入且注重‘学术道德教育’”②。思想政治教育的内容是教育者根据社会发展要求和教育对象的思想状况，有计划、有目的地向教育对象传导有价值引导性的思想政治信息。在研究生阶段，理想信念教育、爱国主义教育、思想道德建设仍然是思想政治教育的核心和重点内容，促进学生全面发展仍然是思想政治教育的最终目标。但是，研究生思想政治教育在实施过程中，对不同内容的教育要求以及侧重点与其他群体思想政治教育存在显著不同。一方面，相同教育内容相较于其他群体思想政治教育更加深入。比如，与本科生思想政治教育相比，研究生思想政治教育不是在原有基础上的简单延续，而是在原有基础上更加凸显知识体系结构的整体性建构。另一方面，研究生思想政治教育更加注重“学术道德教育”。研究生教育更加指向创新意识和创新能力的培养，使研究生具备基本的学术规范知识和学术道德是研究生思想政治教育需要解决的重要问题。面对学术不端现象时有发生的现状，学术道德教育更是研究生思想政治教育必须着重回应的独特而重要的内容。二是“教育载体运用上更具灵活多样性”③。思想政治教育载体是指承载和传导思想政治教育因素，能为教育者所运用，且教育者和教育对象可借此相互作用的一种思想政治教育活动形式。④ 研究生思想政治教育的载体可以划分为活动载体、文化载体、大众传播载体及管理载体等一般类型，从表面上看，与其他群体思想政治教育的载体没有本质差异。但事实并非如此，研究生思想政治教育由于其对象的特殊身份和群体特征，教育载体的选择和运用必须因地制宜，更加灵活多样。比如，研究生思想政治教育就文化载体而言更多体现学术文化，研究生思想政治教育就活动载体而言需要硕博论坛、论文大赛等形式。三是“教育方法上更加注重自我教育”⑤。“思想政治教育方法

---

①② 刘志．研究生思想政治教育基本问题论析．学位与研究生教育，2018（7）：24.

③ 同①25.

④ 陈万柏，张耀灿．思想政治教育学原理．北京：高等教育出版社，2015：239.

⑤ 同①25.

是教育者为达到一定的教育目的而采取的各种方式和手段”①。研究生的成长归结起来可以看作外因驱动与内因驱动共同作用的结果，而其中发挥决定作用的是内因。这在研究生群体身上表现得更为显著。“研究生群体由于经历了本科阶段的高等教育，思想观念更为成熟、知识结构更加完备、认知能力更为突出，具备自我教育的能力和意愿，能够更加充分地发挥研究生的主体地位，更加自觉地进行自我教育”②。研究生思想政治教育要为研究生更好地开展自我教育提供条件、创造机会、搭建平台。同时，虽然研究生自我教育的意识与能力都有显著提升，但这并不意味着可以放弃教育，听由研究生完全地“独立成长”，而是要对研究生的自我教育和自我成长进行正确的引导，促进其自我教育成效的进一步提升，增强思想政治教育的实效。

## 第三节　研究生思想政治教育的研究对象

每一个研究领域都有其特有的研究对象，确定研究对象是该研究领域成立的根据和深入研究的逻辑起点。毛泽东指出：“对于某一现象的领域所特有的某一种矛盾的研究，就构成某一门科学的对象。”③ 确定研究生思想政治教育的研究对象，必须考察研究生思想政治教育领域的特殊矛盾。一般而言，思想政治教育的特殊矛盾是“一定社会发展的要求同人们实际的思想品德水准之间的矛盾”④。研究生思想政治教育是思想政治教育的重要组成部分，其特殊矛盾与上述矛盾具有相似性，就是国家和社会对高层次创新人才思想素质的要求与研究生实际的思想道德水平之间的矛盾。确证这一矛盾是研究生思想政治教育的特殊矛盾主要有三个方面的依据：一是这个矛盾是研究生思想政治教育存在的主要依据；二是在研究生思想政治教育的所有过程和环节

① 陈万柏，张耀灿．思想政治教育学原理．北京：高等教育出版社，2015：219.
② 刘志．研究生思想政治教育基本问题论析．学位与研究生教育，2018（7）：25.
③ 毛泽东．毛泽东选集：第1卷．2版．北京：人民出版社，1991：309.
④ 张耀灿，等．现代思想政治教育学．北京：人民出版社，2006：6.

中，始终存在着这一矛盾；三是研究生思想政治教育的其他矛盾都由这一矛盾制约。但需要明确，这里说的矛盾并非指矛盾双方具有相互对立无法调和的矛盾性，而是指矛盾双方既对立又统一，即矛盾双方是辩证统一的。据此，下面三对辩证统一关系是研究生思想政治教育特殊矛盾的具象化和现实外化，也是研究生思想政治教育需要持续克服的难题所在。

## 一、差异成长与统一培养的辩证统一

差异成长是指研究生群体在年龄分布、身份类别、生活方式、思想观念以及培养类型、培养方式、培养目标等个体成长发展的多方面表现出显著的差异性。统一培养是指研究生思想政治教育在目标、任务等多个方面由国家和社会发展需要统一决定。研究生的差异成长就要求培养方案充分兼顾与体现差异性，这就为统一培养活动的顺利开展带来了阻力，但这并不意味着二者完全对立，二者是辩证统一的，因为差异成长不等同于毫无方向的发展，而是需要在统一方向的引领下，使学生朝着德才兼备的高层次人才这个方向发展。因此，研究生思想政治教育要紧扣统一培养这一目标，但同时需要尊重研究生个性差异，有的放矢地开展工作，进而实现研究生差异成长与研究生思想政治教育统一培养的辩证统一。具体表现在以下三个方面：

1. 人员散在分布与管理统一推进的辩证统一

人员散在分布是指研究生一般是通过各自导师的课题研究或实验室等形式，进入到更加细化的研究领域，在空间存在和时间分配两个维度上有显著差异，即使是同一导师、年级、课题组的研究生，也存在较为显著的差异。管理统一推进是指国家和学校的政策要求、管理规定、道德规范等，不会因研究生个体在学习方式、科研项目领域、人际关系交往、生活方式等方面的差异而区别对待。研究生散在分布的特点就要求管理应当体现差异性，这就为统一管理的推进带来了阻力。但二者并非完全对立，可通过对研究生群体散在分布的规律进行把握与运用，实现二者的统一。对研究生群体散在分布的规律进行把握与运用，就要求研究生教育管理要始终正视研究生群体散在分布的特点，关注研究生个体在学习方式、科研项目领域、人际关系交往、生活方式等方面的差异，并将这些差异与统一培养的要求对标对焦，在尊重与保留差异性的同时，将统一培养的要求融入研究生所在的各个点位，实现管理的全覆盖。

2. 思想基础多样与目标要求一致的辩证统一

研究生群体的思想基础具有突出的多样性特征，集中表现为四个方面：不同个体对辩证唯物主义、历史唯物主义以及马克思主义认识论的理解、认同程度各异，不同个体对我国的基本国情、基本路线、基本方略以及民族精神和时代精神的认识深度各有差异，不同个体理想信念、人生价值取向、生命价值态度各不相同，不同个体对社会公德、职业道德、家庭美德、个人品德的内化与外化程度各不相同。目标要求一致是指研究生思想政治教育肩负立德树人的根本任务，以培养党和国家事业发展迫切需要的德才兼备的高层次人才这一统一目标为使命。思想基础多样就要求应当制定反映不同思想需求的差异性目标，这就为一致性的目标要求实现带来了困难。但多样性中蕴含着统一性，如果对研究生群体思想变化发展的过程进行深入研究，从多元多样的思想内容中提取出最大公约数，并与统一的教育目标要求内容进行衔接，在保留不影响统一的教育目标实现的思想内容基础上，促进研究生群体多样的思想基础内容与统一教育目标的内容相互渗透与转化，最终实现二者的统一。

3. 思想观念多元现实存在与马克思主义一元主导引领的辩证统一

思想观念多元现实存在是指由于研究生在家庭出身、经济状况、情感经历、工作经验、身份角色等方面有显著差异，成长经历和教育经历不同，研究生的思想道德发展状况和思维方式、思想方法呈现多样化。马克思主义一元主导引领是指研究生思想政治教育需要始终牢牢坚持马克思主义一元主导，始终坚持用马克思主义的立场观点方法武装广大研究生，通过提高研究生的思想道德素质来促进研究生的全面发展。存在决定意识，思想观念多元现实存在的实际就决定着研究生群体难以直接接受一元主导思想的引领，这就为实现马克思主义一元主导引领带来了挑战。多元并不意味着没有主流，要对研究生群体多元思想观念中的主流内容进行提取与把握，将分析得到的主流内容与其他内容相区别，实现与马克思主义基本立场观点方法的融合。同时，立足研究生思想观念多元现实存在的客观情况，用马克思主义立场观点方法对多元的非主流内容进行分析与分类，用马克思主义的真理性、科学性进行判断与鉴别，实现马克思主义对其他思想观念的引领与主导，最终促进研究生群体多元的思想观念与马克思主义相互渗透与转化，最终实现二者的统一。

## 二、理性发展与信仰塑造的辩证统一

理性发展是研究生教育的重要目标，是研究生在成长过程中能依据所掌握的知识和原则进行各种活动的发展特点，表现为丰富的知识储备与严谨的逻辑思维、善于批判的行为特质、富于理想的思想方法。信仰塑造是思想政治教育的根本目标，表现为强烈的政治认同、鲜明的阶级立场、现实的价值取向。理性发展如果没有信仰作为灵魂支撑与价值引领，便失去了根基与方向，但理性发展的特点又难以接受缺乏逻辑、不够严谨的信仰塑造。这就要求信仰塑造注重逻辑的环环相扣、道理的引导与澄清，与研究生理性发展的特点实现对接，进而实现理性发展与信仰塑造的辩证统一。具体表现在以下三个方面：

### 1. 丰富的知识储备、严谨的逻辑思维与政治认同的辩证统一

丰富的知识储备、严谨的逻辑思维表现为研究生在接受本科阶段的学习之后，理论知识更加扎实，逻辑思维更加严谨，能够以理论深入和逻辑推演的方式进行研究，会自觉或不自觉地以科学、严谨的态度去严格审视教育内容和教育环节，能够敏锐地发现教育实施过程中存在的不足。政治认同是指通过思想政治教育，实现研究生对社会主义道路、理论、制度、文化的情感认同。由于现实中，相当一部分研究生思想政治教育的组织者和实施者在马克思主义知识储备、能力素养、教育方法、教育艺术等方面存在一定不足，无法满足研究生理性发展提出的更高要求，研究生一旦发现教育者在政治教育内容阐释的严谨程度、教育环节设计逻辑的缜密程度等方面的问题，就会习惯于降低自身从中获取有效信息的心理预期，甚至否定与怀疑整个教育活动过程与教育内容的科学性，这就为研究生思想政治教育实现政治认同的塑

造带来了挑战。但丰富的知识储备、严谨的逻辑思维与政治认同并不是完全对立的，研究生思想政治教育应立足于研究生知识丰富、逻辑严谨的现实基础，紧扣研究生思维逻辑严谨的突出特征，在教育活动的设计与开展过程中，注重与突出理论内容阐释的严谨性与深入性、内容推演过程的缜密性与衔接性、教学活动开展过程的充分准备与精心谋划，注重知识灵活选择与运用方法、环环相扣的道理引导方法的使用，与研究生逻辑严谨的特点相对应。只有抓住研究生惯于以理论深入和逻辑推演的方式进行学习与研究的特征，使教育过程与研究生学习思考的接受过程实现对接，方能有效实现研究生政治认同的塑造。

2. 批判性思维特质与思想政治教育阶级属性的辩证统一

批判性思维特质是指研究生在长期学术研究和训练中养成了批判性思维特质，习惯以好反思、好质疑、好批判的态度审视思想政治教育的教育内容与实施过程、基本目标与教育效果，以批判性的思维认识与理解思想政治教育内蕴的阶级特征。思想政治教育阶级属性是指研究生思想政治教育具有鲜明的阶级性，是高校意识形态教育的重要组成部分，其教育任务、目标和内容与主流意识形态紧密联系，直接彰显统治阶级的立场。研究生以批判性的思维认识与理解思想政治教育，就会对意识形态灌输的教育方法、阶级立场的突出导向产生怀疑，为思想政治教育进行阶级立场强化带来了挑战。但批判性思维特质与思想政治教育阶级属性不是完全对立的，研究生思想政治教育如果聚焦研究生善于批判的行为特征，注重道理澄清方式的灵活运用，讲清楚思想政治教育天然存在阶级属性的道理，讲清楚思想政治教育阶级属性与党的事业紧密相连的道理，讲清楚思想政治教育阶级属性与自身阶级立场坚守之间关系紧密的道理，使研究生能够正确认识并认同思想政治教育的阶级属性，最终会实现研究生批判性思维特质与思想政治教育阶级属性的辩证统一。

3. 思想方法理想化与社会生活现实性的辩证统一

思想方法理想化是指研究生长期在学校内进行科学研究，缺乏对现实社会生活的直接认识，养成理想化的思想方法，以更高的要求审视思想政治教育目标、任务和过程等各维度的实践效果。社会生活现实性是指社会生活不完美、不完整的现实情况，且这种情况的存在具有一定的合理性。“思想政治教育是基于现实生活的教育过程，是以满足现实需求、解决现实问题为指向的育人活动，最为突出的特点就是包容不完美、不完整的合理性”①。思想方法理想化就难以对社会生活的不完美、不完整产生同情、包容与理解，甚至可能会将一些问题无限放大，严重影响研究生对社会生活的真实理解与追求向往。但是研究生群体思想方法的理想化具有深刻的现实根基与客观物质基础。实现研究生对社会生活的真实理解与追求向往，就需要还原客观的现实生活，即还原存在不同程度与不同范围问题的现实生活，还原研究生的理想期待与现实生活问题之间存在的客观差距，引导研究生带着富于理想的思想方法回到社会生活、扎根社会生活、观照社会生活、优化社会生活，对社会生活存在不完美的客观事实形成更为充分的认识，最终实现研究生群体理想与现实的相互渗透与转化，使二者走向统一。

## 三、心理防御与规范引领的辩证统一

心理防御是指在接受了本科阶段的教育之后，研究生群体的思想观念更为成熟、知识结构更为完备、认知能力更为突出，很多方面拥有更充分的成长自主性和自信心。规范引领是研究生思想政治教育的重要方式，是指在研究生教育管理过程中通过规章、守则、流程、办法等规范性文件对研究生的行为进行引导和约束。如果缺乏对研究生自主自信与自发自觉的规范引领，容易给错误思想以可乘之机。但研究生自主自信与自发自觉在面对来自外部的规范引领时又极其容易产生防御心理，这就要求研究生思想政治教育的规范引领要遵循研究生心理防御的发展机制，使研究生通过反向形成、合理化、升华、补偿等心理防御机制的作用将规范引领内化为自身的思想政治素质，进而实现心理防御与规范引领的辩证统一。具体表现在三个方面：

### 1. 自尊保护与规范引领的辩证统一

自尊保护是指研究生出于保护自我价值、维护自我形象而抑制、掩盖或

① 刘志．研究生思想政治教育基本问题论析．学位与研究生教育，2018（7）：26-27.

升华不符合社会规范的想法的心理防御过程。出于自尊保护的需要，研究生会在心理上对来自外部的规范与要求产生一定的抗拒心理，这就为规范引领的顺利实现带来了困难，但如果任由自尊保护发展而不对其进行规范引领，则可能会导致研究生为了排除不符合社会规范的想法而做出与自己实际想法相反的行为，如表现出对某些规范的虚假认同，进而为与规范性引领相关的研究生思想政治教育工作带来阻碍和挑战。因此，必须坚持规范引领。但研究生的自尊并不能使其有较高的思想水平，这就需要教育组织者和实施者巧妙采用各种教育方式，规避教育者传统“发号施令”式的机械教育方式，遵循研究生出于自尊保护而产生的否认、反向形成等心理防御机制的规律，引导研究生运用积极的心理防御机制纠正和调整其对规范准则的错误认识和抵触心理，进而达到自尊保护与规范引领的辩证统一。

2. 专业自信与规范引领的辩证统一

专业自信是指研究生已接受了多年的教育，经历了长期的学术研究，有着较为丰富的知识储备，对自己的专业能力和学术素养都有极高的自信，这种自信心让研究生拥有了更高的自觉性和自制力，促进研究生朝着规范要求的方向自觉发展。但专业自信容易导致研究生自我认知的偏差，产生自己已经具备“完全正确”的思想，不再需要接受思想政治教育等错误观念，这就为规范引领的顺利实现带来了阻力。研究生思想政治教育在规范引领的过程中，应紧紧抓住研究生专业自信这一突出特点，在理论引导的过程中善于发现研究生的认知盲区、思想空白区，然后选用积极有效的教育内容和教育方式，有针对性地提升研究生自我认知和情绪感知能力，引导研究生对认知盲区与思想空白区进行科学认识，进而克服由专业自信带来的认知偏差，促进研究生专业自信与规范引领的辩证统一。

3. 自主成长与规范引领的辩证统一

自主成长表现为研究生的自我管理和自我发展意识较强，在学习生活中更倾向于按自己的意愿、能力或特性行事。研究生的自主成长体现在自身特性与社会特性两个方面，自身特性方面有主体性、主动性、上进心、判断力、独创性等，社会特性方面有自我控制、自律性、责任感等。自主成长的背后是研究生强烈的自我意识，这种意识会对来自外部的规约产生一定的排斥，但二者并非不可调和。研究生思想政治教育应遵循研究生自主学习相关规范要求、自觉控制自身行为进而朝着高层次拔尖创新人才标准发展的规律，对研究生的自我意识发展进行引导，对其自我发展规划进行指导，不断激发研究生自我教育的动力，并刺激与引导研究生将规范转化为自觉行为，实现在规范引领下的健康自主成长。

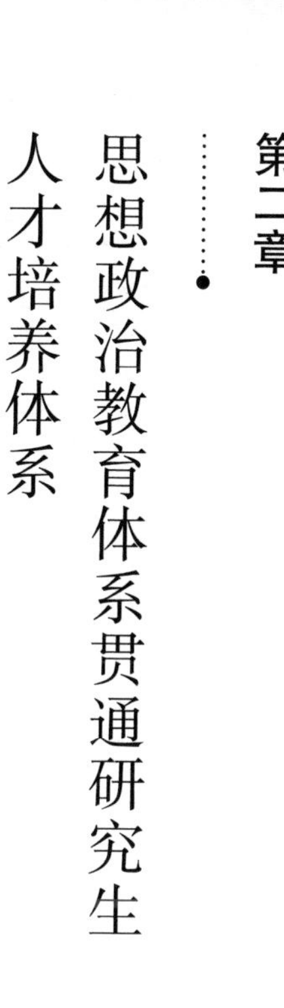

# 第二章 思想政治教育体系贯通研究生人才培养体系

研究生人才培养体系决定着研究生的教育质量。而“人才培养体系涉及学科体系、教学体系、教材体系、管理体系等，而贯通其中的是思想政治工作体系”[①]。这里，贯通其中的思想政治工作体系更多指向的是教育活动的场域，聚焦研究生这一类对象群体来说，贯通研究生人才培养体系之中的则是研究生思想政治教育体系。由此可见，研究生思想政治教育体系不是游离于研究生人才培养体系之外的独立体系，而应纵向到底贯通研究生人才培养全过程，横向到边辐射研究生人才培养全方位，在整个研究生人才培养体系中起着谋大局、把方向、保质量的重要作用。因此，在研究生的招生、教学科研、管理服务的各个环节之中，都应该充分体现和真正落实思想政治教育的目标、任务和具体要求，方能真正提升整个研究生人才培养质量，即实现“贯通”。新时代加强和改进研究生思想政治教育，实现思想政治教育体系贯通研究生人才培养体系这一目标，首先必须廓清研究生思想政治教育体系“贯通”的内涵，其次需要重点把握“贯通”的现实困境，最后要紧密结合理论体系的“实然”与实践要求的“应然”进行“贯通”模型的构建。

## 第一节　“贯通”的内涵界定

有效把握事物本质的前提在于全面澄清事物的基本内涵。本研究通过对“贯通”概念的提出及发展的梳理，揭示“贯通”的本质内涵，阐明“贯通”之于研究生教育的重大意义，为后续相关理论研究和实践探索做好奠基性工作。

### 一、“贯通”问题的提出

思想政治教育体系贯通研究生人才培养体系这一问题，虽然在不同时间节点、不同场合提法各异，但党和国家的重视始终有增无减。习近平总书记

① 习近平．在北京大学师生座谈会上的讲话．人民日报，2018-05-03（2）.

先后五次就“贯通”问题做出明确论述。

在2016年全国高校思想政治工作会议上，习近平总书记指出，“要坚持把立德树人作为中心环节，把思想政治工作贯穿教育教学全过程，实现全程育人、全方位育人，努力开创我国高等教育事业发展新局面”[①]。在2018年北京大学师生座谈会上，习近平总书记强调“人才培养体系涉及学科体系、教学体系、教材体系、管理体系等，而贯通其中的是思想政治工作体系”[②]。在2018年全国教育大会上，习近平总书记在讲话中进一步强调：“要努力构建德智体美劳全面培养的教育体系，形成更高水平的人才培养体系。要把立德树人融入思想道德教育、文化知识教育、社会实践教育各环节，贯穿基础教育、职业教育、高等教育各领域，学科体系、教学体系、教材体系、管理体系要围绕这个目标来设计，教师要围绕这个目标来教，学生要围绕这个目标来学。”[③] 在2019年学校思想政治理论课教师座谈会上，习近平总书记明确指出要“推动思想政治工作贯通人才培养体系，发挥融入式、嵌入式、渗入式的立德树人协同效应”[④]。2022年习近平总书记主持召开中央全面深化改革委员会第二十四次会议强调：“要坚持正确政治方向，把理想信念教育贯穿人才培养全过程，引导人才深怀爱党爱国之心、砥砺报国之志，继承和发扬老一辈科学家胸怀祖国、服务人民的优秀品质。”[⑤]

回顾习近平总书记五次重要的讲话，我们可以看到，党和国家在不同时期、不同场合都对思想政治教育“贯通”这一问题进行了设计、规划和具体的布局。面对新形势、新任务、新要求、新挑战，研究生思想政治教育只能不断加强不能随意削弱、只能整体前进不能懈怠停滞、只能积极作为不能被动应对。因此，研究生思想政治教育必须将“贯通”作为工作重点，通过多

---

① 把思想政治工作贯穿教育教学全过程　开创我国高等教育事业发展新局面．人民日报，2016-12-09（1）.

② 习近平．在北京大学师生座谈会上的讲话．人民日报，2018-05-03（2）.

③ 坚持中国特色社会主义教育发展道路　培养德智体美劳全面发展的社会主义建设者和接班人．人民日报，2018-09-11（1）.

④ 习近平．思政课是落实立德树人根本任务的关键课程．北京：人民出版社，2019：28.

⑤ 习近平主持召开中央全面深化改革委员会第二十四次会议．（2022-02-28）[2022-10-13]．http://jhsjk.people.cn/article/32361772.

方努力真正实现“三全育人”。

## 二、“贯通”的本质揭示

本质是指事物本身所固有的，决定事物面貌和发展的根本属性。对思想政治教育体系贯通研究生人才培养体系的本质进行深刻剖析，不仅可以帮助我们实现对“贯通”的深刻认识，也是对于“贯通”本身内在部分规律的具体展示，更是在整体上超越表象实现对于“贯通”最核心规律的认识与把握，还为“贯通”模型关涉现实并在现实中发挥重要作用提供价值遵循。因此，在这个意义上，我们认为只有彻底明晰“贯通”本质的基本内涵与外延，才能从理论自觉上增强“贯通”主体进行模型构建的主动性和自觉性，并在坚持科学性与价值性相统一的原则下进行“贯通”体系的构建。

方向决定命运，方向决定道路。首先，从“贯通”的内涵来看，我们认为“贯通”体系决定了高校研究生人才培养的方向，即思想政治教育体系贯通研究生人才培养体系高度明确了高校研究生人才培养的具体方向。其次，“贯通”体系框定了高校研究生人才培养的规格。“人才培养一定是育人和育才相统一的过程，而育人是本。人无德不立，育人的根本在于立德。这是人才培养的辩证法。办学就要尊重这个规律，否则就办不好学。”① “贯通”体系的构建与实施也就意味着研究生的人才培养不是片面的、孤立的，而是要培养又红又专、德才兼备、“五育”并举的高层次专门人才。最后，“贯通”体系明确了研究生人才培养的模式。研究生教育涵盖招生、教育、管理、服务等多个环节，“贯通”就是要以思想政治教育体系为统领，渗透、融合其他各体系、各要素、各环节，实现全员全过程全方位育人，从而在根本上实现德才并育的培养目标。

从“贯通”本质的外延来看，思想政治教育体系贯通研究生人才培养体系是一个多样态的存在。根据“贯通”体系在人才培养过程中作用方式和功能发挥的不同，可以形象地将研究生思想政治教育“贯通”体系的基本存在

① 习近平．在北京大学师生座谈会上的讲话．人民日报，2018-05-03（2）.

样态归纳为三种，分别是“空气态”、“钢筋态”和“基座态”。

空气态是指思想政治教育体系贯通研究生人才培养体系时，应该像空气存在于自然界一样，实现思想政治教育对研究生人才培养体系的涵濡，使思想政治教育渗透到研究生人才培养的各个环节，达到整个人才培养体系时时处处皆体现出德才并育的目标。习近平总书记指出，“和平犹如空气和阳光，受益而不觉，失之则难存。没有和平，发展就无从谈起”①。思想政治教育之所以要像空气一样存在，原因有两方面：一是思想政治教育的地位像空气，“失之则难存”，离开思想政治教育，人才培养就失去了灵魂，育人就无从谈起。整个国家的人才培养体系失去思想政治教育体系的贯通，人心凝聚、社会发展便无从谈起，甚至政权稳定都无法实现。高校倘若忽视了思想政治教育在研究生人才培养体系中的贯通，就会在高校意识形态领域丧失主动权，研究生德育的效果便会在人才培养体系中枯萎与衰败，我国培养社会主义建设者和接班人的优势就会荡然无存，我国的整个人才培养体系也就名存而实亡。二是思想政治教育的作用方式像空气，使人“受益而不觉”。潜移默化育人才能实现作用效益的最大化。思想政治教育体系只有像空气一样渗透、弥漫与充斥整个研究生人才培养体系，才能保证人才培养体系如春风化雨般发挥作用，达到“百姓日用而不知”的效果。比如我国古代“以身试教”“以乐化民”“孟母三迁”“以文化人”都是强调教育春风化雨般发挥作用的方式。在西方，亚里士多德也曾有过相关论断，提出了“美德有两种，即心智方面和道德方面的，心智方面美德的产生和发展大体归功于教育（因为它需要经历和时间）；而道德方面的美德乃是习惯的结果”②，杜威又提出“教育即生活”的理念，这些理论都是指将思想观念融入大众作品、日常沟通、生活点滴、文化环境中，使人们在学习的过程中不知不觉地接触、理解、认同、接受、内化思想观念，养成行为习惯并自觉外化为个体行为。

钢筋态是指思想政治教育体系贯通研究生人才培养体系时，应像钢筋那

① 习近平．共同创造亚洲和世界的美好未来：在博鳌亚洲论坛2013年年会上的主旨演讲．人民日报，2013-04-08（1）.

② 张法琨．古希腊教育论著选．北京：人民教育出版社，1994：317.

样，使建筑具有坚固的框架结构，把人才培养体系牢牢地固定住，以保证人才培养的质量。思想政治教育之所以要像钢筋一样存在，原因有两个方面：首先是思想政治教育体系的组合方式像钢筋，“环环相扣，丝丝入扣”，每一个元素的组成与正确排列形成了规格完整、要素完备的人才培养体系。以每个时代的价值观念体系为例，由于每一个价值观念的组成与正确排列形成了相对具有整体性、综合性、完备性特点的价值观念体系，这样既保证了体系本身的完整与稳定，也保证了体系发挥作用的完整性，在维护社会稳定方面发挥出了不可替代的重要作用。如果思想政治教育体系没有规则、严整地贯通，研究生人才培养体系各环节、各要素将会是散在的孤立存在，那高校人才培养体系本身的完整与稳定便无法保证，人才培养体系作用发挥的完整性便无法保证，人才培养体系在维护高校稳定的育人环境方面的作用便无法保证，高校高质量完成全员全过程全方位“德才并育”的工作任务便无法保证。其次是思想政治教育体系的内容像钢筋。“质量决定成败”，思想政治教育体系的内容决定的是贯通的质量，决定的是能否培养出全面发展的时代新人。高校培养德才兼备的有用人才，“要在坚定理想信念上下功夫，……要在厚植爱国主义情怀上下功夫，……要在加强品德修养上下功夫，……要在增长知识见识上下功夫，……要在培养奋斗精神上下功夫，……要在增强综合素质上下功夫”①。由此，思想政治教育“贯通”体系只有像钢筋一样坚固，才能保证人才培养质量的现实性和理想性、部分性和全面性的整体统一，才能真正保证人才培养体系的内容过硬、结构过硬、结果过硬，培养出全面发展的符合党和国家要求、社会期待的拔尖创新人才。

基座态是思想政治教育体系贯通研究生人才培养体系时的一种样态，即全部教育环节都是以中国特色社会主义为底色、以马克思主义理论为基础，如同楼房基座确定楼房的起点、地基的深度与广度决定楼房的高度一样，从而使人才培养的规格努力向德才兼备的目标靠近。“凿井者，起于三寸之坎，

① 坚持中国特色社会主义教育发展道路　培养德智体美劳全面发展的社会主义建设者和接班人．人民日报，2018-09-11（1）.

以就万仞之深。”思想政治教育“贯通”体系之所以要像地基一样存在，有两方面的原因：第一是思想政治教育体系的位置像地基。地基的起点决定的是人才的“底色”，决定了人才是否为“建设者”和“接班人”。“培养什么人，是教育的首要问题。我国是中国共产党领导的社会主义国家，这就决定了我们的教育必须把培养社会主义建设者和接班人作为根本任务，培养一代又一代拥护中国共产党领导和我国社会主义制度、立志为中国特色社会主义奋斗终身的有用人才。这是教育工作的根本任务，也是教育现代化的方向目标。”① 人才培养体系只有建立在正确的地基上，才能确保这种培养的起点与终点始终是一条线，才能保证人才培养的量与质完全匹配。如果高校人才培养体系没有正确的起点，首先高校立德树人的立身之本便会动摇，其次高校提升办学质量的过程也会不尽如人意，最后高校人才培养可能本末倒置，培养出的不是“建设者”和“接班人”。第二是思想政治教育体系的深度像地基。地基决定的是培养出来的人才所能实现的发展程度，决定的是一个人最终能够走多远，“小胜靠智，大胜靠德”，古今中外，但凡才厚之人首先是“德重”。“国无德不兴，人无德不立。如果一个民族、一个国家没有共同的核心价值观，莫衷一是，行无依归，那这个民族、这个国家就无法前进。”② 将人才培养体系视为一座大厦，思想政治教育体系就像地基一样决定了人才培养的高度，要想屹立不倒，必须质量可靠，要想高度达成，必须共同发展。高校研究生人才培养体系要着力提升研究生学术科研能力，但更要注重研究生思想道德的健康发展，帮助研究生实现德与才的“双线成长”、融合发展。

思想政治教育是像“空气”、“钢筋”和“基座”一样的存在，它规定了研究生人才培养的起点，明确了研究生人才培养的方向，保证了研究生人才培养的高度。“贯通”的三种形态是相对形象的一种描述，三种形态之间并不相互孤立，而是相互交融，确保了思想政治教育体系在人才培养体系中的贯通，使人才培养体系更加顺利、更有质量地完成立德树人的根本任务。

① 坚持中国特色社会主义教育发展道路 培养德智体美劳全面发展的社会主义建设者和接班人．人民日报，2018－09－11（1）.

② 中共中央文献研究室．十八大以来重要文献选编：中．北京：中央文献出版社，2016：3.

## 三、“贯通”的意义论析

思想政治教育体系贯通研究生人才培养体系，既是实践应然状态的要求，也是理论使然状态的“落地开花”。当前社会各界虽对“贯通”这一概念达成了基本共识，但对贯通的重要意义却鲜有人知，贯通的意义主要包括以下两个方面：

首先是解决研究生教育中育才和育德“两张皮”的问题。“两张皮”的问题是指当前主要依靠课堂教育教学的主渠道、以师门为依托的主阵地、学科专业的主载体来完成研究生人才培养任务的研究生人才培养体系，只注重对研究生群体的知识传授而轻视对研究生群体的思想引领，只注重对研究生群体当下现实利益的关注而轻视对研究生群体远大理想信念的培育，只注重对研究生群体自身的知识技能实践的培养而轻视对研究生群体责任担当与人类关怀的引领，未能做到对研究生群体的德才并育，甚至导致研究生“德”与“才”朝着两个相反的方向发展的严重后果。这一问题对于研究生人才培养质量能否得到保证、高校内涵发展水平能否得到切实提高有着重大的影响。思想政治教育体系贯通研究生人才培养体系，有利于解决研究生人才培养现状中这一最为迫切与棘手的问题，使研究生人才培养体系的各维度都充分发挥协同育德的功能，推动实现从研究生“德育课程”到“课程德育”、从研究生“思政课程”到“课程思政”等“大德育”“大思政”的范式转换，使思想政治教育在各学科、各课程、各环节中都得以渗透，进而促进高等教育从注重“量”的增长转变为注重“质”的增长，推进高等教育内涵式发展水平的有效提高。同时，研究生是党和国家培养的高素质拔尖创新人才，将思想政治教育贯穿研究生人才培养体系始终，就是“要把立德树人内化到大学建设和管理各领域、各方面、各环节，做到以树人为核心，以立德为根本”[①]。具体对应到研究生教育的整个领域，就是要把立德树人内化到研究生人才培养与研究生人才培养队伍建设的各个领域、各个方面、各个环节之中，始终做到人

① 习近平．在北京大学师生座谈会上的讲话．人民日报，2018－05－03（2）．

才培养“德才并育”与队伍建设“德才兼备”，使作为引领社会风气重要力量的研究生群体自觉担当起为伟大祖国第二个百年奋斗目标的实现、为社会主义现代化国家建设目标的实现贡献力量的使命与责任。

其次是完善研究生教育学的基本理论。研究生思想政治教育作为研究生教育的重要组成部分，在研究生教育中起着“谋大局、把方向、提质量”的关键作用。在这个意义上，我们认为研究生思想政治教育不仅是研究生教育的组成部分，更是研究生教育的本质与核心。但与研究生教育学理论体系的丰富完备、实践水平的逐年提升、学科化水平的不断发展相比，研究生思想政治教育学限于学科自身历史较短、专业理论研究队伍比较缺乏，理论体系构建与学科化实现始终不尽如人意。随着我国高等教育事业的不断发展、高校人才培养工作的不断改革和创新、研究生招生规模的逐年扩大，包括研究生思想政治教育领域在内的整个研究生教育领域出现一些新情况、面临一些新难题，如针对学习形式不同的研究生开展思想政治教育的问题、不同学位类型研究生思想政治教育成效的评价机制问题等，若要及时有效解决这些问题，推进研究生思想政治教育在研究生教育中的理论丰富与实践开展，推进研究生教育学在整个高校教育事业领域内整体水平的再发展、再跨越，思想政治教育必须贯通整个研究生人才培养体系。思想政治教育体系贯通研究生人才培养体系，就是要遵循规律推动优化体制机制，保证全员全过程全方位育人任务的有效落实，这不但有利于解决研究生教育体系的构建问题，而且集中回应了研究生教育“培养什么人”“怎样培养人”“为谁培养人”的核心问题。同时，构建贯通于研究生人才培养体系的思想政治教育工作体系决定的是研究生教育的方向，框定的是研究生人才培养的规格，明确的是研究生人才培养的方式，凸显的是对“德才并育，以德为先”这一人才培养规律的深刻把握，这在一定程度上推动了研究生教育学基本理论的丰富和完善，对于在新时代再度把握研究生教育的定位、再次审视教育目标都有着极其重要的作用。况且，研究生教育学理论与实践的整体水平提升本身就离不开研究生思想政治教育学理论与实践整体水平的提升，只有研究生思想政治教育贯通整个研究生人才培养体系，研究生思想政治教育实践创新水平、理论发展水平才能实现整体提升，才能破解现实问题、创新教育模式、涌现理论成果、构建理论体系，才能推进研究生思想政治教育学科化发展。

## 第二节　“贯通”的现实困境

实现“贯通”，需要思想政治教育在人才培养体系中像“空气”、“钢筋”和“基座”一样存在。然而，由于多方面原因，“贯通”的实现程度和预期还存在较大差距，需要破解的问题还有很多，这些问题难以在短时间内全部解决，而且，解决问题的关键在于厘清深层困境并予以针对性破解。研究发现，实现“贯通”面临着三个方面的关键瓶颈。

### 一、观念更新与思维惯性之间的矛盾冲突

构建新时代研究生思想政治教育体系，关键就是要实现由传统研究生思想政治教育体系建设向全员全过程全方位育人的“贯通”格局转变。实现这一转变首先需要从认识层面上更新观念、转变思维，形成育人自觉，需要全体研究生教育者在新的人才培养规格要求下，因势而谋、应势而动、顺势而为，不仅要从理论上认识到“贯通”的必要性和重要性，更新育人主体在德才并育的过程中应该掌握的理论和方法，也要将这些理论和方法积极运用于实际的教育活动中。然而在这一认识过程中，研究生育人主体的观念更新相对容易，但育人主体固有的思维惯性不易清除，二者形成了鲜明对比，呈现出新认识与旧思维的矛盾冲突，严重制约着科学合理育人格局和育人体系的形成。①

一方面，对于思想政治教育体系贯通研究生人才培养体系是建设高水平人才培养体系的应有之义这一观念，研究生育人主体的认识与更新相对容易。

① 刘志．思想政治工作体系贯通高校人才培养体系需突破三方面关键瓶颈．思想教育研究，2019 (6)：93-97.

首先，随着高等教育内涵式发展，研究生育人主体容易对研究生思想政治教育产生新的认识。当今时代，人才成为影响国家竞争力的重要因素之一，党和国家对高等教育和拔尖创新人才的渴求比以往任何时候都更加强烈。2015年中央全面深化改革领导小组会议审议通过《统筹推进世界一流大学和一流学科建设总体方案》，对我国高等教育建设提出新要求。包括研究生导师、专业课教师、辅导员、管理人员、服务人员等在内的各育人主体一直处于研究生教育教学一线，长期担负着研究生人才培养的重要职责，较为了解当前人才培养规格和研究生群体呈现出的新特点和新变化，容易认识到“育德”是研究生人才培养的关键和核心，明晰其是研究生人才培养的重要组成部分，理解研究生思想政治教育只有贯彻“大思政”理念，将思想政治教育体系贯通研究生人才培养体系，才能使育人实效得到最大限度的提升。其次，党和国家政策文件的相继出台也从外部推动着研究生育人主体对思想政治教育认识的深化。党的十八大以来，高校思想政治教育受到了前所未有的重视，党和国家主要领导人的讲话、先后颁布的思想政治教育相关文件都对各育人主体形成“贯通”认知做出了规定。习近平总书记曾指出“坚持把立德树人作为中心环节，把思想政治工作贯穿教育教学全过程，实现全程育人、全方位育人……做好高校思想政治工作，要因事而化、因时而进、因势而新。要遵循思想政治工作规律，遵循教书育人规律，遵循学生成长规律”①。2018年，习近平总书记在北京大学师生座谈会上强调：“人才培养体系涉及学科体系、教学体系、教材体系、管理体系等，而贯通其中的是思想政治工作体系。加强党的领导和党的建设，加强思想政治工作体系建设，是形成高水平人才培养体系的重要内容。”② 党和国家的政策文件也充分体现了上述思想并做出了相关规范和要求：《中共中央、国务院关于加强和改进新形势下高校思想政治工作的意见》强调“把思想价值引领贯穿教育教学全过程和各环节，形成教书育人、科研育人、实践育人、管理育人、服务育人、文化育人、组织育人

① 把思想政治工作贯穿教育教学全过程 开创我国高等教育事业发展新局面．人民日报，2016-12-09（1）.

② 习近平．在北京大学师生座谈会上的讲话．人民日报，2018-05-03（2）.

长效机制”[①]。《高校思想政治工作质量提升工程实施纲要》明确规定要“一体化构建内容完善、标准健全、运行科学、保障有力、成效显著的高校思想政治工作质量体系，形成全员全过程全方位育人格局”。2018 年 1 月出台的《教育部关于全面落实研究生导师立德树人职责的意见》（教研〔2018〕1 号）直接明确了研究生导师立德树人职责，包括提升研究生思想政治素质、培养研究生学术创新能力、增强研究生社会责任感等。通过对政策文件的学习和思考，以及各级党委、学校相关部门的宣讲培训和教育引导，容易激发育人主体对思想政治教育体系贯通研究生人才培养体系形成正确认识，从而实现内部生发与外部推动共同作用而产生的育人主体的观念更新。[②]

另一方面，研究生育人主体的思维惯性难以克服。惯性是指“物体保持自身原有运动状态或静止状态的性质”[③]。在长期的研究生教育实践过程中，育人主体“由过去的知识、经验或习惯形成认知的固定倾向，即形成比较稳定的、定型化了的思维路线、方式、程序、模式”[④]，这种思维定式对于育人主体实现思想政治教育全员全过程全方位育人的“贯通”要求产生了直接的阻碍。这种阻碍的产生有两点原因：其一是相关研究生育人主体对职责的思维惯性不易清除。部分育人主体基于固有思维，认为研究生“育德”工作应主要由研究生导师、思政课教师等一线队伍开展，专业课教师只要完成好所承担的教学任务、管理部门只需完成管理任务、服务部门只要完成服务工作即可，尚未形成只有将思想政治工作贯通研究生人才培养体系才能实现德才并育的认识，尚未对如何开展研究生思想政治教育工作产生思考，甚至从未明确承担过“育德”职责。在这种传统思维影响下，育人主体完全剔除思维惯性，落实“贯通”要求，在教学、管理和服务等环节均落实育人整体要求，

① 中共中央党史和文献研究院．十八大以来重要文献选编：下．北京：中央文献出版社，2018：480.

② 刘志．思想政治工作体系贯通高校人才培养体系需突破三方面关键瓶颈．思想教育研究，2019（6）：93－97.

③ 中国社会科学院语言研究所词典编辑室．现代汉语词典．7 版．北京：商务印书馆，2016：484.

④ 吴寿仁．创新思维力．北京：新华出版社，2015：30.

很难在短时间内实现。其二是现有育人格局的思维惯性难以打破。随着高等教育的深化发展，研究生教学、管理、服务等职能逐渐细分，有效推动和促进了各个领域的科学化和专业化发展。然而，这也为“贯通”思维的形成带来了不利影响，在这种“小思政”格局下，部分育人主体，如研究生导师、研究生辅导员、思政课教师等虽能形成“德才并育”意识，但往往各自为战，缺乏统筹和协调，只能形成思想政治教育的“点”位突破，而无法相互联结形成思想政治教育的“面”。同时，传统“小思政”体系之外的研究生育人主体不承担“育德”使命也渐成固化形态，这与研究生人才培养需要“贯通”这一新形势和新要求，即与研究生息息相关的高校全体教职工都要承担研究生思想政治教育的育人使命难以契合。①

## 二、使命体认与能力缺失之间的矛盾冲突

研究生思想政治教育队伍完成立德树人使命，不仅需要深刻认识这一时代赋予的历史使命，更需具备完成这一使命的能力。然而现实情况是，研究生育人主体清晰认知肩负的思想政治教育使命相对容易与自身育人能力素质难以迅速提升之间形成矛盾冲突，这本质上是“做什么”与“做得怎么样”的冲突，是认知内容与实践方法的不匹配导致研究生思想政治教育贯通研究生人才培养体系的关键环节不畅、中坚力量缺位，致使立德树人的要求无法落到实处，严重影响了育人实效。②

一方面，研究生育人主体对研究生思想政治教育的使命体认相对容易。首先，传统的研究生思想政治教育理论为育人主体进行育人活动提供了理论支撑。从“三育人”“十大育人体系”发展到现在的全员全过程全方位育人，传统的研究生思想政治教育者一直对育人的本质、目的、内容等有着深入的思考和深刻的认识，这些认识为育人新格局提供了科学的理论基础和经验借鉴。同时，其他各育人主体虽未明确承担育人职责尤其是育德职责，但在长

①② 刘志．思想政治工作体系贯通高校人才培养体系需突破三方面关键瓶颈．思想教育研究，2019 (6)：93－97.

期与研究生群体的接触中，直观地了解到研究生群体特点的不断变化，在育才、管理、服务等过程中，对研究生的“德行”逐渐形成了隐性的期待。当其身份明确转换为育人主体、肩负育人使命时，这种隐性的期待就能快速地转换成实际的、直接的育人需求和育人内容。不同的育人主体，尤其是长期身处研究生人才培养一线的育人主体对自身的育人使命更能够自觉体认。其次，党和国家对育人目标的新要求为育人主体的使命体认指明了方向。党的二十大报告提出落实立德树人根本任务，培养德智体美劳全面发展的社会主义建设者和接班人，进一步强化了育人为本，德育为先，培养德智体美劳全面发展的社会主义建设者和接班人的历史使命。这就要求发挥思想政治教育在研究生人才培养中的统领、凝聚、推动作用，遵循“有虚有实、有棱有角、有情有义、有滋有味”四个原则做好研究生思想政治教育，进一步强化价值引领，打造全员全过程全方位育人队伍，把解决思想问题和教学科研、学习就业等实际问题结合起来，增强教育的时代感和实效性。①

另一方面，研究生育人主体自身能力不足且提升举步维艰。育人主体不仅需要认识研究生思想政治教育的育人使命，更需要与之匹配的能力素质作为支撑，但研究生思想政治教育队伍现在所具备的育人能力并不能完全适应研究生思想政治教育体系的“贯通”要求，而且由于育人能力提升的规律等多方面限制，育人主体的育人能力难以在短期内实现全面提升。在全员全过程全方位的育人格局中，为满足育人使命的现实需求，育人主体全员需要在传统研究生思想政治教育理论和实践的基础上“学新课”，即在贯通格局下进行新思考、探寻新方法，着力将思想政治教育融入研究生日常的科研、教学、管理和服务工作，从而匹配不同育人主体的多层次需求。在此基础上，过去没有明确育人使命的育人主体还需要“补好课”。长时间缺乏对育德使命的重视和落实直接导致部分育人主体缺乏对研究生思想政治教育目标、任务、内容和方法的系统学习与深入实践，育人方式和育人效果往往和预期有较大差

① 刘志．思想政治工作体系贯通高校人才培养体系需突破三方面关键瓶颈．思想教育研究，2019 (6)：93－97.

距，尤其是不同学段研究生思想政治教育进度、深度不同，本科生和研究生思想政治教育难以衔接，部分高校甚至出现“断崖”现象，需要努力“补课”。然而，无论是“学新课”还是“补好课”，研究生思想政治教育队伍育人能力的提升所需时间漫长、过程复杂，受到诸多因素的影响和制约。一是“育人能力自身的复杂性”①。研究生思想政治教育队伍由多个育人主体构成且应具备的育人能力既指向不同又构成复杂，需要掌握和具备多元的知识技能方可切实提升育人主体的育人本领。从理论上看，研究生思想政治教育队伍“不仅需要加深对马克思主义理论、思想政治教育工作基本理论的思考，加强对教育学、心理学、管理学等专业知识的掌握，更需要具备坚定的文化自信以及无私奉献精神等意志品质，关注时事热点并在实践中自觉地运用马克思主义立场、观点和方法回应现实问题”②。由此可见，育人能力是“由理论与实践、专识与通识、素质与品质多元要素构成的复杂体”③，这就要求研究生思想政治教育队伍必须投入大量的时间和精力，才能形成这种具有复杂性的能力和素养，这在本质上体现出了育人能力提升的艰难。二是“育人能力发展有其自身规律”④。事实上，育人能力的形成需要一定的周期并呈现独特的自身规律。马克思主义认为，“事物的发展是由肯定到否定、再到否定之否定的过程，是螺旋式上升或波浪式前进的；事物发展的过程是前进性和曲折性的辩证统一”⑤。研究生思想政治教育主体育人能力的提升势必也需要经由“育人理论的学习、育人经验的积淀、育人理念的修正，再将育人心得投入新的育人实践中的‘肯定—否定—否定之否定’的曲折发展历程”⑥，才能通过量的积累最终达到质的飞跃，只有经历一定的能力形成周期和发展阶段，才能促进自身育人能力的提升。由此可见，育人能力发展的规律性和周期性决定了其提升进程的缓慢。三是“育人能力的形成需要多维条件的支持”⑦。正所谓“巧妇难为无米之炊”，研究生思想政治教育队伍育人能力的形成与提升

---

①②③④ 刘志，韩雪娇．研究生导师立德树人需要突破的三重瓶颈．研究生教育研究，2018（5）：14.

⑤ 陶德麟，汪信砚．马克思主义哲学原理．北京：人民出版社，2010：102.

⑥⑦ 同①.

也需要多维条件的支撑。良好的环境氛围、完善的培训机制是提升育人能力的重要因素；研究生思想政治教育队伍育人能力的提升还需要研究生群体自主意愿的配合，只有充分挖掘研究生群体的需求才能找到研究生思想政治教育队伍育人能力提升的瞄准点。与此同时，以研究生导师为代表的高校教师面临的科研压力、教学压力不断增大，而现有教师评价机制则更加集中地体现在对科研成果的评价上，研究生导师迫于多种压力往往认为自己的任务主要是指导学生写好论文。其他教师同样也会认为自己的任务就是上好课，完成知识传授即可，把“育人”放到了更为次要甚至“不必要”的位置，忽略了对研究生思想品德、政治品质等素质的培养，“育德”职能被忽视。同样，其他管理和服务人员也更为注重本职业务工作，以“干好本职工作”为第一要务，缺少提升育人能力的积极性和主动性，难以实现育人能力的有效提升。由此可见，育人能力形成所需的多维条件支持不足也制约着育人能力的迅速提升。①

## 三、责任划分与绩效评价之间的矛盾冲突

明确的责任分工、科学的效果评估、完善的激励约束是激发不同研究生教育工作者育人积极性的关键，也是思想政治工作贯通研究生人才培养体系的必要绩效管理机制。通过顶层设计、优化体制、完善制度，可以有效实现各育人要素育人使命的明晰分配。但是，对育人结果进行测量、评价和归因分析的过程中，很难划分不同育人要素育人绩效的有无与多少，从而很难进行相应的奖优罚劣。相对容易的责任分工与难以实现的绩效评价之间的矛盾冲突，不仅削弱了不同育人主体的育人自觉，也阻碍了各育人要素合力育人内在动力的生成，成为制约研究生思想政治教育体系贯通研究生人才培养体系的“最后一公里”②。

一方面，在研究生思想政治教育全员全过程全方位育人格局中实现全体

①② 刘志．思想政治工作体系贯通高校人才培养体系需突破三方面关键瓶颈．思想教育研究，2019（6）：93－97.

教职员工各司其职、各尽其责，划分不同育人主体的责任相对容易。首先，在党和国家的研究生人才培养方向和目标指引下，相关文件规定逐步明确了研究生人才培养的规格，对不同育人主体在研究生人才培养过程中的责任分工划定了相对清晰的界限，并且具有方向性指导和强制性规范的作用。以作为研究生培养的第一责任人的研究生导师为例，2015 年中国研究生院院长联席会开展了一项关于研究生导师在研究生培养过程中的权利与职责调查，编制了“研究生导师职责与权利调查问卷”，面向全国高校进行了广泛调研，结果显示导师对“培养学术道德”“引导树立正确三观”这种明确出现在学校规章制度中的强制性职责赞同比例明显高于“关注学生在个人生活方面遇到的问题”等倡导性职责①，体现了政策文件规定对强化育人主体责任认同的重要影响。其次，依托现有的组织机构加以创新的体制机制，为准确划分育人主体责任提供了现实可能性。当前，由于教育性质、教育经验和个体差异，不同研究生教育者对于应该承担的育人职责的感知呈现出理解层次不同、认识深度不同、践履参差不齐的现象，对“贯通”过程中统筹协调、打破壁垒、细分育人主体职责任务提出了强烈的希望，为育人主体责任划分提供了现实的必然依据。同时，基于研究生思想政治教育理论和实践经验，构建“三全育人”的研究生思想政治教育格局相对容易。在高校党委统一领导下，可以通过一体化的体制机制构建，完成协作有序的顶层设计，自上而下贯彻精神、落实要求、明确职责，从而划定育人主体的职责分工，规范育人主体的育人行为，提升贯通效率。高校还可以从制度层面规定教学部门、人事部门、组织部门、宣传部门、服务部门等不同部门和育人主体的任务分工，规定一线教师、管理队伍和服务人员的育人要求，从而使各育人主体在育人过程中共同创造有利于研究生养成高尚品德、做到德行合一的成长环境，为研究生全面成长成才提供全方位的教育引导和咨询指导。②

---

① 中国研究生院院长联席会．中国研究生教育年度报告（2015）．北京：高等教育出版社，2016：124－140．

② 刘志．思想政治工作体系贯通高校人才培养体系需突破三方面关键瓶颈．思想教育研究，2019（6）：93－97．

另一方面，对研究生教育者开展科学的育德绩效评估面临诸多困难。当前，育德效果评价及其归因分析是研究生思想政治教育面临的壁垒性难题，这是由育德效果和绩效评价二者自身的特殊性决定的。首先，育德效果内在的迟滞性和潜隐性，难以满足科学绩效评价中所需的外显性、即时性指标。① 道德的培养有其自身的周期性，未经一定的培养环节无法实现预期效果。研究生思想政治教育主体首先需要使研究生掌握与道德相关的概念定义等理论知识，其次需要引导研究生通过深化理解将这些知识内化于心，最后需要引导研究生将学到的知识落实到实际活动之中。可以看出，对研究生道德品质的培养至少需要经由上述基本环节，而对某种道德观念的接受和认同，可能需要这些环节的循环往复方可实现。这充分证明了育德过程具有长期性，进而导致育德绩效的外显具有迟滞性。同时，育德的效果并不能像育才的效果那样直观地外显，更多的只能是于细微处见真章，对其量化则更是难上加难，具有显著潜隐性。研究生思想政治教育主体对研究生道德品质的影响是潜移默化、深远持久的，这种影响和培育仿若“水滴石穿”，虽然改变每时每刻、实实在在地发生着，但是育德效果的显现往往只是冰山一角。育德效果的迟滞性和潜隐性使得对育人效果难以进行动态、实时监控，育德效果的反馈机制时效性弱且无法进行明确的阶段性效果区分，从而难以形成具有明确价值导向的科学评价。其次，育德效果的边界不清，与分割明晰的绩效评价难以匹配。② 研究生思想政治教育的成效显著地体现于研究生人才培养效果之中，即体现于研究生的成长发展之中，在“才”和“德”的领域都反映出显著的重要变化。但是研究生个体德育成效究竟是哪个主体、哪个部门在哪一个环节和过程中实现的，却难以甚至无从考证。换言之，不同育人主体在实现育德目标的过程中究竟发挥了多大的功效难以评价。同时，育德是一项整体性工程，学校这个“场域”之外的影响因素也不可忽视，家庭和社会都对大学生的思想观念、道德认知和价值判断产生着重要的影响。这种育人过程的

①② 刘志，刘健康，许畅．研究生导师立德树人评价需要平衡三对矛盾冲突．学位与研究生教育，2019（4）：8－12.

“殊途同归”使得绩效评价无所适从，既无法科学准确地对不同的育人主体实施激励与奖赏，大大影响不同育人主体的育人积极性，也无法对不作为的育人主体采取相应惩戒措施，进行系统的监督，研究生教育的教育者创新教育方法、提高育人能力的动力就更加不足，导致融育德于研究生人才培养全过程的环境愈加恶劣，育德效果不容乐观。①

## 第三节 “贯通”的模型构建

思想政治教育“贯通”模型构建是一项系统工程，既需着眼于研究生思想政治教育的实际需要，又需要在马克思主义基本原理的指导下遵循系统论的理论要求，全面、客观地分析“贯通”这一体系的构成要素、要素间的必然联系，从而构建起既符合现实需要，又顺应理论发展要求的科学模型。

### 一、“贯通”模型构建的基本遵循

思想政治教育“贯通”的模型构建，既不是忽视研究生人才培养活动现实需要的“盲动”，也不是违背思想政治教育规律、教书育人规律等规律的“妄为”。模型构建的目的在于全面提升整个人才培养体系的科学化水平，切实提高人才培养结果的标准化质量，因此模型的构建必须有所遵循。

一是坚持整体设计与局部构建相统一。思想政治教育“贯通”模型构建的整体设计是指必须坚持整体性与系统性的原则，在设计的过程中既要考虑组成这一模型的每一个子系统自身的特征与作用，也要考虑每一个子系统之间存在的客观联系以及各子系统协同发挥作用的必然趋势，既不能受单个子系统短板的限制，也不能仅仅着眼于单个子系统最大作用的发挥。如果模型的设计不能坚持整体性原则，那么模型即使构建成型也将如同一盘散沙，难

① 刘志．思想政治工作体系贯通高校人才培养体系需突破三方面关键瓶颈．思想教育研究，2019（6）：93－97.

以发挥育人的最大合力作用，育人活动也难以取得实质性成效。因此，模型的构建势必要在辩证唯物主义整体观视域下进行总体设计，目的在于使模型发挥最大作用，切实提高研究生人才培养质量，比如实现“贯通”后的研究生人才培养体系既坚持党委对高校思想政治教育的统一领导，又坚持各部门各单位均承担思想政治教育职责、全校全员均协同参与发挥思想政治教育职能。同时，每个子系统相对独立且具有自身的特点和规律，比如学科体系的贯通、教材体系的贯通等，在贯通路径与具体方法上都存在着显著差异，这就要求必须根据不同系统的状况和用人需要进行局部构建，不断优化各子系统的架构与运转，进而共同支撑起整个模型的科学运转。因此，思想政治教育体系贯通研究生人才培养体系必须坚持整体设计与局部构建相统一。

二是坚持把握规律与具体分析相统一。思想政治教育“贯通”模型构建坚持把握规律，一方面是指从模型本身出发，寻找模型自身存在的客观规律，认识模型运转与功能发挥的规律，预测模型在新情况下可能出现的规律；另一方面是指模型从设计、构建到成型、运转始终要遵循“三个规律”。只有坚持把握以上规律，才能最大限度发挥思想政治教育的作用，才能使整个研究生教育环节都做到德才并育，使研究生群体皆成为德才兼备的拔尖创新人才。思想政治教育“贯通”模型构建坚持把握规律是在宏观视域下讨论模型的构建，但思想政治教育体系贯通研究生人才培养体系的核心在“人才培养”，必须在微观上关涉研究生人才培养的各个具体方面、各个具体领域，比如教学环节、管理过程、服务领域等，既要保证每个环节具体做到知识传授、能力培养，又要要求每一领域具体做到理想信念引领、价值观念塑造、道德观念培育。同时，不同地域、不同高校的具体情况各异，体系构建所面临的问题和困难也不尽相同，不能以一个固化的模型或样式去构建不同高校的“贯通”体系。这就意味着思想政治教育体系贯通研究生人才培养体系，关键在于解决“未贯通”的症结和瓶颈，必须聚焦具体任务、具体群体、具体领域、具体区域、薄弱环节，具体把握研究生群体每一个培养环节的内容供给、教育方法改进、教育载体创新，着力破解高校思想政治教育实践中的瓶颈性难题，切实提升广大研究生的获得感。因此，思想政治教育体系贯通研究生人才培养体系必须坚持把握规律与具体分析相统一。

三是坚持关注时代与面向未来相统一。基于对当前研究生人才培养体系中存在的“不贯通”“不协调”“不育人”问题的考量，基于当前高校对思想政治教育“贯通”研究生人才培养体系的迫切需要，“贯通”模型的构建必须聚焦问题、着眼当前、与时代同步，尤其在世情、国情、党情发生重大变化的今天，在机遇与挑战并存的新时代，“贯通”模型更需要直面研究生人才培养发生的新情况、产生的新问题，如果构建成型的“贯通”模型不能着重聚焦当前所处的时代方位，不能满足当前时代理论与实践发展的需要，不能有效解决当前时代面临的瓶颈性问题，那么，模型即使构建成型也将形同虚设，不能发挥应有的作用。历史的车轮滚滚向前，人才培养工作的理论与实践、研究生思想政治教育的理论与实践都必然会随着时代的发展而发展，不可能停留于具体某个时间点而止步不前，必须始终坚持解放思想、实事求是，必须要在切实把握当前时代变化、人才培养现实状况的基础上，准确研判未来时代发展的趋势、思想政治教育发展的趋势、人才培养工作发展的趋势，以“预言家”的身份与姿态，预判未来研究生思想政治教育的新理论和新规律，坚持面向未来、预设精彩的设计原则进行“贯通”模型的前瞻性设计，确保贯通模型始终站在时代发展和世界潮流的前沿，并紧跟党和国家的发展步伐，满足党和国家的重大需求。

基于研究生思想政治教育“贯通”体系构建的理论基础和基本遵循，以培育好社会主义建设者和接班人为长远目标，紧扣新时代的新要求设计的涉及全员、贯穿全过程、包括全方位育人的研究生思想政治教育“贯通”体系的理想模型如图 2－1 所示。

## 二、“贯通”模型构建的要素分析

要素是研究生思想政治教育“贯通”体系的基本单元，准确界定和厘清要素构成及要素之间的客观联系是构建研究生思想政治教育“贯通”体系的基本前提。研究生思想政治教育“贯通”体系的要素主要包括主体要素、内容要素、载体要素和保障要素。

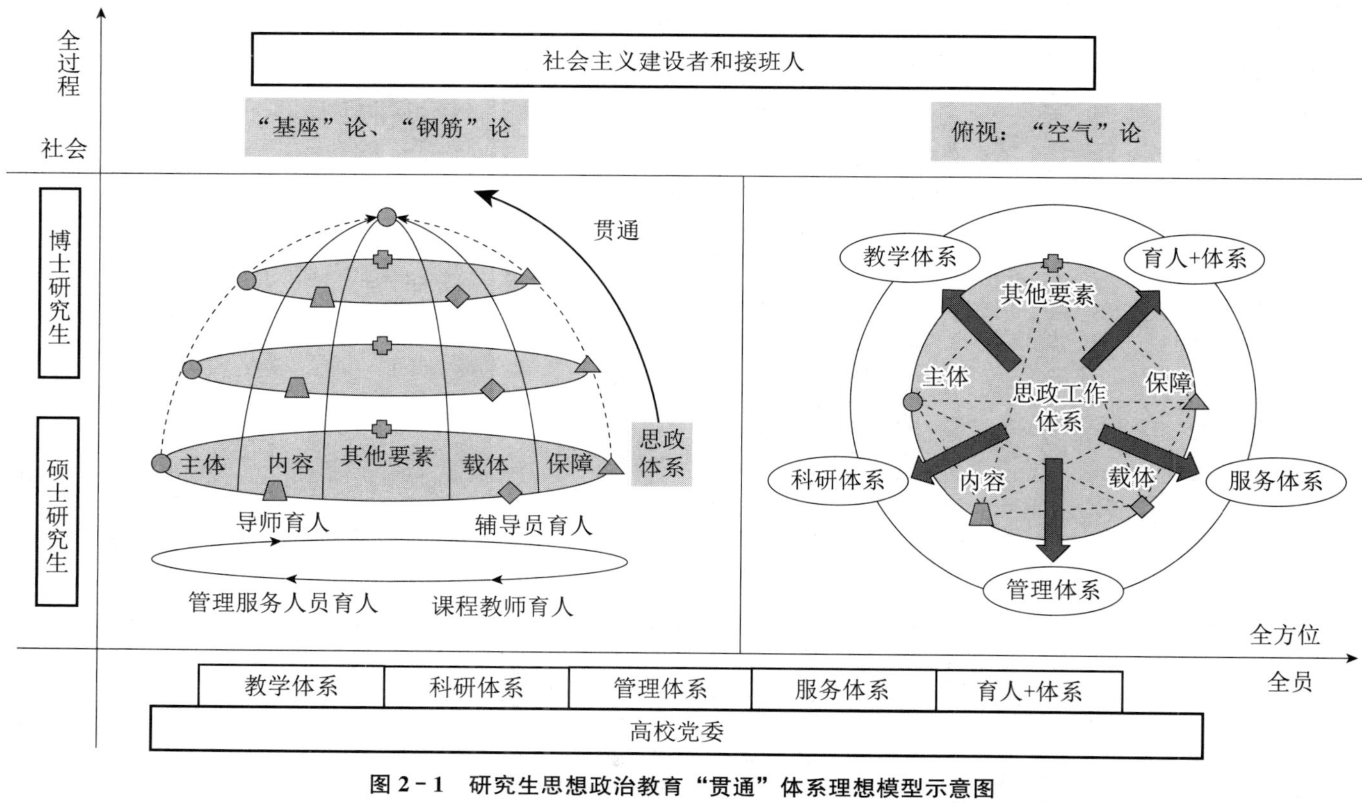


图 2-1　研究生思想政治教育“贯通”体系理想模型示意图

1. 主体要素

在研究生思想政治教育“贯通”体系中，主体要素主要由两部分构成，分别是教育者和教育对象。教育者是指承担发起、组织和实施教育活动的重要职能的主体，在研究生思想政治教育工作中，既包括专职和兼职的教育者，也包括承担相关管理和服务工作的教职员工，是一个广泛的概念。总体来讲，依据全员全过程全方位育人的理念，研究生思想政治教育“贯通”体系的教育者包括高校所有教职员工；具体而言，大致可以分为四个类别，即研究生导师、研究生辅导员、研究生课程教师以及高校管理服务人员。其中，研究生导师是研究生思想政治教育的首要责任人，研究生辅导员是负责研究生日常事务的思想政治教育主体，研究生课程教师是研究生思想政治教育教学育人的实施主体，高校管理服务人员是在管理与服务过程中发挥育人职能的重要群体。教育对象就是研究生思想政治教育的对象，即研究生群体。这个群体不仅具有思想政治教育对象所具有的广泛性、层次性、可塑性、主体性等一般特征，还具有个体特征的多样性、人员分布的散在性、思想方式的批判性、求知方式的自主性等群体性特征。这些特征不仅反映了教育对象的真实特点，也为研究生思想政治教育“贯通”体系的构建提供了现实依据。

2. 内容要素

根据思想政治教育学的相关理论，思想政治教育内容包括世界观、政治观、人生观、法治观和道德观五个方面的教育内容。而思想政治教育的具体内容是上述相互联系、相互作用的五方面内容按照特定的层次结构组成的能提高研究生思想道德素质的有机内容体系。针对研究生这一特定的教育对象，内容要素在包含一般意义的思想政治教育内容的基础上，更体现出一定的特殊性，比如，教育内容更加突出创新能力和批判意识、在学术层面更加突出学术道德养成等。教育内容是研究生思想政治教育“贯通”体系的一个基本要素，是研究生思想政治教育目标和任务的具体化。准确认识教育内容的重要作用、合理搭配教育内容的成分、顺势创新教育内容的组成部分，不仅是增强思想政治教育实效性、提升研究生思想道德素质的内在要求，更是研究生思想政治教育“贯通”体系建设的重要环节。

3. 载体要素

研究生思想政治教育“贯通”体系的载体就是指承载、传导思想政治教育目的、任务、原则、内容等信息，能为研究生思想政治教育者所运用并且能够实现教育者与教育对象相互作用的一种活动形式。当前在全员全过程全方位育人理念的要求下，研究生思想政治教育“贯通”体系的载体主要包括“十大育人”体系，即课程育人、科研育人、实践育人、文化育人、网络育人、心理育人、管理育人、服务育人、资助育人以及组织育人，它们是当前研究生思想政治教育“贯通”体系完成立德树人根本任务的关键性载体。载体是一种中介，它既联结教育者与教育对象，又联结个体与社会，既联结教育内容与教育目标，又联结“德”与“才”，因而，载体本身具有重要的价值，我们只有妥善处理与合理应用传统载体与新型载体，只有不断认识与遵循载体运用的规律，不断审视载体的时代价值与功能定位，为研究生思想政治教育“贯通”体系配备科学合理的载体，才能有效确保研究生思想政治教育立德树人任务的完成，真正培养出社会主义的合格建设者和可靠接班人。

4. 保障要素

保障是指外部给予体系本身的某种支撑和支持，是推动体系构建及运转的重要因素。研究生思想政治教育“贯通”体系的保障要素就是保障“贯通”体系运转的条件，首先最为核心和关键的保障要素是党的领导，党的领导是确保研究生思想政治教育“贯通”体系坚持党的教育方针和办学方向的根本；其次就是制度保障，制度建设是管根本、管长远的，相关制度文件中的总体部署和明确规定是推动研究生思想政治教育“贯通”体系落细落小落实的有力保障；再次就是组织架构，完整成熟、科学合理的研究生思想政治教育“贯通”体系模型是确保研究生思想政治教育“一体化”格局的关键所在；最后，教育队伍是实现研究生思想政治教育“贯通”的人力保障，也是研究生思想政治教育“贯通”体系运转的核心主体。

## 三、“贯通”模型构建的结构设计

思想政治教育体系贯通研究生人才培养体系模型的构建，既要以辩证唯物主义、历史唯物主义的相关原理为指导，在遵循一定方法、原则的情况下，善于充分借鉴与吸收不同学科的理论成果进行设计，也要考虑模型构建成型后被不同地区、不同高校借鉴运用后必然出现或可能出现的情况。虽然由于地区发展程度、高校需要程度、学科划分情况等方面存在差异，我们不能构建出一个“放之四海而皆准”的绝对理想化模型，但是不同地区、不同高校思想政治教育贯通研究生人才培养体系的基本思路、基本方法却是一致的，我们仍然可以通过把握“贯通”的核心要素，按照横向到边、纵向到底的基本思路设计相对理想的贯通模型。所谓“横向到边”，是指思想政治教育贯通研究生人才培养体系的各个环节和全部要素，体现全员育人、全方位育人的基本思想；所谓“纵向到底”，是指思想政治教育贯通研究生人才培养体系，涵盖研究生教育的各个阶段，并且实现与本科教育和社会教育的贯通衔接，体现全过程育人的基本思想。

思想政治教育体系贯通研究生人才培养体系的理想模型，是在全员全过程全方位的育人要求下，以高校党委为统领，以培养社会主义合格建设者和可靠接班人为目标，以横向到边、纵向到底为构建原则，最终实现思想政治教育对研究生人才培养体系的全覆盖。如图 2－1 所示，模型纵轴代表全过程，从下至上按照硕士研究生到博士研究生的成长逻辑划分阶段，同时考虑与本科教育、社会教育的前后衔接；模型横轴代表全方位（全员），从左到右覆盖研究生人才培养体系中的教学体系、科研体系、管理体系、服务体系以及其他育人体系等，实现不同体系中的协同贯通，并且突出高校党委的核心领导地位。研究生思想政治教育体系“贯通”模型具有综合性、开放性、可借鉴性的特点，模型内部各要素之间彼此依存、有机结合和自动调节，但是由于内在关联和运行方式的不同又形成了具有不同特点、作用的子系统，各地各高校在具体模型建构与借鉴中，可结合自身教育实际和教育需要，进一步丰富完善各层次、各要素的具体内容，以服务于自身教育任务的完成与教育质量的提高。

研究生思想政治教育主阵地与主渠道贯通的子系统如图 2－2 所示。首先阐释研究生思想政治教育主阵地与主渠道贯通系统的内涵。研究生思想政治

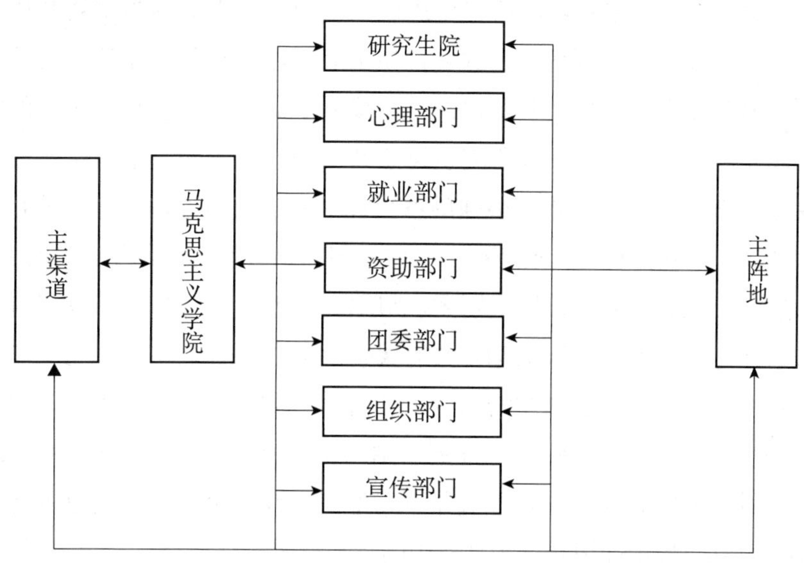


**图 2－2　研究生思想政治教育主阵地与主渠道贯通系统示意图**

教育主阵地与主渠道是微观层面的高校思想政治教育体系，在整个体系中居于核心主导地位。主渠道主要通过课程教学来提高研究生的政治素养和道德素质；主阵地承担着研究生日常思想政治教育的任务，主要以师门和丰富多彩的校园文化实践活动等为载体，通过研究生导师、高校党政干部、辅导员等思想政治教育骨干队伍的常规教育工作来实现。二者统一于研究生思想政治教育实施过程。其次分析研究生思想政治教育主阵地与主渠道贯通系统的关联性。研究生思想政治教育主阵地与主渠道贯通系统是一个兼具整体性、连续性和复杂性的育人体系，它们通过形成育人合力共同推动研究生思想政治教育的发展。二者贯通的实现主要体现在以下三个方面：一是目标的一致性。主渠道与主阵地虽然教育内容不同、实施方法各异，但是从本质上看都是社会主义主流意识形态教育，都是以研究生全面成长成才为目标导向，这是研究生思想政治理论课与研究生日常思想政治教育能够实现贯通的基本前提。二是性质的协同性。主渠道与主阵地是研究生思想政治教育中同宗不同源的两股重要力量，二者在教育性质上具有协同性。主渠道的研究生思想政治教育是以马克思主义理论、社会主义核心价值观等为主要内容，在教育性质上呈现显性特征；主阵地的研究生思想政治教育是以活动为主要载体间接进行研究生的思想政治教育，在教育性质上呈现隐性特征。显性与隐性的协同衔接，避免教育的重复和脱节，进一步提升了研究生思想政治教育的实效性。三是功能的互补性。我国研究生思想政治理论教育的主渠道主要通过传统的课堂教学形式展开，具有很强的系统性、稳定性和可持续性，具有其他教育模式无可取代的优势。研究生的日常思想政治教育主阵地主要依托师门、研究生院、心理、就业、资助、团委、组织、宣传等部门开展一系列与研究生成长成才息息相关的实践活动，具有灵活性和生动性。主渠道与主阵地的贯通实现了理论与实践、认知与行为的互补。一方面，主渠道为主阵地提供了丰富的理论支持，为主阵地开辟更广阔的发展道路；另一方面，主阵地为主渠道提供了坚实的现实基础，引导研究生在实践中深化对马克思主义理论的认知，自觉将理论知识转化为现实中的行动指南。

研究生思想政治教育体系与高校其他体系协同运行的子系统如图 2－3 所示。首先阐释研究生思想政治教育体系与高校其他体系协同运行的内涵。思想政治教育体系贯通研究生人才培养体系，涉及研究生思想政治教育体系与高校其他育人体系的协同运行，其实质与内涵主要有两个方面：一方面是指思想政治教育体系对高校人才培养体系的其他环节和要素发挥主导和引领作用，贯穿、渗透于高校招生、学位授予等相关体系；另一方面是指高校其他体系在遵循思想政治教育规律、教书育人规律和学生成长规律的基础上，从价值取向、目标设定、内容选择等方面，将理想信念培育、价值观塑造、道德规范养成等方面融入教学科研全过程，融入管理服务全过程。其次分析研究生思想政治教育体系与高校其他体系的协同性。一是以思想政治教育为出发点，将思想政治教育元素和育人功能与研究生的日常教学体系、科研体系、管理体系、服务体系融会贯通，使研究生人才培养体系的各个环节和各个维度都蕴含着思想政治教育的要素与内涵，分别形成教学育人、科研育人、管理育人和服务育人等体系的一个个研究生思想政治教育的落脚点。其中教学育人体系主要指课程教学活动中的育人功能发挥，具体来讲主要包括思想政治理论课程、不同学科的专业课程、研究生必修或选修的其他公共课程。要

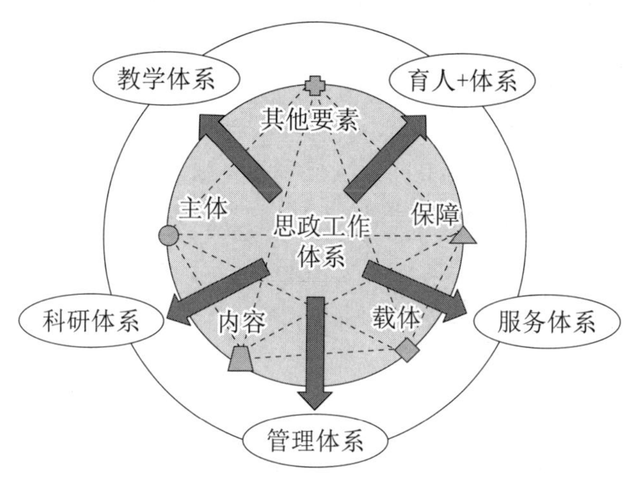


**图 2-3　研究生思想政治教育体系与高校其他体系协同系统示意图**

使承担德育任务的思想政治理论课发挥强大的育人功能，“其他各门课都要守好一段渠、种好责任田，使各类课程与思想政治理论课同向同行，形成协同效应”①。科研育人体系主要是指在导师指导研究生开展科学研究或者研究生自主进行科学研究的过程中实现育人育德的目标。管理育人体系主要是指依托校院两级的管理环节向学生传导社会所需要的思想观念、政治观点、道德规范和行为准则，帮助研究生成长为符合社会发展需要的人。服务育人体系主要是指高校在日常的服务环节中通过精心策划和组织，向学生潜移默化地传导主流思想和价值观念，促进研究生全面成长成才。二是使教学育人体系、科研育人体系、管理育人体系和服务育人体系等彼此支撑、协同育人，实现多维贯通，将各个研究生思想政治教育的点联结成线，形成“教学育人体系—科研育人体系—管理育人体系—服务育人体系—其他育人体系”的闭合曲线。三是使“研究生思想政治教育体系与高校其他体系协同系统”和“研究生思想政治教育主阵地与主渠道贯通系统”相互联结协作、合力育人，共同完成研究生思想政治教育立德树人的目标，最终形成研究生思想政治教育的影响面。

① 把思想政治工作贯穿教育教学全过程　开创我国高等教育事业发展新局面．人民日报，2016-12-09 (1).

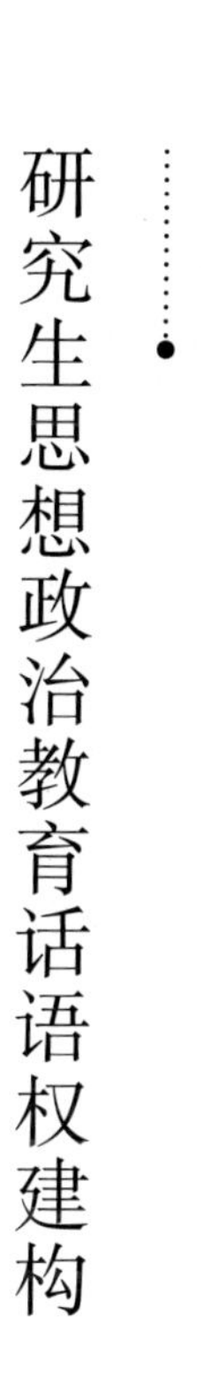

# 第三章 研究生思想政治教育话语权建构

“育才”与“育德”，历来是我国研究生教育中相辅相成的两个重要维度，“育才”指的是对研究生进行知识与技能教育，“育德”指的是对研究生进行理想信念与价值观教育，“育德”的内容便是研究生思想政治教育的全部内容。当前，党和国家高度重视高校立德树人工作，作为培养拔尖创新人才的研究生教育做到“德才并重，以德为先”已成为民族复兴之需、国家战略规划之需、社会现实要求之需、高校内涵式发展之需、学科规范化与体系化之需，这就要求研究生思想政治教育必须在研究生教育中占有重要地位，也就是说研究生思想政治教育必须在研究生教育中有话语权。那么，建构研究生思想政治教育话语权的价值是什么？本质又是什么？建构研究生思想政治教育话语权具体面临哪些挑战？我们需要建构怎样的研究生思想政治教育话语权以及到底如何建构？本章将对以上问题逐一做出回应。

## 第一节　研究生思想政治教育话语权建构的价值与本质

研究生思想政治教育话语权建构是一个多词语复合型新概念，可通过将其拆分成“研究生思想政治教育”与“话语权建构”两个概念进行界定。研究生思想政治教育是高校思想政治教育的重要组成部分，也是研究生教育的重要内容。思想政治教育在研究生教育中居于什么样的位置，一方面关系着立德树人根本任务能否在研究生教育中有效落实，另一方面关系着研究生人才培养质量能否全面提升。因此，研究生思想政治教育话语权的建构具有非常重要的现实意义。本节将对研究生思想政治教育话语权的价值与本质进行深入探讨，为后续研究生思想政治教育的研究打下基础。

### 一、研究生思想政治教育话语权建构的价值追问

立德树人根本任务的落实、拔尖创新人才的培养质量、思想政治教育的实际效果，都与研究生思想政治教育话语权有着不可分割的紧密联系。研究生思想政治教育话语权建构的深层次价值主要表现在四个方面：有利于中华

民族伟大复兴梦想实现，有利于高校“双一流”建设工作推进，有利于研究生思想政治教育学科化发展，有利于研究生个体全面发展。

1. 有利于中华民族伟大复兴梦想实现

党和国家在全面布局社会主义现代化建设事业的过程中，总是高度重视意识形态工作，高度强调意识形态话语权，党的十九大报告更是直接提出要“不断增强意识形态领域主导权和话语权”①。毋庸置疑，随着改革开放伟大战略的深入推进，中国特色社会主义进入新时代，这不仅有力地证明了中国特色社会主义制度的优越性，而且充分彰显了马克思主义的科学性和真理性。但同时我们也要清醒地看到，在日益接近实现中华民族伟大复兴梦想的今天，我国社会主义事业发展面临的挑战与困难也不断增多，尤其在国际竞争日益演变为文化软实力竞争、西方意识形态企图在国际社会形成“话语霸权”的情况下，再加上历史虚无主义等不良社会思潮的冲击，我国的主流意识形态安全遭到了严重挑战。中华民族伟大复兴梦想的实现，不仅需要坚实的经济条件做基础，更需要意识形态安全作为思想保障，因此，我们必须高度重视意识形态安全工作。要想保证党和国家培养的高层次拔尖创新人才树立正确的理想信念与价值观念，就要充分关注研究生思想政治教育承担的首要责任。所以，研究生思想政治教育有无话语权直接关系到党和国家培养的高层次人才能否自觉、真切地认同主流意识形态，能否踏踏实实沿着主流意识形态所指引的方向前进。在这个意义上，我们认为研究生思想政治教育话语权建构关系着中华民族伟大复兴梦想的实现。

2. 有利于高校“双一流”建设工作推进

关于立德树人这一教育的中心环节与根本任务，习近平总书记在全国高校思想政治工作会议、与北京大学师生座谈、党的二十大报告中均进行了强调与论述，同时教育部学位管理与研究生教育司负责人就《关于高等学校加快“双一流”建设的指导意见》答记者问时指出，加快高校“双一流”建设

① 习近平．决胜全面建成小康社会　夺取新时代中国特色社会主义伟大胜利：在中国共产党第十九次全国代表大会上的报告．人民日报，2017-10-28（1）．

特别强调要落实立德树人根本任务，育人为本，德育为先，培养德智体美全面发展的社会主义建设者和接班人。这也就意味着高校立德树人根本任务的落实情况直接关系到高校“双一流”建设的进度与质量，而作为整个高等教育重要一环的研究生教育，能否在根本上将立德树人作为根本任务、立身之本、中心环节、根本标准，能否在高度重视“育才”的基础上同样高度重视“育德”，培养明大德、守公德、严私德的高层次拔尖创新人才，能否将全面发展的社会主义建设者和接班人作为根本培养目标，与高校“双一流”建设工作的整体推进效果息息相关。总结起来就是研究生教育立德树人根本任务的落实情况，直接关系到整个高校立德树人根本任务落实的质量与效率。而研究生教育立德树人根本任务落实的关键，在于研究生思想政治教育掌握话语权，只有研究生思想政治教育有话语权，才能突破以往常规性的、一般性的或无真正实效的思想政治教育模式，解决当前研究生教育中“德才并育”被忽视的现实问题，实现在研究生教育中真正落实立德树人根本任务的现实需求。总而言之，只有研究生思想政治教育有话语权，研究生教育立德树人根本任务的落实才能掷地有声；只有研究生教育立德树人的根本任务全面落实，整个高校立德树人根本任务的落实才能更加完整，“双一流”建设质量与进度才能切实提高。在这个意义上，我们认为研究生思想政治教育话语权建构事关高校“双一流”建设工作推进。

3. 有利于研究生思想政治教育学科化发展

受学科自身发展历史较短、受重视程度相对不足、专业理论研究队伍与实践推进工作队伍力量相对薄弱、社会大众认知偏差普遍存在等不利因素影响，研究生思想政治教育理论体系构建逐渐陷入困境，学科化困难重重，话语权建构更是面临现实困境。随着全球化进程的不断推进、国际高层次人才竞争的不断加剧、我国高等教育事业的不断发展、高校人才培养模式的不断改革与创新、研究生招生规模的逐年扩大，研究生思想政治教育领域必然出现一些新情况、面临一些新难题，如我国研究生思想政治教育话语的国际认同问题、研究生思想政治教育本质与价值追求的确定问题、不同类型研究生思想政治教育的针对性问题、研究生思想政治教育的评价机制与实效性问题等，若要及时有效解决这些问题、推进研究生思想政治教育在整个高校思想政治教育领域内实现整体水平的再发展、再跨越，研究生思想政治教育必须有话语权。在这个意义上，我们认为研究生思想政治教育话语权建构事关研究生思想政治教育学科化发展。

4. 有利于研究生个体全面发展

一个人全面发展的核心在于“德才兼备”。研究生个体的全面发展在内容上既体现为“才”的获得与提高，又体现为“德”的涵养与提升。如果一个人只是一味地获得“才”或一味地追求“德”，那么“才”与“德”的不平衡不但会降低个人“才”的质量，而且会导致自己陷入“德”的空想世界。只有建构起研究生思想政治教育话语权，充分发挥研究生思想政治教育在育“德”方面的重要作用，才能改变当前研究生人才培养注重“才”的教育而忽视“德”的培育的现状，真正实现“德才并育”，进而实现研究生个体“德才兼备”的目标。研究生个体的全面发展在目标上体现为顺利完成社会化过程。因为人是社会的产物，无论一个人为什么发展、怎样发展、发展到何种程度，最终都要进入社会完成个体的社会化过程，社会化过程的完成以个体融入社会并与社会良性互动为显著标志。社会对个体的期待是“才”与“德”相协调的，完成社会化也需要“才”与“德”协调发展。个体只有“德才兼备”，才能满足社会的期待并顺利完成社会化过程，才能很好地立足于社会并发挥社会价值。正如习近平总书记曾指出的，教育就是要“把青年一代培养造就成德智体美劳全面发展的社会主义建设者和接班人”①。而研究生思想政治教育事关高层次拔尖创新人才为谁培养的问题，如果没有掌握话语权，就无法确保人才培养沿着正确的方向前进。因此，必须牢牢掌握研究生思想政治教育话语权，确保高层次拔尖创新人才的培养方向。此外，研究生个体全面发展的意义体现为主体对崇高事物的追求和人生意义的建构，而研究生思想政治教育在其中发挥着为研究生的全面发展提供认识论和方法论指导的重要作用。人作为一个有追求的社会存在物，既追求物质世界的多样，也追求精神

① 习近平．在纪念五四运动100周年大会上的讲话．人民日报，2019－05－01（2）.

世界的丰盈，在中国传统社会表现为人们追求的“内圣外王”，在哲学意义上表现为将自己改造成“大我”。无论是“内圣外王”还是“大我”，都包含着一个核心要素：德。如果说“才”能帮助社会个体在物质世界获得满足，那么“德”重在帮助社会个体在精神世界获得幸福。研究生作为国家培养的拔尖创新人才，在实现人生价值的道路上必然有所追求，无论是人生意义的实现还是精神世界的充盈，都必须以“德”为基础。研究生思想政治教育掌握话语权，有利于满足个体“德”的发展需要，进而助力研究生群体实现全面发展，帮助研究生个体建构有意义的人生。

## 二、研究生思想政治教育话语权的概念界定

研究生思想政治教育话语权，始终是我们探讨话语权建构的核心概念。但想要厘清这一概念的来源、要素与内涵，就必须对“思想政治教育话语”和“思想政治教育话语权”这两个基本概念进行阐释，因为“研究生思想政治教育话语权”与“思想政治教育话语”“思想政治教育话语权”既在内容上存在交叉，又在本质上具备相似之处，只有通过与以上两个概念的对比分析，我们才能最终界定“研究生思想政治教育话语权”的基本内涵。

了解思想政治教育话语的基本内涵，就需要从“话语”这个基本的词语入手。“话语”是一种术语，它最初出现在语言学领域中，而后逐渐沿用到哲学、政治学、社会学、教育学等其他领域之中。“话语”的研究在国外起步相对较早，西方马克思主义具有代表性的人物之一福柯认为“话语即权力”，是一种更富有政治意味的“斗争手段和目的”。在我国，关于“话语”的研究成果也很丰硕，无论是《辞海》《中国百科大辞典》，还是《现代汉语话语语言学》，都对“话语”的基本内涵在语言学层面做出了详细的解释与说明，比如《现代汉语词典》将“话语”定义为“言语；说的话”[①]，直接给出浅显易懂的解释。当然，对于话语的定义也不乏学理性的分析，其中一种主要的观点认

① 中国社会科学院语言研究所词典编辑室．现代汉语词典．7版．北京：商务印书馆，2016：565.

为，语言经过实践变为话语的过程，是在一定的实践规则、实践规律、实践影响的基础上，经过实践变为勾勒、刻画、搭建特定语境下一定社会关系的符号系统，语言经过实践变成的话语，包含了理论维度与实践维度的内涵阐释，具有综合性的特征。在了解了“话语”的基本内涵之后，就可以探讨思想政治教育话语的基本内涵，“思想政治教育话语是思想政治教育主体承载一定社会主导意识形态支配下的思想观念、政治观点和道德规范并遵循一定的语言规范和规律，用来向教育客体施加意识形态影响以改变人们思想和指导人们行为的言语符号系统，它反映了思想政治教育语言在具体运用过程中与语境之间构成的一种建制性关系”①。由此可以看出，思想政治教育话语既具有话语的一般要素、特征、内涵、功能，又有由思想政治教育自身特点所决定的独特性。如果将其与思想政治教育领域相对应，那么，思想政治教育话语虽是思想政治教育所包含的范畴但又不是教育内容本身，它是将思想政治教育特定内容转化为现实行动指南的载体，根本目的是提高思想政治教育的科学化水平、实质性成效。马克思在谈到高深的思想进入现实世界时指出，“对哲学家们说来，从思想世界降到现实世界是最困难的任务之一”②。为什么这个任务是最困难的任务？缘于其缺乏有效的话语，即只有借助话语才能实现思想的现实化任务，而不是简单地将思辨的思想移植到现实世界。思想政治教育虽不同于哲学，但同样需要借助话语来实现目标，而不是直接将思想政治教育理论移植到思想政治教育活动中。综合以上定义，根据研究生人才培养的独特目标要求与研究生群体的身心发展特征，我们认为研究生思想政治教育话语是：在国家主流意识形态话语内容范围之内，被研究生思想政治教育者理解、掌握、运用，并在特定场合（如导师工作室、实验室、团队研究中心）借助特定形式（师门研讨、实验报告、专业见习、论坛发言、时政报告）向教育对象传达这一主流意识形态话语内容的符号系统。它的直接作用是在理论交流与批判的过程中引导教育对象内化教育者所传达的内容，它

① 吴琼．思想政治教育话语发展研究．北京：中国社会科学出版社，2017：25.

② 马克思，恩格斯．马克思恩格斯全集：第3卷．北京：人民出版社，1960：525.

的间接作用在于推动教育者不断反思自我，提高理论自觉，做到始终认同主流意识形态话语并坚定话语自信，切实做好话语内容的传播工作。

上文对于话语、思想政治教育话语的基本内涵及研究生思想政治教育话语的基本定义做了深入探讨和分析。那么，究竟什么是研究生思想政治教育话语权？想要确定何谓研究生思想政治教育话语权，必须先了解什么是话语权、什么是思想政治教育话语权。《现代汉语词典》将“话语权”定义为“说话权，人们依法所享有的提出个人见解的权利。也指控制、影响舆论走向的支配力量”①。它包含“作为权利的话语权”和“作为权力的话语权”两个层面的意思。所谓“作为权利的话语权”是指存在于社会中的个体在政治权利维度上所拥有的发表言论的权利，等同于“‘言说、交流、辩论’等语言上的权利”②；而“作为权力的话语权”，当前学界比较一致认可的观点是它来自福柯的“话语即权力”。国内学者对于“作为权力的话语权”思想的研究，虽然离不开福柯“话语即权力”思想的影响，但目前国内并未出现以福柯的“话语即权力”思想为主题的理论著作，而是创新性地开辟了“作为权力的话语权”思想的天地。比如2017年上海交通大学出版社出版的《高校意识形态工作话语权研究》提出“话语权就是一种掌握、控制、支配和阐释‘话语’的权利和权力，就是对话语背后的是非判断、价值取向和意识形态进行引导和塑造的一种资格、能力、身份与地位”③。据此，我们可以推理出思想政治教育话语权的基本内涵，即思想政治教育工作者拥有的掌握、控制、支配、阐释党和国家要求的话语内容的权利和权力，是对思想政治教育对象进行话语内容引导、话语情感感染、话语价值与立场传达的一种资格与能力。

什么是意识形态教育话语权？思想政治教育话语权与意识形态教育话语权在基本内涵方面存在着怎样的区别？不同研究者有不同的观点，有研究者认为思想政治教育的话语权既是一种由话语本身直接赋予的一定权力，也是

---

① 中国社会科学院语言研究所词典编辑室．现代汉语词典．7版．北京：商务印书馆，2016：565.

② 李水金．中国公民话语权研究．长春：吉林人民出版社，2009：16.

③ 王永进．高校意识形态工作话语权研究．上海：上海交通大学出版社，2017：82.

一种话语主体在对话过程中形成的特定场域内部的权力。综合以上两种说法，我们认为思想政治教育话语权可以分解为两种权力：一个是由党和国家的政策文件或制度、职业要求与规范所赋予、规定的权力，即外在权力，一个是教育者在教育过程中自身依靠品德、学识、情感、魅力等所获得的权力，即内在权力。“意识形态话语权就是意识形态采取非强制和命令方式，通过设置议题、表达策略、宣传技巧等多种手段，运用灌输、说服、感染、暗示等各种方式，引导和塑造意识形态话语，以支配和掌握舆论导向，使人们自觉服膺并自愿按照某种既定的方式去思想和行动，以致为社会立言的资格、能力、身份和地位。”① 根据以上定义，我们基本可以总结出意识形态教育话语权的定义，即专门从事意识形态教育的部门、集体或个人所拥有的掌握、控制、支配、阐释党和国家要求的意识形态话语内容的权利和权力，是对整个社会既进行舆论引导又进行舆论管控的一种资格与能力。

通过对话语权、思想政治教育话语权、意识形态教育话语权的概念进行梳理，结合研究生教育的特点，我们可以类比分析得出研究生思想政治教育话语权的概念，即以党和国家政策文件承认的具有导师资格的研究生导师为主的研究生思想政治教育工作者所拥有的掌握、控制、支配、阐释党和国家要求的话语内容的权利和权力，是对研究生进行话语内容引导、话语情感感染、话语价值与立场传达的一种资格与能力。这一概念也存在两个层面的内涵解释：一是代表研究生思想政治教育工作者的“表达权”，也就是教育者发声的权利。在研究生思想政治教育中，“表达权”具体表现为教育者有权掌握、支配和阐释思想政治教育活动的话语，但教育者的表达权在现实教育过程中又受到多方面因素的制约，如教育者的表达能力与表达意愿、表达途径与表达平台以及研究生群体的接受能力与接受偏好，这些都会影响教育者表达权的实际运用。二是代表研究生思想政治教育工作者的“主导权”，即教育者对研究生群体产生影响的权力。在研究生思想政治教育中，主导权体现为教育者所传递的思想政治教育话语对研究生群体产生的主导力、影响力和说

① 王永进．高校意识形态工作话语权研究．上海：上海交通大学出版社，2017：100.

服力。主导权是教育者主动行使的一种权力，主动作用发挥的方式既可以表现为受教育者所习以为常、耳濡目染的方式，也可以表现为在一定规则范围内充分考虑工作的实际需求对受教育者进行规范与引导的方式。无论是哪一种方式，目的都在于有效掌握研究生思想政治教育话语权。与此同时，研究生思想政治教育话语权是一种内部与外部结合、表达权与主导权相统一的话语权，它的建构和实现需要话语主体、话语内容和话语途径三个方面的共同作用。话语主体指话语在生成与传播中涉及的两个主要群体，即话语表达主体——研究生教育者以及话语接收主体——研究生群体。在话语权建构中，话语主体发挥着巨大的影响作用。话语内容即话语本身。话语是话语权的实施载体，话语权的表达与主导都要通过话语这一载体来实施，因此，我们既要从话语本身出发，考虑话语内容是否深刻、是否先进等，又要考虑研究生身心发展特征，充分满足研究生成长需要。话语途径指话语的传播方式、平台等因素。如果话语内容是话语权的实施载体，那么话语途径就是话语权的实施通道。话语的传播方式灵活与否关系着话语权的主导性实施效果如何；话语的传播载体关系着研究生群体的接收效果；话语的传播平台则是各方声音掌控话语权的话语传播空间，是话语权竞争的战场。研究生思想政治教育主导并占领各大话语传播平台，对研究生思想政治教育话语权的建构有着深刻影响。

## 三、研究生思想政治教育话语权的基本特征

以明确研究生思想政治教育话语权的基本概念为前提，进一步总结概括话语权的基本特征，可以更深入地掌握话语权的内涵，从而为建构话语权提供认识基础和清晰的思路。具体来看，其基本特征有综合性、强制性、育人性、高知识性和中枢性。

1. 综合性

研究生思想政治教育话语权的综合性体现为三个方面的综合：话语内容表达与话语实践主导的综合、话语影响力与话语感染力的综合、内涵抽象与内容具体的综合。话语内容表达与话语实践主导的综合是指研究生思想政治教育工作者既要向工作对象原原本本地传达党和国家要求的话语内容，也要

在党和国家要求的话语内容范围之内向教育对象表达经过实践后已经被自己所理解、所掌握的话语内容；同时，研究生思想政治教育工作者既要确保自身在实际工作中话语表达方向的正确性，也要确保教育对象在具体实践中话语内容的正确表达与正确运用。话语影响力与话语感染力的综合是指研究生思想政治教育话语权在其本质上是一种教育者在教育过程中向教育对象施加的影响力，但这种影响力绝不是一种毫无人文关怀的力量，在实际教育过程中恰恰表现为一种充满人文关怀、关涉工作对象内在世界的感染力，是影响力与感染力的综合。内涵抽象与内容具体的综合是指研究生思想政治教育话语权这一概念，在理解上相对抽象，但若将其对应到具体的实际教育过程中，则又显得十分具体。

2. 强制性

毋庸置疑，研究生思想政治教育的目标是为党和国家培养担当民族复兴大任的拔尖创新人才，这种目标导向决定了这项活动是有目的、有计划而非自发进行的。研究生思想政治教育话语权建构事关国家前途命运，而国家性质所天然具备的阶级性决定了其必然具有强制性。一方面是生成条件的强制性，即为了完成立德树人的根本任务，国家的发展需要和研究生的群体特点要求研究生思想政治教育必须掌握话语权，这种目标不是选择性设定的，而是要突破性达成的。相比于其他大众化话语权的自发生成，研究生思想政治教育话语权的获得有国家政策和文件等的制度性保障。我国自 1978 年恢复研究生教育以来，针对研究生教育管理先后发布了共计 18 份文件。其中，《普通高等学校学生管理规定》、《教育部、国家发展改革委、财政部关于深化研究生教育改革的意见》、《中共国家教育委员会党组、中共中央宣传部关于加强研究生思想政治工作的几点意见》、《教育部关于加强和改进研究生德育工作的若干意见》、《教育部关于进一步加强和改进研究生思想政治教育的若干意见》、《关于加快新时代研究生教育改革发展的意见》（教研〔2020〕9 号）这 6 份文件着重强调了研究生思想政治教育的内涵要素和相关工作要求，说明了掌握话语权的必要性。可见，以国家政策为顶层设计，研究生思想政治教育话语权从获取方式来看具有强制性。另一方面，话语权生成的强制性决定了其在内容选择上具有强制性。研究生思想政治教育本身具有政治性和思想性相统一的特点，政治性意味着方向的明确性，即按照社会主义的办学方向传播马克思主义的思想理论、政治取向和政策主张，这种价值的确定性和唯一性体现着话语内容的强制性。

3. 育人性

从研究生思想政治教育目标上看，其根本任务就是要完成立德树人使命，而之所以要掌握话语权，就是因为这种话语权具有育人性这一基本特征，对于育人目标的达成起着决定性作用。首先，从话语主体上看，研究生思想政治教育话语主体包含教育者与受教育者，其中，教育者要充分掌握话语传播的主动权，有意识、有目的且讲究方法地进行话语传播，旨在完成其本身所承担的育人使命。从话语接收主体即受教育者的角度来看，其基本特征是具有可接受性，在教育者的主动推进与教育者和受教育者双向交流的前提下，受教育者能够发挥主观能动性有效吸收，甚至能够进行自我再教育，这种可接受性也是话语权得以建构的基础。其次，从话语内容上看，研究生思想政治教育话语不是自由形成或随意表达的，而是按照教育目标要求所形成的一套固定的话语体系，属于专业话语，具备理论的深刻性和说服力，也具有育人性。最后，从话语途径的角度看，话语传递和交流的过程也是育人的过程，无论是通过课堂、日常交流还是通过网络媒体等方式，都是以育人为导向的。

4. 高知识性

研究生思想政治教育话语权区别于其他话语权很重要的一点在于其具有高知识性。从研究生思想政治教育发挥作用的空间来看，它是整个高校教育活动的重要组成部分，是贯穿高校人才培养的重要工作内容，这就决定了这种工作发挥作用的空间具有高知识性。从研究生思想政治教育的主体双方来看，教育者是包括发挥主要育人作用的研究生导师在内的研究生思想政治教育者，是一批学历层次和知识水平较高的群体；受教育者是包括硕士、博士在内的研究生群体，同样具有较高的知识水平。主体的特点决定了研究生思想政治教育话语的表达方式必然不同于其他场域的思想政治教育的表达方式，充分体现了研究生思想政治教育工作所具有的高知识性。工作空间与教育主体所具备的高知识性，要求话语必然包含专业知识、理论内容等相融合、交叉的内容，这就在内容层面赋予话语权高知识性。

5. 中枢性

思想政治教育发挥着承上启下的作用。承上是指它始终捍卫意识形态领域安全，全面传达国家主流意识形态内容；启下是指它要助力人们精神世界的丰富，助力人们精神文明活动的开展，全面保障人们的思想健康。因而它是整个社会舆论工作、思想工作的中枢系统。高校，既是培养社会主义建设者和接班人的主要阵地，同时也是捍卫、传播主流意识形态的最前沿阵地，高校的社会主义属性要求它必须牢牢掌握思想政治教育工作的主导权，必须始终捍卫马克思主义在整个高校主流意识形态教育的指导地位与核心地位，确保办学宗旨不变质。在这个意义上，如果研究生思想政治教育失去了话语权，那么，研究生思想政治教育的主导权便无法实现，马克思主义在整个研究生教育工作系统中的指导地位就难以得到保证，也就难以保证高校培养出来的人才成为社会主义建设者和接班人。进一步说，如果研究生思想政治教育没有话语权，何以保证研究生教育培养出来的拔尖创新人才认同、信仰马克思主义？何以保证党和国家在研究生人才培养目标上所规定的思想政治教育要求真正落地生效？因此，只有研究生思想政治教育有话语权，才能充分保证高校在整个研究生教育中完全落实党和国家为加强和改进思想政治教育所出台的各类文件与政策，才能有效解决研究生教育中存在的“重才轻德”问题，实现“德才并育”，使培养出的拔尖创新人才成为既坚决认同、信仰马克思主义又能担当民族复兴大任的为社会主义现代化建设积极出谋划策的建设者和接班人。

## 第二节　研究生思想政治教育话语权建构的挑战与瓶颈

研究生思想政治教育话语作为对研究生进行思想政治教育的重要载体，在传播国家意识形态和对研究生进行思想政治教育过程中发挥着重要作用，党和国家高度重视占据研究生思想政治教育话语主导地位，但当前要想牢牢掌握研究生思想政治教育的话语权仍面临着一定的挑战与阻碍。本节旨在破解研究生思想政治教育话语权建构面临的现实问题，分析其面对的外部挑战与内在瓶颈，为有针对性地提出研究生思想政治教育话语权建构路径奠定坚实基础。

## 一、研究生思想政治教育话语权建构的现实问题

当前，研究生思想政治教育话语权建构不是一帆风顺的，仍存在话语权建构者主体意识淡薄、研究生思想政治教育话语内卷化，以及研究生思想政治教育话语途径实效性不强等问题。

### 1. 话语权建构者主体意识淡薄

在研究生思想政治教育话语权建构的过程中，即教育者与受教育者之间的双向互动、话语传输交流过程中，话语表达主体与话语接收主体要发挥主动性，助推研究生思想政治教育话语建构。然而，就当前实际情况来看，高校存在失语化现象。从教育者的角度看，很多情况下教育者话语表达的主体动力不足，在研究生思想政治教育话语的独特政治属性的影响下，教育内容被严格限定，教育者在一个已设定好的话语框架中，往往容易用刻板、封闭的话语与方式向研究生传播思想政治教育内容。从受教育者的角度看，研究生群体本身存在的独特的身心发展特征如心理和思想成熟度高等特点，使得其接受固定模式的思想政治教育话语意愿较低。同时，传统研究生思想政治教育话语灌输色彩重，研究生群体在接受思想政治教育影响的过程中，自身话语权受到忽视，大大降低了其接受意愿。而话语权建构是需要双向互动的，当前话语双方主体均存在的主体意识不足的现实问题使得互动效果明显不足，自然对话语权的建构造成阻碍。

### 2. 研究生思想政治教育话语内卷化

所谓“内卷化”是指“一种社会组织或文化形式发展到某个阶段后，即固步自封，无渐进式、突破式增长，长期停留在一种自我重复、无进步的循环状态”①。

① 侯勇．思想政治教育学理论前沿问题研究．北京：中国社会科学出版社，2018：125.

思想政治教育话语内卷化表现为研究话语的内卷化。思想政治教育学科在学科建设不断推进、研究队伍不断扩充、研究内容不断丰富、研究成果不断更新的过程中，表现出了一定程度的自闭性，呈现出“自我封闭”的现象。比如，有些研究者不善于汲取其他学科的最新成果；又如，有些研究者不主动自觉地整体思考本学科的发展而只是在孤立的思维中着眼于学科在有限范围内的发展；再如，一些专业话语是机械照搬其他学科的现有术语、概念和原理而形成的。这些研究者没有站在思想政治教育的独特属性和特有问题上考虑话语权建构的问题。思想政治教育成为学科的历史并不长，最早从教育学一级学科下的二级学科转移到政治学一级学科下的二级学科，现在成为马克思主义理论一级学科下的二级学科，这使思想政治教育学科在研究话语方面依旧带有教育学和政治学的烙印。[①] 然而学科发展也需要紧跟时代步伐，实践工作的有效开展离不开理论研究的创新，思想政治教育学科的内卷化导致思想政治教育研究话语的内卷化，也就导致了研究生思想政治教育在研究话语方面同样难以与时俱进，研究生思想政治教育话语建构理念也将相对滞后于研究生思想政治教育实践的发展。

3. 研究生思想政治教育话语途径实效性不强

话语权建构不仅取决于话语主体情况和话语自身发展，很大程度上也受话语途径的实效性影响。话语途径作为话语权的实施通道，直接关系着话语传播的效果，然而，当前研究生思想政治教育话语权建构面临着话语途径实效性不强的现实问题。从话语传播方式来看，思想政治教育理论课和日常思想政治教育是主要的话语传播途径方式，但结合话语主体和话语本身的现实情况，课堂传播方式仍存在灵活性不强等局限性，而日常思想政治教育的传播方式中又存在话语的专业性与深刻性不强的问题，因而研究生思想政治教育话语难以有较强的主导性。从话语传播载体来看，研究生思想政治教育话语主要是通过教材、理论期刊等专业性较强的纸质或网络媒介传播，但研究生思想政治教育不仅包括专业性理论教育，也应当包括易于理解的日常性教

① 陈波，邓卓明．思想政治教育学科范式下主体问题思考．思想教育研究，2017 (6)：23－27.

育，然而相应的传播载体相对缺乏，难以覆盖数量更广的没有相关理论基础的研究生群体，这大大削弱了传播的实效性。从话语传播平台来看，研究生思想政治教育话语并没有充分占领各大媒体平台，在信息化发展的今天，不能充分占领网络平台营造话语空间，则意味着传播途径没有充分覆盖话语权竞争战场，导致话语传播实效性不强，这成为话语权建构的重要现实阻碍。

## 二、研究生思想政治教育话语权建构的外部挑战

在全面建设社会主义现代化国家的道路上，我国已经在经济社会发展的诸多方面取得了重要成就，但与此同时也面临着更为艰巨的发展任务和挑战。具体而言，当前改革已经进入深水区，社会结构不断变化，国际局势也波谲云诡、复杂多变。在这种时代背景下，迫切需要建构研究生思想政治教育话语权，但也面临着更多外部挑战，因此需要厘清话语权建构环境，认清这些外部挑战，以备针对性提出应对之策。

1. 非主流意识形态冲击带来的政治环境挑战

全球化使西方的意识形态、文化和价值观通过各种方式渗透到中国，部分西方国家凭借其在技术领域的优势地位，掌握了在文化创造及思潮传播方面的主动权，不停地用自身发展模式与价值立场有意歪曲我国形象，将重点聚焦到我国的青年一代，不断地向我国青年一代传播、渗透所谓的“普世价值”，试图改变和歪曲中国现实，诋毁社会主义制度。同时，为充分争夺人才，部分带有政治目的的污言秽语也就不可避免地萦绕在研究生教育环境周围。在这样的情况下，思想意识领域存在鱼龙混杂的现象，形形色色的话语在与主流话语争夺意识形态领地。其中非马克思主义思潮善于包装和伪饰，不断地冲击与弱化马克思主义在主流意识形态中的主导地位。国内外各种社会思潮，例如新自由主义思潮、历史虚无主义思潮、极端个人主义思潮、民主社会主义思潮等不断冲击主流价值观，导致研究生所处的话语环境复杂多变。①

① 郑洁．社会主义核心价值体系引领社会思潮研究综述．陕西行政学院学报，2009，23（4）：17－21.

多样社会思潮不断抢夺研究生思想政治教育话语的空间，为研究生思想政治教育话语权的建构带来困难和阻碍。

2. 转型期发展不平衡引发的经济与社会环境挑战

改革开放以来，我国通过大力发展经济，以较高的经济增长速度实现了飞跃发展，人民生活水平不断提高。但与此同时，由经济发展重速度而轻质量所带来的矛盾问题也开始凸显，直接反映在人民生活中的是出现贫富差距扩大、中等收入陷阱、区域经济发展不平衡等现象，而经济问题又会直接引发诸如就业难等民生与社会问题。此外，在社会经济发展过程中，由制度不够健全而导致的各种社会个体行为失范问题以及与之伴随的社会矛盾凸显，加之网络时代不同程度的社会负面问题被过度放大，人们的价值观不断受到冲击。这些赤裸裸的社会现实直接对研究生思想政治教育话语主体的表达力与主导力产生负面影响。尽管当前经济发展方式正在转变，但改革不是一蹴而就的，改革的过程也是利益调整的过程，改革带来的不良社会心态扩散在整个社会群体中，不同程度地影响着人们在日常生活中的认知、情绪和感受，也不可避免地蔓延至研究生教育环境，导致研究生群体出现重利益追求、轻思想政治素养提升的问题，这为研究生思想政治教育话语权建构带来一定挑战。

3. 多元文化交融及高等教育自身的问题带来的文化环境挑战

当前，随着社会环境的日益开放及网络与信息化的发展，多元文化世界的形成势不可挡，但思想文化的交流、交融、交锋明显为话语权建构带来一定的挑战。一方面，我国是多民族国家，在文化上呈现多样性，这种多样性不仅是中华文化博大精深的体现，也容易成为敌对势力冲击我国主流文化的突破口，对思想政治教育话语权建构形成挑战。此外，各种网络热词、流行话语、时代偶像及泛娱乐化倾向都为话语内容的更新带来挑战。这些更易被年轻人关注的所谓流行文化，使得部分研究生只愿意沉浸在自娱自乐的小世界里，不愿用理性的态度去分析文化环境，导致其话语接受意愿不强、接受程度低，使话语难以产生主导力。另一方面，高等教育环境作为贴近话语权建构的外部环境，其自身也存在一定问题，如高等教育大众化及研究生的扩张直接造成话语权建构主体特征多元且时刻变化。话语要掌握的对象越复杂，越不易发挥主导性，话语权的建构就越困难。在高等教育内涵式发展过程中，教育理念更新、工作队伍建设等问题也为研究生思想政治教育话语权建构带来了挑战。

## 三、研究生思想政治教育话语权建构的关键瓶颈

当前，研究生思想政治教育话语权建构难的原因有多个方面，经过总结分析发现，阻碍研究生思想政治教育话语权建构的关键瓶颈主要表现为以下三方面的冲突与难题：

一是话语传播被动与话语传播自觉的矛盾冲突。话语传播被动是指在传播话语的过程中，话语的拥有者缺乏话语表达的自觉意识而只是形式化地完成一定组织或集体所规定的话语传播任务。而话语传播自觉是指话语的拥有者依靠话语自觉的意识主动地、有目的地、有规律地进行话语传播，追求话语传播所产生的影响力、感染力、吸引力。实践证明，在多元化社会思潮存在的现实情况下，话语权只有在话语传播的过程中、话语斗争的过程中才能被掌握，而不能在被动应付或者口头表态的过程中被掌握；话语权只有在自觉主动争取的状态下、始终积极挺身捍卫的状态下才能被掌握，而不能在退缩保守的状态下或遇到“风吹草动”就“胆战心惊”的状态下被掌握。所以，要完全掌握研究生思想政治教育的话语权，就始终“要旗帜鲜明坚持真理，立场坚定批驳谬误”[①]，实现话语传播由被动向自觉的转变，解决这一阻碍话语权建构的矛盾冲突。因此，要确保意识形态领域马克思主义的指导地位持久不变、确保研究生教育立德树人根本任务全面落实、确保高层次拔尖创新人才培养质量全面提升，亟须研究生思想政治教育话语拥有者由被动宣传走向自觉担当。

二是话语政治使命的严谨正式与话语内容表达的非正式的矛盾冲突。话

---

① 举旗帜聚民心育新人兴文化展形象　更好完成新形势下宣传思想工作使命任务．人民日报，2018-08-23（1）.

语政治使命的严谨正式是指研究生思想政治教育话语既蕴含着党和国家政策文件、路线方针等政治内容，又承担着落实政治任务、解读政治文件、传达政治要求、明确政治立场、加强政治信念等政治使命，具有明显的政治性，这种特殊性就要求必须严谨、正式、理性而非随意地表达话语内容。而话语内容表达的非正式性是指由于话语拥有者对话语理解与认可程度的不同、进行话语传达的效率不同、所掌握的话语传播方式不同、进行话语传播的场域不同而呈现出表达的随意性。研究生思想政治教育者一方面必须运用严谨理性的态度在一定范围内对正式的政治话语内容进行传达；另一方面又必须在生活中以潜移默化的方式进行话语表达。而后者虽然更容易被教育对象接受但也更容易出现不准确的问题，这就要求研究生思想政治教育者必须克服这一矛盾冲突，在确保话语政治使命严谨正式的同时也积极探索非正式表达话语内容的有效方式。

三是话语传播方式新颖与话语自身内容陈旧的矛盾冲突。话语传播方式新颖是指受研究生思想政治教育实践活动不断创新的影响，研究生思想政治教育方式不断更新，其中包括通过思想政治教育话语传播方式的创新，扩大传播范围、提升传播速度、提高传播质量。这体现出时代前进中话语传播所要求的新颖性，既是话语内容本身不断更新的内在要求，也是话语实现“理论掌握群众”的必然要求。但是已有话语内容的更新既需要理论研究的不断耕耘、推进，也需要实践工作经验的不断总结、反思，这个过程相对于话语传播方式更新的速度而言无疑是缓慢的，这就与其所要求的新颖性产生了矛盾冲突。在新的实践工作内容要求下，所产生的具有新颖性的话语传播方式能否驾驭陈旧的话语内容、能否使旧内容发挥新作用显然需要不断探索，需要达成新方式与旧内容的良好平衡。

## 第三节　研究生思想政治教育话语权建构的目标与路径

厘清研究生思想政治教育话语权的基本要义，明晰研究生思想政治教育话语权建构存在的问题、面临的挑战，目的在于提出破解研究生思想政治教育话语权建构问题的针对性举措，最终是为了服务于研究生思想政治教育话语权的有效建构，服务于研究生思想政治教育事业获得地位、取得实效、彰显力量的现实需要，服务于意识形态工作对于整个舆论工作的统领，“巩固壮大主流思想舆论”[①]。本节内容重在阐释研究生思想政治教育话语权建构的目标，同时针对话语权建构面临的深层瓶颈提出优化路径。

## 一、研究生思想政治教育话语权建构的目标阐释

明确的目标是事业成功的必备要素。要想确保研究生思想政治教育话语权发挥作用、产生价值，就必须有一个建构目标，只有确立科学的目标方能保证话语权建构工作的顺利推进，方能激发话语拥有者参与话语权建构的动力与热情。由此我们提出如下目标：

一是研究生导师立德树人职责的切实履行。高校立身之本在于立德树人，而高校立德树人根本任务完成的质量高低、进度快慢、影响大小，取决于每一位研究生思想政治教育工作者对立德树人这一根本任务入耳、入脑、入心的理解程度。研究生导师作为高校思想政治教育工作的重要成员，承担着对高校培养的拔尖创新人才进行思想政治教育的重要使命。为凸显研究生导师地位的特殊性与使命的重要性，教育部印发专门文件对高校研究生导师这一群体所承担的立德树人重大责任进行了明确的规范与要求以及全面详细的说明与解释。文件指出“落实导师是研究生培养第一责任人的要求，坚持社会主义办学方向，坚持教书和育人相统一，坚持言传和身教相统一，坚持潜心问道和关注社会相统一，坚持学术自由和学术规范相统一，以德立身、以德立学、以德施教”[②]。这便严格规定了研究生导师在研究生教育中所承担的重要使命，明确了立德树人工作与研究生导师之间的密切关联性。之所以对研

① 举旗帜聚民心育新人兴文化展形象 更好完成新形势下宣传思想工作使命任务．人民日报，2018－08－23（1）．

② 教育部关于全面落实研究生导师立德树人职责的意见．（2018－02－09）［2019－08－30］．http：//www.moe.gov.cn/srcsite/A22/s7065/201802/t20180209_327164.html.

究生导师这一群体所承担的立德树人重大责任进行明确的规范与要求，不仅是因为研究生导师处于在校研究生群体人际交往关系网的核心，更重要的是因为研究生导师对研究生群体思想形成、道德引领、人生发展、观念引导等方面都发挥着直接影响。由此可见，由于研究生导师在立德树人工作中地位的特殊性、使命的艰巨性与重要性、教育影响的持久性与深远性，党和国家始终高度重视这一群体，并通过政策文件对导师的行为加以规范引领，社会大众始终高度关注这一群体的言语与行为及其带来的社会影响，高校始终注重加强与改进研究生导师队伍建设。多元参与的最终目的在于推动高校研究生导师队伍自觉自主、保质保量、全面综合地履行立德树人职责，纠正以往部分研究生导师在教育引导研究生这一群体时只注重育“才”而忽视甚至取消育“德”的问题，确保思想政治工作始终作为党的生命线工作不断传承与发展，确保党和国家培养的高层次拔尖创新人才始终坚定不移跟党走。

二是完整构建研究生思想政治教育体系。目前，本科生思想政治教育体系构建已有一定理论基础与实践成果，而研究生思想政治教育体系构建水平却参差不齐，究其原因在于以下几个方面：教育者权责不清，难以形成合力；研究生群体自身问题频发，问题的复杂性与严重性远远超过本科生群体；社会舆论更是存在着研究生群体不能进行思想政治教育、研究生群体不需要进行思想政治教育、照搬本科生的思想政治教育模式进行研究生思想政治教育就能成功等偏见。这些问题不同程度地存在，使得研究生思想政治教育体系始终难以有效地完整构建。要将研究生思想政治教育体系建成一个完整而严密的系统，首先，必须明确组成这一体系的子系统的数量和性质以及子系统所在的位置、所占的比重、所承担的功能；其次，需要明确各个子系统之间的关联性如何加强、功能优化如何实现、合力作用如何产生、关键位置如何保障；最后，需要考虑的是系统内部运行与外部条件支持的互动与平衡如何实现。只有构建一个完整的研究生思想政治教育体系，使体系的作用最大化、效果最优化，研究生思想政治教育话语权方能得以拥有，研究生思想政治教育话语权的地位方能得以保障。

三是有效落实研究生思想政治教育德才并重评价工作。高等教育是否实现内涵式发展的一个突出标志，就是它所培养的人才是否德才兼备。因此，检验一所高校办学成效的标准就是立德树人根本任务是否得到了完全落实，正如习近平总书记所言，"要把立德树人的成效作为检验学校一切工作的根本标准……做到以树人为核心，以立德为根本"[①]。同理，检验研究生教育的成效，也需要看立德树人这一根本任务是否得到了完全落实，因此必须聚焦考核评价问题。针对这一问题，党和国家出台文件，明确要求相关部门落实不同工作主体的立德树人评价工作，督导不同工作主体积极完成立德树人工作，同时提出"一票否决制"等一系列惩罚措施。对此，各个高校根据自身实际情况相继出台评价细则，也取得了一定成效。但整体来看，仍存在诸多实际问题，如德育效果潜隐性和滞后性与评价要求外显性和即时性的矛盾，德育效果不易量化，导致难以纳入评价体系的现实困境。此外，研究生教育必然是育才与育德相统一的过程，而当前研究生思想政治教育评价中却很少有对应德育的部分，加之"唯学术"问题的存在，使教育者忽视研究生德育，削减其德育工作的积极性，导致只存在过程性的引导而无自觉意识的积极作为，进一步加剧了轻德育而重智育的问题。没有明确的德育评价指标，教育者也会产生迷茫。虽然立德树人受到了空前重视，但评价体系中德育成分与德育效果、智育成分与智育效果两方面所占比重仍然处于一个不平衡的状态。只有使这一状态得到平衡，才能真正实现评价工作的德才并重，研究生教育者的育德积极性才能够得到提升，育德效果也才能够被客观地反映，那么育德过程也才能够得到重视，育德目标在一定程度上也才会被更加圆满地完成，研究生思想政治教育话语权也才能够被很好地建构。

## 二、研究生思想政治教育话语权建构的原则遵循

研究生思想政治教育话语权建构遵循什么样的原则，关系到话语权最终能否被完全建构起来，关系到话语权建构的过程是否顺利，关系到话语权建构起来的效果能否最优化。在这一意义上，我们认为要想确保研究生思想政

① 习近平．在北京大学师生座谈会上的讲话．人民日报，2018-05-03（2）.

治教育话语权“立起来”“好起来”“强起来”，必须遵循这样三对原则：一是坚持马克思主义与多元文化思想相结合，二是坚持立足实际与着眼未来相结合，三是坚持教育者的主导性与教育对象的适应性相结合。

一是坚持马克思主义与多元文化思想相结合。马克思主义是我们的“看家本领”。研究生思想政治教育工作者必须爱于、善于、勤于、乐于学习马克思主义基本原理，练好“内功”，同时在日常的生活学习、教学科研、交流讨论中主动、自觉运用“看家本领”分析问题、解决问题、总结问题，从而在传达思想、宣示真理、批判谬误的过程中彻底彰显“看家本领”的力量。但文化是多元的，对内我们要实现以马克思主义引领国内多元文化的发展，既实现马克思主义助推其他文化的发展、繁荣，也实现其他文化对马克思主义内容体系的丰富与滋养。同时，随着开放的领域越来越多，参差不齐的外来文化涌入我们的文化圈，我们不得不在欢迎的同时擦亮眼睛、提高警惕，不得不思考如何实现“看家本领”始终居于文化发展的主导位置，如何实现“本土文化”与“外来文化”的和谐共进。答案是明晰的，那就是一方面通过不断的学习，牢牢坚持作为我们“看家本领”的马克思主义，该亮剑时亮剑，该发声时发声；另一方面，既要抱着谦虚的态度学习外来文化中有益于我们发展的内容成分，积极地借鉴吸取其中的宝贵思想，也要揭示与批判阻碍或有损我们主流文化的内容成分。唯有如此，研究生思想政治教育话语权才能牢牢掌握在我们手中。

二是坚持立足实际与着眼未来相结合。研究生思想政治教育话语权是一个全新的概念，却在研究生思想政治教育中已有实践基础。研究生思想政治教育是研究生教育者对研究生群体产生教育影响的实践活动，而话语权的建构正是在实践过程中产生的，既要直面实践过程中所产生的实际问题，也要不断地解决当下存在的问题，始终考虑现实工作情况的多样性、复杂性，始终不断总结现实工作的演进规律与经验内容，始终着眼当前工作的真实需要与真实问题，即始终立足教育工作、教育者、教育对象的实际开展工作。同时，话语权建构不是一劳永逸的，改革开放 40 多年来，中国社会的发展翻天覆地，思想政治教育话语权的建构过程也要跟随时代发展加以完善，既要在建构过程中延续与继承以往的话语内容，又要充分接纳与吸收新的时代条件下所产生、所凸显、所欢迎的话语内容，否则难以令有创新意识和批判意识的研究生群体从内心深处真正认同。因此，研究生思想政治教育话语权建构必须着眼未来，既要主动满足新的时代要求，迎接新的时代挑战，也要在不断总结规律的基础上“预设未来”，确保研究生思想政治教育话语权始终具有生命力。

三是坚持教育者的主导性与教育对象的适应性相结合。思想政治教育的特殊性要求教育者必须始终坚持教育的主导性与权威性，但这并不意味着我们的思想政治教育可以完全忽视教育对象的认知水平、接受喜好，相反，在研究生思想政治教育话语权建构的过程中，我们始终努力探索教育活动组织与开展的权威性和教育内容接受与吸收的大众性、教育内容主导与教育内容适应教育对象之间的平衡点。研究生因已接受高等教育，思想方法较为成熟，富有批判精神，所以单纯的主导性话语教导极容易引来他们的“差评”，最终只能导致教育效果不佳。因此，建构研究生思想政治教育话语权尤为值得注意的是要充分考虑接收对象对于内容的适应性，充分尊重研究生的实际需求和表现出来的具体特点。思想政治教育要想更好地被研究生接受，就要在不改变教育话语原意的前提下，将规范性的语言表达得浅显易懂。通俗易懂可以使思想政治教育得到更好的普及，同时，通俗有趣的话语内容更符合研究生接受认同规律与所在学科特点，会更容易受到研究生群体的喜爱。所以，研究生思想政治教育话语权建构应坚持教育者的主导性与教育对象的适应性相结合，在不曲解话语本意的基础上，尽可能深入浅出地将思想政治教育话语内容传达给教育对象，这样研究生思想政治教育话语权方能真正得到教育对象的认同。

## 三、研究生思想政治教育话语权建构的策略优化

紧扣研究生思想政治教育话语权建构的关键瓶颈，实现研究生思想政治教育话语权建构的策略优化，需唤醒话语传播意识、完善话语传播内容、健全话语传播机制，其中，发挥话语拥有者的主观能动性是前提，完善优化话

语拥有者的传播内容是关键，健全话语拥有者的话语传播保障机制是动力。

1. 唤醒话语传播意识

唤醒话语传播意识旨在使话语拥有者能积极主动地进行话语传播，避免被动。研究生思想政治教育的话语拥有者是否自觉进行话语传播，事关话语传播质量能否有效提升。唤醒话语拥有者的自觉传播意识，需开展有组织、有计划的专题培训，使话语拥有者充分认识到主动进行话语传播的重要作用；需设置相关的情境，使话语拥有者在情境中切实体验到被动进行话语传播的困境，进而激发主动自觉进行话语传播的意识；需建立相应的配套制度，驱使话语拥有者积极有为地进行话语传播；需定期评价教师进行话语传播的行为效果，激励教师不断强化自身主动进行话语传播的意识。通过以上一系列举措，唤醒话语拥有者的自觉传播意识，实现研究生思想政治教育话语传播由“无为”向“有为”、由“有为”向“有位”、由“被动”向“主动”的转变，最终实现研究生思想政治教育话语权的有效掌握。

2. 完善话语传播内容

要确保话语拥有者的话语传播充分有效，就需要对话语内容进行更新完善，体现话语内容的新颖性、丰富性与完整性，实现“应有尽有”与“不该有的没有”。完善话语传播内容旨在解决话语传播内容更新迟滞的问题，这一问题的解决，一方面需要提升教育者的快速反应意识，及时捕捉新颖的内容，将其纳入已有的话语内容体系之中；另一方面要建立完善相应的话语监测体制机制，对新鲜的、潮流的话语内容进行监测，确保话语内容与时俱进，进而提高话语传播的质量。完善研究生思想政治教育话语拥有者的话语传播内容，就是让属于马克思主义意识形态、符合时代需求、贴近生活实际的内容成为研究生思想政治教育的话语内容。话语内容质量影响话语传播质量，话语传播质量又影响研究生对思想政治教育内容的理解，只有话语内容质量过硬，思想政治教育目的方能得到有效实现。因此，必须对话语内容进行充分审视，确保内容准确、合理，具备思想引领性。研究生群体在认识、分析、解决、总结话语问题时所依据的思想更加辩证，学习、接受、思考、消化话语内容更富有自身的见解，在参与、组织、协助教育活动中有着更多的话语自由，所以，要使研究生思想政治教育工作者学习、持有、宣传的话语，在研究生群体的话语学习与交流等活动中起到主导作用，话语内容的质量就必须过硬。这就要求我们努力探索话语内容更新的方法与载体，捕捉时代的新话语；努力探索话语内容质量提高的途径与渠道，在话语内容质量提高上下功夫，提高话语接受者的满意度与获得感，让研究生思想政治教育话语充满生命力，推动研究生思想政治教育话语权实现由“建起来”“用起来”到“好起来”“强起来”的转变。

3. 健全话语传播机制

建构研究生思想政治教育话语权，旨在实现话语拥有者的话语在研究生群体中得以充分表达并有主导力。话语主导力既包含和风细雨式的浸润，也包含强制性的传达，但无论是哪一种主导力的实现，都需要强有力的机制加以保障。健全研究生思想政治教育话语传播机制，需在两方面持续发力。一是健全准入机制，即让符合标准的人成为研究生思想政治教育工作者，让符合标准的话语变成研究生思想政治教育话语。要针对话语生成主体建构准入机制，让具备条件的人成为研究生思想政治教育工作者。网络和自媒体的发展虽使话语的生成主体愈加呈现大众化特点，但研究生思想政治教育不同于其他教育活动，研究生思想政治教育话语主体必须是德才兼备、具有高知识性的教育工作者，因此必须对教育者制定准入标准，使其具备承担研究生思想政治教育工作的基本能力。二是健全传播机制，即实现话语的有效传播。建立健全传播保障机制要充分利用线上、线下两类传播渠道，既要守好课堂主阵地，也要充分占领各大主流媒体平台，牢牢掌握网络时代话语传播的主战场，通过短视频、公众号等渠道开展线上思想政治教育活动，实现线上线下的有机结合，畅通思想政治教育话语传播机制。同时，要注重话语传播经验的积累与创新，充分吸收不同地区、院校思想政治教育话语传播的有效经验，广泛宣传话语创新成果，提升思想政治教育话语传播的影响力与辐射力。

# 第四章

# 和谐导生关系培育

导生关系，即研究生导师与研究生关系的简称，是二者为共同完成研究生的培养任务，在教育教学、科研指导以及日常交往等活动中形成的具有稳定性的社会关系，是导师和研究生相互作用产生的结果。和谐导生关系，是导生关系的一种关系样态，在整个研究生人才培养系统中占据非常重要的地位，它不但是导师与研究生彼此情感体验得以优化的关键要素，关乎研究生教育质量整体水平的提升，而且是整个研究生教育能够顺利达成立德树人根本任务的前提条件。和谐的导生关系对于导师和研究生双方的发展、拔尖创新人才的培养、研究生教育整体的可持续发展、高校立德树人根本任务的完成、社会整体的和谐稳定有序发展都有着至关重要的作用，因此，必须对其进行理论上的深耕与实践路径上的探索。本章聚焦和谐导生关系培育的理论与现实问题，旨在通过探析导生关系的本质及特征，厘清和谐导生关系培育的意义与挑战，尝试提出和谐导生关系培育的原则与方法，为和谐导生关系的培育提供理论借鉴与现实思路。

## 第一节　导生关系的本质及特征

研究生教育质量事关我国高层次专门人才的培养质量，事关我国科教兴国战略和人才强国战略的成败。导生关系贯穿于研究生教育的全过程，是制约研究生培养质量的关键要素，厘清导生关系的本质是构建和谐导生关系的前提和基础。近年来，伴随着个别导生关系问题的暴露，导生关系成为社会舆论关注的焦点。然而，对于“什么是导生关系”这一根本问题的理论探讨却相对滞后，制约着现实难题的破解。为此，本部分拟从导生关系的内在规定、对象范围及基本特征三方面内容入手，尝试探析导生关系的本质问题。

### 一、导生关系的内在规定

内在规定也即内涵，在逻辑学上是指一个概念所反映的事物本质属性的总和。分析导生关系的概念首先要澄清其内在规定。导生关系作为师生关系的特定形态，其内在规定的分析既应以一般意义上的师生关系内涵为基本遵循，又应彰显其特定主体的独特属性。

师生关系是指教师与学生在教育教学过程中产生的某种性质的联系。关于这种联系具体性质的探讨始于20世纪90年代，目前普遍认为，师生关系是教学关系、人际关系或两种关系交织的多维关系结构体。有学者将师生关系界定为“教师和学生在教育教学过程中结成的相互关系，包括彼此所处的地位、作用和相互对待的态度等。它是一种特殊的社会关系和人际关系，是教师和学生为实现教育目标，以各自独立的身份和地位通过教与学的直接交流活动而形成的多性质、多层次的关系体系”①。随着研究的不断推进，对师生关系本质的认识也不断深化，学界开始从不同的情景和学科视域探析师生关系的本质。在社会学视域下，金生鈜、范红霞等人认为师生关系是“教师与学生构成了‘你’与‘我’的关系”②；在文化学视域下，何率天等人认为师生关系是教师与学生在文化交流、共享和创新过程中形成的相互关系③；在法学视域下，冯建军认为师生关系首先是“契约关系，学生进入学校，教师就应该遵守《教师法》等有关法规，引导学生学习和生活，学生也有向教师学习的义务”④；在心理学视域下，闵容等人认为师生关系“本质是师生之间以情感、认知和行为交往为主要表现形式的心理关系”⑤；等等。国外学者也在不同理论框架下深入探讨了师生关系的内涵。皮亚特（Pieratt）把“师生关系”放置在具体的要素层面上进行探讨，认为师生关系可以从积极和消极两方面定义，认为“积极的师生关系由个性化交流、良好的教师个性、相互尊重、交流、合作、教师关心和支持，以及教师提供舒适和信任的环境七个特点组成，而消极的师生关系则缺少这些要素”⑥；杰尔德斯玛（Joldersma）

① 全国十二所重点师范大学．教育学基础．北京：教育科学出版社，2002：133.

② 金生鈜．超越主客体：对师生关系的阐释．西南师范大学学报（哲学社会科学版），1995（1）：41；范红霞．论“同伴探索”式师生关系模式．教育研究，2003（4）：48-52.

③ 何率天，王正武．高校师生关系探析．教育探索，2009（6）：98-99.

④ 冯建军．他者性：超越主体间性的师生关系．高等教育研究，2016（8）：2.

⑤ 闵容，罗嘉文．师生关系研究综述．教学研究，2006（1）：26.

⑥ J. R. Pieratt. *Teacher-student Relationships in Project-based Learning*：*A Case Study of High Tech Middle North County*. California：Claremont Graduate University，2011：54-55.

基于列维纳斯的他者哲学视角指出，师生关系是一种不对称的互相勾连的我与你的关系①；贾尔斯（Giles）透过解释学及现象学理论框架提出，师生关系本质是以“一种游戏的方式体验和构建着二者之间的关系”②。根据以上论述，我们可以把握到师生关系的几层基本内涵：一是师生关系中多种性质关系并存，在不同的学科视域和理论框架下各具独特内涵；二是师生关系是多要素的有机组合，涵盖师生关系的发生环境、目标导向、身份特质、角色定位和作用路径等；三是师生关系是一个动态的关系系统，以教学相长的共同目标追求为内在动力，以双方主体的情感意志为态度支撑，以现行的法律法规为外部保障，以相关教育管理部门为责任监督，在师生的双向互动中运转。在师生关系发展进程中，师生双方共同努力构建并优化相互之间的关系，逐步实现教育目标。

导生关系作为师生关系的特定形态，发生于研究生导师与研究生的教育活动过程之中。导师所担负的职责、所发挥的作用、所扮演的角色不同，由此生发出的与研究生之间的关系各异，因此对导师身份职责的深刻认识既是归纳导师特殊角色及其衍生出的相应关系的前提，也是厘清导生关系区别于其他师生关系特殊之处的关键所在。导师的出现早于研究生教育，14世纪英国高校已将导师制作为教学制度之一，当时导师的内涵主要为人生导师（mentor），定位偏重榜样和朋友，职责重在辅导。其后在德国出现的传统师徒制中，指导教师（supervisor）重在指导和传授技艺，导师具有绝对的权威性。后来在美国专业式研究生培养模式下，导师全权负责研究生的培养工作，但其权力受研究生院等多机构的领导与制约，与导师指导小组共同负责培养研究生。当前，有些国家的导师除了具有教师身份，还是“老板”（boss），也即负有提供培养经费的责任，有极大的招生自主权，可根据自身经费状况决定招生情况。我国导师制的建立借鉴和参考了国外的经验，并根据我国教

---

① C. W. Joldersma. *Pedagogy of the Other: A Levinasian Approach to the Teacher-student Relationship*, Philosophy of Education Society. Philosophy of Education Yearbook, Richmond VA: Virginia Commonwealth University, 2001: 181-188.

② D. L. Giles. *Exploring the Teacher-student Relationship in Teacher Education: A Hermeneutic Phenomenological Inquiry*. Auckland: AUT University, 2008: 141.

育的性质和任务进行了丰富和发展。1953 年我国正式确立指导教师负责制，导师主要负责为学生授课和带领学生参与科研项目；2010 年我国明确提出，“教书和育人是导师的两大基本职责。导师负有对研究生进行思想政治教育的首要责任”；2018 年颁发的《教育部关于全面落实研究生导师立德树人职责的意见》明确提出导师职责的七个维度：提升研究生思想政治素质、培养研究生学术创新能力、培养研究生实践创新能力、增强研究生社会责任感、指导研究生恪守学术道德规范、优化研究生培养条件以及注重对研究生人文关怀。由此可见，在导师职责的发展变迁中，尽管根据经济社会发展和教育现实需要各国对研究生培养模式做出这样那样的调整，但在导生关系中导师的重要地位和作用并没有改变，并且总体上导师始终扮演着几方面重要角色：传授思想、培育道德的传道者，教授专业知识、技能与方法的授业者，学生学习、生活、工作的引导者、示范者，情感与精神需要的聆听者、辅导者，物质（经费等）与良好培养环境的提供者，学生成长中各类现实问题的解决者，等等。

综上可见，师生关系是多种性质关系并存的关系系统，由多要素有机组合构成，涵盖发生环境、目标导向、身份特质、角色定位和作用路径等诸多要素；立德树人是导生关系的核心，导师职责的特殊性体现在导师在履行自身职责过程中扮演的角色是多样且内涵独特的，进而生发特定的导师与研究生互动关系，如传道者与闻道者等。由此，在推演师生关系的共性规律基础上，结合导师职责的特殊性，我们认为导生关系是由研究生导师与研究生共同构成的，以立德树人为核心，以研究生教育、管理、指导与服务为内容，以导师为主导，以研究生为主体，二者双向互动形成的，贯穿于研究生教育全过程的，经济、法律、哲学、伦理等多维关系并存的关系系统。在此概念中，主体要素为研究生导师与研究生；目标要素是导师在履行立德树人职责中需要完成对研究生的品德规训、学术训练、情感支撑等多种目标；内容要素是导师对研究生的教育、管理、指导与服务；在角色定位要素中，导师为主导，扮演道德观念的传道者、专业技能的授业者、学习工作的引导示范者、情感需要的聆听辅导者、良好环境的提供者和问题解决者等多重角色，研究生为主体；作用路径是双向互动的动态过程；生发环境是双向关系构建后的研究生教育全过程。导生关系的本质是一个以知识传承创新为核心纽带，集学术指导关系、科研合作关系和情感交往关系等多性质关系于一体的复杂的关系系统；其外延包括经济、法律、哲学、伦理等维度。导生关系的根本矛盾是导师与研究生对彼此的期待与现实情况之间的差异，导生关系的构建和优化过程既是导师努力培养学生成为满足国家发展需要的高层次专门人才的过程，也是研究生不断实现自身理想的过程。

## 二、导生关系的对象范围

准确把握导生关系的对象范围是厘清导生关系概念界定的关键环节。目前，关于导生关系对象范围的研究较少，但关于师生关系对象范围的研究十分丰富，主要有三种代表性观点。一是一元关系论。主要包括以李以庄为代表的社会关系说、李广生的人际关系说和王耘的心理关系说等。二是二元关系论。主要包括董兴林的社会关系和人际关系说、胡波的社会关系和心理交流关系说以及杨雪梅的人际关系和心理关系说等。三是多元关系论。陈桂生认为“师生之间实际上存在三重关系，即社会关系、教与学的工作关系，以及自然的人际关系”①，杨继平等人认为师生关系包括“教学过程中的师生关系、师生情感距离和师生地位关系”②，南京师范大学教育系主编的《教育学》一书认为师生关系包括工作关系、人际关系、组织关系和心理关系③，章康有认为师生关系分为道德关系、教育关系、心理关系和私人关系④，姜智认为师生关系包含人际关系、管理关系和伦理关系⑤等。多元关系论是目前学界普遍认同的观点，导生关系是特殊的师生关系，其对象范围与师生关系有内在一致性。此外，由于国家对研究生导师职责的要求和规定不断细分和具化，导师根据自身承担的不同职责在教育教学活动中需要扮演相应的不同角色，此过程中形成的导生关系，显然也应该是多元复合的关系系统。

---

① 陈桂生．略论师生关系问题．教育科学，1993（3）：5.

② 杨继平，高玲．小学生学习心理与师生关系的现状调查研究．教育研究，2005（1）：64.

③ 南京师范大学教育系．教育学．北京：人民教育出版社，1984：140.

④ 章康有．师生关系面面观．徐州师范学院学报，1989（2）：138－142.

⑤ 姜智．师生关系模式与师生关系的构建．教育评论，1998（2）：27－29.

导生关系说到底是在探讨人的关系，也就是社会关系。列宁在解释马克思的“社会经济形态的发展是一种自然历史过程”时指出：“思想的社会关系不过是物质的社会关系的上层建筑，而物质的社会关系是不以人的意志和意识为转移而形成的，是人维持生存的活动的（结果）形式。”[①] 列宁的论述不仅揭示了社会关系包括物质关系与思想关系，也阐明了思想关系的主要内容维度。导生关系作为一种社会关系也应包含物质关系和思想关系。物质关系主要是指生产关系或经济关系，导生间的物质关系即指导师与研究生之间的生产关系或经济关系；思想关系“包括许多具体的意识形式，如政治思想、法律思想、道德、哲学、艺术、宗教等等”[②]。其中，“当特定社会的共同利益需要社会的合法强制性权威力量予以实现时，当特定社会群体中的成员的利益实现与全体成员的共同利益和根本利益发生矛盾，当该群体成员的利益实现与其他社会群体利益实现之间发生矛盾，并且当这种利益的实现和利益矛盾需要由特定的社会范围中形成合法强制性权威力量加以解决时，人们就会结成特定的政治关系”[③]，导师指导与研究生学习是一个统一的教学实践过程，没有根本的利益分歧，二者之间不存在显著的政治关系。哲学从把握自身矛盾开始，是关于自身的认识即自我认识，其目的在于把握自身和外部世界的规律。导生间的教学活动是引导双方认识世界、改造世界的过程，哲学意义上的认识实践关系是导生关系的重要组成部分。法律关系是“描述法律人格者之间法律关系的一般术语。在承认任何两个法律人格者之间通常都存在一定的法律关系的前提下，可以认为，一方所享有的权利对应于另一方所承担的义务”[④]，导师与研究生不仅需要承担社会公民所承担的义务、享受社会公民所享受的权利，还需按照《教育法》《高等教育法》等法律法规以及研究生教育相关文件政策要求履行义务、享有权利，两者间存在着受法律关系约束的双方的权利义务。“一切宗教都不过是支配着人们日常生活的外部力量在人

① 列宁．列宁全集：第1卷．2版增订版．北京：人民出版社，2013：121.
② 俞吾金．意识形态论．北京：人民出版社，2009：129.
③ 王浦劬．政治学基础．3版．北京：北京大学出版社，2014：61.
④ 沃克．牛津法律大辞典．北京：法律出版社，2003：617.

们头脑中的幻想的反映，在这种反映中，人间的力量采取了超人间的力量的形式”①，宗教是“人的本质在幻想中的实现”，同时相关国家法律明文规定“教育与宗教相分离”，所以，作为客观存在的师生关系不包含宗教关系。艺术是“用形象来反映现实但比现实有典型性的社会意识形态，包括文学、绘画、雕塑、建筑、音乐、舞蹈、戏剧、电影、曲艺等”②，导生关系不具有普遍意义的艺术上的关系。道德关系是“道德规范在调整人们行为过程中形成的以道德权利和道德义务为表现形式的社会关系”③，导师与研究生在教育实践活动中需要处理一定的善恶、利害关系，享有道德权利，履行道德义务，因此导生关系的对象范围涵盖道德关系。由于人们习惯将伦理与道德这两个概念等同使用，为更好地符合关系形态表现的需要，此处使用伦理一词。综上所述，导生关系的对象范围包含两个层面的四种关系：物质层面经济意义上的生产劳动关系；思想层面法律意义上的权利义务关系，哲学意义上的认识实践关系，伦理意义上的辈分次序关系。

一是经济意义上的生产劳动关系。马克思指出：“劳动力的使用就是劳动本身。……劳动过程首先要撇开每一种特定的社会的形式来加以考察。劳动首先是人和自然之间的过程，是人以自身的活动来中介、调整和控制人和自然之间的物质变换的过程。……如果整个过程从其结果的角度，从产品的角度加以考察，那么劳动资料和劳动对象二者表现为生产资料，劳动本身则表现为生产劳动。”④ 导师与研究生共同开展的知识传承与创造、技能训练与提升、观念养成与塑造等这些外化在教育教学、科学研究、社会服务等领域的实践活动，在本质上都是人以自身的活动来调整和控制人和自然之间的物质变换的过程，因此，导生关系在物质层面也表现为生产劳动关系。

二是法律意义上的权利义务关系。权利义务关系是最基本的法律关系，每一法律关系都包含了法律关系主体、内容、客体三个要素，分别对应法律

---

① 马克思，恩格斯．马克思恩格斯全集：第26卷．2版．北京：人民出版社，2014：334.

② 中国社会科学院语言研究所词典编辑室．现代汉语词典．7版．北京：商务印书馆，2016：1551.

③ 高恒天．中国传统道德关系的特点．伦理学研究，2008（1）：8.

④ 马克思，恩格斯．马克思恩格斯全集：第44卷．2版．北京：人民出版社，2001：207-211.

关系的参加者、法律关系主体享有的权利和必须履行的义务，以及法律关系主体权利义务指向的对象。导师与研究生间的法律关系是基于法律规范所形成的教师、学生之间的权利义务关系，主要是指研究生导师与研究生在教与学、管理与被管理、服务与被服务等过程中所形成的各种权利义务关系。研究生导师在研究生培养过程中不仅依据《教师法》享有各项权利，同时也必须遵守宪法和其他法律规定，履行其自身的法定义务，包括导师作为公民的基本义务、教育教学的义务和研究生的学术指导义务。研究生作为教育法律关系的主体之一同样享有多项权利，比如受教育的权利、选择导师的权利、参与科研的权利、参与各项教育教学计划活动的权利等。同时，研究生除履行作为公民理应承担的义务外，还需承担作为受教育者的特殊义务，如尊敬师长、遵守学生行为规范、努力学习、养成良好的思想品德和行为习惯等。法律关系是导生关系的底线，对其他关系具有约束和规范的作用，也是其他导生关系的保障。

三是哲学意义上的认识实践关系。认识实践关系是指导师与研究生在交往过程中自发、自觉形成的以彼此为认识实践对象的关系，通过这种互为对象的认识实践活动，实现我们常说的教学相长。导师与研究生双方在直接从事的实践活动中得到具体的感性认识，并由此做出判断和选择。比如导师对学生的学习经历、知识水平、研究成果等进行了解，可以形成对学生学业水平的认识，此时学生是导师的认识对象。随后，导师基于这一认识开展针对性的专业训练，这时学生成为导师的实践对象。学生将导师作为认识实践对象的过程亦是如此，学生对导师教学风格、能力水平、兴趣喜好的认识，可能使学生对导师萌生敬意或排斥。随着导师对不同学生的性格特点、知识水平、能力素质等多方面的把握进而有针对性地优化教学方法，学生可能对导师产生新的认识。

四是伦理意义上的辈分次序关系。"'伦'为辈分、等次、顺序，'理'为治理、整理、条理。'伦理'是一种客观关系，是一种特定的人与人之间的关系以及对这种关系的领悟与治理。"① 伦理关系体现出人与人之间的伦理职责

① 宋希仁．西方伦理思想史．2 版．北京：中国人民大学出版社，2010：3.

和伦理义务，是贯穿道德规定的价值关系。中国传统的师徒、师生关系，本质上是血缘、宗法之外的一种特殊人伦关系，受到伦理与习俗的约束。教育作为一种特殊的社会活动，折射着社会的一般伦理规范，同时又反映着教育活动独特的伦理矛盾。导生关系中同样具有鲜明的伦理关系。导师与研究生的伦理关系是在教育过程中形成的相互的独特的道德关系，包括彼此所处的地位和对待彼此的态度等。“除了常规化、制度化的教学关系外，导师与研究生之间的朋友关系、情感联系、社会交往等活动还能够产生泛教育关系。伦理性正是此类关系中衍生出来的属性”①。导师与研究生构成一个特殊的道德共同体，各自承担一定的伦理责任，履行一定的伦理义务，遵守基本伦理规范，要避免将其异化为过于冷漠的关系或过于亲密的关系。

## 三、导生关系的基本特征

认识事物有一个“从现象到本质、从不甚深刻的本质到更深刻的本质”②的过程，对导生关系基本特征的把握就是要发掘导生关系的固有属性及内在逻辑，挖掘反映导生关系本质、区别于其他师生关系的基本特点。

1. 维度的多元性

导师职责与角色的多样性决定了导生关系内容维度的多元性。导师制的核心要义在“导”，导师是研究生培养的首要责任人，不仅是研究生成长成才的指导者和引路人，也是社会主义核心价值观的坚定信仰者、积极传播者和模范实践者，更是世界文明进步的积极推动者，肩负着多重身份角色。导师在履行每项职责、扮演每个角色时，都必然与研究生形成不同类别和维度的导生关系。同时，在以导学相长的共同价值愿景为内在动力的导生关系系统中，主体需求的多样性决定了导生关系维度的多元性。在人的全面发展需要层面，研究生导师与研究生这两个主体均有全面发展的需要。导师不但要传道、授业、解惑，促使学生增长知识才干，而且必须教会研究生学习的方法

---

① 陈恒敏．导师/研究生关系的内在属性冲突及其超越．江苏高教，2018（1）：69.

② 列宁．列宁全集：第55卷．2版．北京：人民出版社，1990：191.

和做人的道理等等。

2. 联系的密切性

密切性是导生关系的重要特征，是由研究生教育的性质和特点决定的，主要表现在导生交往空间的密切性和情感关系的亲密性两个维度。首先是交往空间的密切性。美国学者唐纳德·肯尼迪在《学术责任》一书中指出教师与学生的指导关系走出了教室场所，转移至实验室、办公室等，变得“更单独更私人性”①。与其他教育阶段的师生关系相比，导师与研究生的关系更为密切，教与学的关系不像大学本科时那么直接，而主要表现为研究生在导师的指导下自学、讨论和研究，师生共同承担科研课题等等，主体双方交往的高频次为导生关系的良性发展提供客观支撑。其次是情感关系的亲密性。情感是交往行为的产物，马克思指出，“思想、观念、意识的生产最初是直接与人们的物质活动，与人们的物质交往，与现实生活的语言交织在一起的。人们的想象、思维、精神交往在这里还是人们物质行动的直接产物”②。导师与研究生的互动交往，既涉及基于教学科研相关工作的学业交往，也涵盖非学术性的情感互动与日常交往。正如《意见》所明确的，导师要注重对研究生的人文关怀，要加强对研究生的人文关怀和心理疏导，加强交流与沟通，建立良好的师生互动机制，引导研究生做好职业生涯规划，关心研究生的生活和身心健康。

3. 知识的创生性

导生关系是以知识为联结中心的关系系统，其中“科研使教授（导师）和学生（研究生）定向，把教学和学习合拢来成为促进知识的一个无缝的承诺之网，铸成了一个紧密的科研—教学—学习连结体”③。导生间的教学相长作为系统的内在动力，外在体现为知识的生产创新，而导师与研究生正是知识生产创新的重要主体。《意见》明确指出，导师肩负培养国家高层次创新人

① 肯尼迪．学术责任．阎凤桥，等译．北京：新华出版社，2002：121.

② 马克思，恩格斯．马克思恩格斯选集：第1卷．3版．北京：人民出版社，2012：151.

③ 克拉克．探究的场所：现代大学的科研和研究生教育．王承绪，译．杭州：浙江教育出版社，2001：1.

才的使命与重任，导师要培养研究生的创新意识、创新潜力和独立进行科学研究的能力，使学生可以发现问题并独立研究破解。科研活动虽是导生关系知识创生性的重要体现场域，但并不是唯一，导生的人才培养、科学研究、文化传承等都是承载着知识生产创新使命的教育实践活动。比如，导生关系内含的经济意义上的生产劳动关系，正是通过知识传授、科学研究、价值塑造等教育实践活动中的知识创生促进经济社会发展；再如，随着研究生导师与研究生在教育过程中彼此认识和对学科知识理解的不断深入，导师在研究生的指导方式和学术研究中可能形成如导师对学生培养的方法论等新知识；等等。

## 第二节　和谐导生关系培育的意义与挑战

和谐的导生关系是提升研究生教育质量和促进导生间教学相长的重要因素，也是促进高等教育内涵式发展、为我国创新驱动发展战略贡献高层次拔尖创新人才的重要保障。当前我国高校导生关系的现实状况不尽如人意，个别导生关系的越轨与变质所引发的“舆情事件”造成了较为恶劣的社会影响，准确把握制约和谐导生关系生成的深层矛盾是提升当前高校研究生教育质量的前提与关键。本节旨在明晰和谐导生关系培育的现实意义，把握当前高校导生关系的问题类型，从而探究制约和谐导生关系生成的三重深层矛盾。

### 一、和谐导生关系培育的现实意义

和谐导生关系的培育在研究生教育中具有举足轻重的地位，不仅在个人层面关涉研究生成长成才的现实需要，关涉研究生导师职业生涯的健康持续发展，同时也为研究生教育的内涵式发展提供着育人环境的保障，更在高层次人才培养方面凸显了其作为实现中华民族伟大复兴中国梦的重要影响因素，具有重大的理论和现实意义。

1. 满足研究生个体能力素养提升和精神发展的需要

研究生作为青年的主体、社会的重要组成部分，有精神和物质方面的需求。作为国家高层次拔尖创新人才，研究生在高等教育阶段有能力素养提升与精神发展的需要。其中，研究生教育阶段中更为常见的师门小组学习和集中研讨的培养过程体现了研究生导师在导生关系中的独特地位。所谓“蓬生麻中，不扶而直”，和谐的导生关系对于研究生的全面发展有重要意义。在和谐的导生关系中，研究生更容易在潜移默化中受到导师优良的学术品格、道德修养以及积极的政治觉悟的影响，能够在导师的引导下养成良好的学术习惯，形成科学的学术思维，树立正确的观念。更重要的是，和谐的导生关系能够更好地调节研究生的心理状态，增加他们克服困难的信心与毅力，缓解他们的心理压力，帮助他们更积极地应对学习、生活、就业等各方面挑战。

2. 为研究生导师职业生涯的健康可持续发展提供保障

研究生导师在研究生教育中固然处于主导地位，但同时也兼具对象性与客体性特征，研究生的反馈与外部环境等都会对导师的育人活动产生影响。导生关系和谐与否便是制约研究生导师职业生涯健康可持续发展的重要因素。首先，和谐的导生关系能够促进导生间的情感交流，加强导生间的信任程度，从而使双方在有效的沟通中达到教学相长的状态，并在此过程中促进研究生导师能力素质的提高。其次，和谐的导生关系能够增强研究生导师立德树人的主观体验，导生间的和谐双向互动能够增强导师职业生涯的获得感与幸福感，从而激发其职业热情，让导师更有动力从事科学研究与教学活动。最后，构建和谐的导生关系有利于形成尊师重教的良好环境氛围，能够促进研究生导师的职业生涯更好发展。

3. 进一步推进高等教育的内涵式发展

高等教育的内涵式发展离不开研究生教育改革发展的现实推进。教育部、国家发展改革委、财政部三部委联合下发的《关于加快新时代研究生教育改革发展的意见》指出，新时代研究生教育改革发展要“坚定走内涵式发展道路，以立德树人、服务需求、提高质量、追求卓越为主线”，“到 2025 年，基本建成规模结构更加优化、体制机制更加完善、培养质量显著提升、服务需求贡献卓著、国际影响力不断扩大的高水平研究生教育体系”。其中，和谐导生关系的培育便为研究生教育的内涵式发展转型与质量提升工程提供了重要的环境保障。正如习近平总书记强调的：“要深化教育改革，推进素质教育，创新教育方法，提高人才培养质量，努力形成有利于创新人才成长的育人环境。”① 和谐导生关系的培育为培养高层次拔尖创新人才营造了良好的育人氛围，有利于高等教育内涵式发展的稳步推进。

4. 助力第二个百年奋斗目标和中国梦的实现

《关于加快新时代研究生教育改革发展的意见》指出：“研究生教育肩负着高层次人才培养和创新创造的重要使命，是国家发展、社会进步的重要基石，是应对全球人才竞争的基础布局。”从这个意义上说，导生关系的和谐与否事关高层次人才的培养，事关高层次科研成果的产出。当今世界的综合国力竞争说到底是人才的竞争，人力资源越来越成为国家发展的重要战略性资源。在和谐的导生关系中，导师能够给予研究生有效的学术指导以及直抵学生心灵的关心慰问，研究生也会在学术和生活中给予导师更多的正向反馈。由此构成的良性循环能够使导生双方都有更多的情感与精力投入创造创新学术成果，担当时代使命，贡献智慧力量，在实现中华民族伟大复兴中国梦的伟大进程中实现自身的价值。

## 二、和谐导生关系培育的现实问题

对当前导生关系问题进行类型划分，既有助于我们把握制约和谐导生关系培育的深层困境，也有助于我们思考针对性破解策略。对问题的类型划分秉持马克思主义基本原理，需要考虑到问题分布维度和问题影响因素的全面性。问题分布维度的全面性是指导生关系问题分布在不同的维度上，这就要求我们不能笼统地将其归纳为一个总体性问题，而要明确构成这一问题影响因素的多样性，明晰这一问题客观存在维度的多元性。问题影响因素的全面

① 中共中央文献研究室．习近平关于科技创新论述摘编．北京：人民出版社，2016：111.

性是指导生关系问题的产生受多个因素的影响，比如经济层面、文化层面、社会发展方面、家庭教育方面等，它们都构成了影响导生关系的因素。为此，我们将导生关系问题类型划分为以下四组：

1. 占有型—包办型

“占有型—包办型”属于经济学意义上非生产劳动关系范畴内的问题，其平衡域在于保持导生间“付出”与“报偿”这一对相反的内在作用力的平衡，即导生双方的付出与报偿在一定程度上成正比，且彼此都不将对方的劳动成果用于满足个人的利益需要，从而保持和谐的非生产劳动关系。马克思在反对蒲鲁东时指出，“每一既定社会的经济关系首先表现为**利益**”[①]。而利益，本质上是一个以经济关系为核心的社会关系范畴。[②] 占有型与包办型便是导生间的利益往来偏离了其所应从属的非生产劳动关系而产生的极端问题现象，此时的导生关系表现出以导师为基点的两种问题类型。一是占有型，是指导师对研究生利益的侵占。其特征表现为导师将研究生视为廉价甚至无偿的劳动力，肆意或无节制地占用研究生的私人时间、精力或钱财。究其原因主要是为了满足个人的利益需求而对研究生的利益进行侵占，进而给研究生造成身体和精神上的双重伤害。二是包办型，是指导师对研究生学业等相关事务的包办。其实质是研究生对导师过度索取所造成的对导师利益的侵占。主要是由于研究生自身能力有限、对待学业怠慢拖延或是身体状况欠佳等因素的影响，其在规定期限内无法完成学业任务，导师出于同情、无奈或大包大揽的性格使然，帮助研究生分担甚至过度承担其科研任务，包办代替了研究生本应自己付出劳动和努力去完成的学术训练，这不但不利于研究生学术能力和素养的提升，也给导师自身造成了一定的压力与困扰。

2. 专制型—放任型

“专制型—放任型”属于法律意义上权利义务关系范畴内的问题，保持导生间“掌控”与“自主”这一对相反内在作用力的平衡便是这一组问题类型

---

① 马克思，恩格斯．马克思恩格斯选集：第3卷．3版．北京：人民出版社，2012：258.

② 陶德麟，汪信砚．马克思主义哲学原理．北京：人民出版社，2010：9.

的平衡域所在，即导师和研究生双方应能够适度地行使自身的权利、履行自身的义务。导师既能够保持对研究生应有的权威，掌控一定的主导，同时也能够给予研究生一定的空间与自主，从而使导师和研究生双方在教与学、管理与被管理、服务与被服务等过程中达成权利与义务的适度履行。这组问题类型依然是以导师为基点的两种极端问题现象。一是专制型，是指导师对研究生的过度掌控。主要表现为导师的权威过大，与研究生的沟通方式多为命令式或勒令式，要求研究生唯命是从；对研究生的要求过于苛刻，以至于超出了研究生的能力范围，研究生畏于导师的权威而精神压力过大，甚至产生心理问题及其他严重后果。这主要是由于责任主体双方没能处理好彼此间的权利义务关系，导师的掌控欲压制了研究生自主学习的权利，由此造成了专制型的导生关系问题。二是放任型，是指导师对研究生给予过度的自主权。主要表现为导师对研究生不指导、不要求、不培养，未能尽到其立德树人职责，培养方式大多呈现“放羊式”的散养状态。究其根本则是导师对研究生培养的懈怠与失职，这种疏于管理、无所作为是对研究生培养极其不负责任的表现。

3. 固执型—盲从型

“固执型—盲从型”属于哲学意义上认识实践关系范畴内的问题，这组问题类型的平衡域则在于保持导生间“开放”与“封闭”这一对相反内在作用力的平衡，即导师和研究生应能够将彼此作为认识与实践的对象加深互相之间的探讨与交流，共同在实践探索中检验理论，在理论推演中解决问题，从而实现教学相长。这两种由于导师或研究生过于封闭固执和盲从附和所表现出的极端问题类型分别为：一是固执型，是指导师或研究生在认识和实践方面过于封闭。这表现为导师或研究生故步自封，在认识上过于封闭和局限于已有的知识体系，在实践上过于固守自己熟悉的领域，对对方的观点和想法缺少倾听和沟通，固执地坚持自己的观点，拒绝接受和采纳对方传达的信息。严重时可能导致其中一方不得已而屈服于另一方，并产生压抑、焦虑等不良情绪甚至更严重的后果。二是盲从型，是指导师或研究生在认识和实践方面过于开放。主要特征是导师或研究生对彼此传递的信息不加选择地接受。这种盲目信任的导生关系不利于科学真理的探索与发现。

4. 亲密型—疏远型

“亲密型—疏远型”属于伦理意义上等级次序关系范畴内的问题，其平衡域在于保持导生间“亲密”与“疏远”这一对相反内在作用力的平衡，即导师和研究生间的交往应能够严格遵循伦理规范，体现一定导生间的等级次序，把握好亲密与疏远两种力量的平衡。亲密型与疏远型便是由于导生间过于亲密或过于疏远而产生的两种极端问题类型。一是亲密型，是指导师与研究生的关系超越了理应遵循的等级次序界限。主要表现为导生间的情感与交往过于亲密，超越了理应保持的伦理界限，发展成为父子或情侣关系等，违背了导生间应有的等级次序，有些导师甚至做出抹黑师表形象的不齿行径。究其原因是有些导师师德师风败坏，破坏了导生间应保持的伦理界限，超越了导生间应固守的伦理等级次序。二是疏远型，是指导师与研究生的关系超出了维系和谐导生关系所应遵循的伦理等级次序的最大阈值。其特征为导生之间在空间或情感的距离上过于疏远，缺少相应的人文关怀和必要的交流、沟通与互动，不利于和谐导生关系的养成。主要原因是导生未能把握好彼此之间合适的情感距离，对对方缺少应有的关心与爱护，从而导致相互疏远。

## 三、和谐导生关系培育的深层困境

和谐导生关系的重大意义不言而喻，和谐导生关系的现实需要也是十分紧迫。当前高校中的导生关系问题随着媒体的曝光与社会舆论的关注日益凸显，党和国家也给予了高度的关注和重视，出台了相关的政策进行整治与规范。要从根本上解决问题，重在深刻把握制约和谐导生关系生成的深层矛盾，即三方面平衡难题：

1. 给予充分培养与避免过度使用的平衡问题

给予研究生充分的培养，是研究生导师的应尽义务。导师负有对研究生进行学术指导、学术规范等责任。导生之间客观存在的权利义务关系，内在明确了研究生导师在履职尽责、完成人才培养的过程中，需要对研究生思想道德、学术科研、实践创新等方面提出严格要求，从而提高培养质量、实现育人目标。对此，国家有关部门予以高度重视，并先后出台多项政策文件进行规范，包括教育部等印发的《关于加快新时代研究生教育改革发展的意见》《学位与研究生教育发展“十三五”规划》《教育部、国家发展改革委、财政部关于深化研究生教育改革的意见》等，从拓展思想政治教育、创新与实践能力培养、职业能力培养、课程、激励机制、质量评价与保障、国际合作、分类培养等方面提出了要求与标准，指出导师应“要求并支持研究生更多参与前沿性、高水平的科研工作，以高水平科学研究支撑高水平研究生培养。鼓励多学科交叉培养，支持研究生更多参与学术交流和国际合作，拓宽学术视野，激发创新思维”。相应的，国家为应对导师培养研究生工作不力的现象，也出台了相关处理办法，以督促研究生导师积极履行育人职责，如教育部关于印发《研究生导师指导行为准则》（教研〔2020〕12号）的通知明确提出，“对违反准则的导师，培养单位要依规采取约谈、限招、停招直至取消导师资格等处理措施；对情节严重、影响恶劣的，一经查实，要坚决清除出教师队伍；涉嫌违法犯罪的移送司法机关处理”。

在履行应尽义务的同时，导师也要充分把握和尊重人才成长发展规律，避免出现对研究生的过度使用现象。习近平总书记在北京市八一学校考察时指出，要“深化人才培养模式、教学内容及方式方法等方面的改革，使各级各类教育更加符合教育规律、更加符合人才成长规律”①。可见，尊重人才成长规律既是教育改革的必然遵循，也是教育可持续发展的始终要求，尊重人才成长规律，就是要“‘顺木之天，以致其性’，避免急功近利、拔苗助长”②。根据苏联教育家维果茨基的“最近发展区理论”，学生发展现已达到的水平与学生可能的发展水平之间存在的差距被称作“最近发展区”。在研究生教育中

① 全面贯彻落实党的教育方针　努力把我国基础教育越办越好．人民日报，2016-09-10（1）.

② 习近平．在中国科学院第十七次院士大会、中国工程院第十二次院士大会上的讲话．人民日报，2014-06-10（2）.

也要遵循这样的发展规律，即导师在对研究生进行培养时要充分把握和考量研究生的现有水平与可能的发展水平，帮助研究生精准定位，激励并引导研究生超越自己当前的“最近发展区”从而迈向下一个发展阶段，在不断交互的量变与质变中实现研究生培养的螺旋式上升、波浪式前进。而这种超越与发展的前提是基于导师对于研究生已有发展水平的精准定位和综合考量。若研究生培养不能基于这样的前提进行，而是超出了研究生所能达到的发展界限，则容易造成人才培养“过犹不及”的后果。由此可见，导师在培养研究生的过程中要注意教育对象已有阶段的发展水平和未来可能的发展潜力，这也意味着在考虑研究生学习能力与意愿的同时还要分析不同研究生的发展需要、心理特点、性格特征等方面的因素。例如：导师要帮助那些对自身缺少学术期待的研究生树立科学合理的研究目标，在鼓励其树立远大理想志向的同时也根据其实际能力和水平设定标准；对于有意向继续深造、进行科学研究的研究生则要有严格要求和长远规划。此外，“对科研水平和承受能力较高的研究生可分配较多任务，而对较弱研究生则要适当减少任务或循序渐进；对于性格内向的研究生要多加关心，讲话要注意方法与技巧；对于经济困难的学生要考虑学生社会兼职与学习时间、强度的协调问题”①；等等。不兼顾不同研究生个体的客观实际所进行的人才培养会造成与教育规律的相悖相离，导师的要求与研究生的个人意愿和能力相冲突，就会产生“过度使用”的倾向，不利于研究生的健康全面发展。

在学习任务的分配上，“给予充分培养”与“避免过度使用”则表现为“加”和“减”的关系，实现对研究生的充分培养就要科学把握并适度加大其学习任务的强度与深度，而避免过度使用则是要为研究生适当地减重减负，二者之间平衡关系的把握不断地考验着研究生导师的智慧与能力。一旦导师不能够精准地掌握教育规律、敏锐地察觉学生独特的心理状况，就容易出现培养不充分或过度使用的问题。研究生作为高层次拔尖创新人才，在研究生教育阶段更是需要接受系统规范的学习训练，若导师无法掌握好学术指导的

① 刘志．研究生教育中和谐导生关系何以可能．学位与研究生教育，2018（10）：22.

尺度分寸，则很容易将导生关系异化为诸如“上级与下属”的从属关系、“老板与员工”的雇佣关系甚至对抗关系等。总而言之，掌握好二者的分寸与平衡并不是件易事。

2. 实施有力影响与防止过度影响的平衡问题

研究生导师要在研究生培养过程中对学生施加有力影响。教育活动通常是由教育者、受教育者和教育影响三个基本要素组成的，以教育者将教育影响作用于受教育者的方式完成教育活动。“教育影响即教育活动中教育者作用于学习者的全部信息，既包括了信息的内容，也包括了信息选择、传递和反馈的形式，是形式与内容的统一。”① 可见，教育影响在整个教育活动中起到十分重要的中介作用，对于教育者发挥自身的主体职能以及受教育者的发展都具有重要作用。导师对研究生施加有力影响应当以最大限度促进研究生成长、培养德才兼备的人为重要目标，因此要注重对教育内容、方法、手段的合理选择和运用。《学位与研究生教育发展“十三五”规划》对于研究生导师在学生培养方面的权力进行了保障性规定，并在“研究生课程学习、论文开题、毕业资格、博士招考等方面赋予导师较大的权力。导师为履行研究生培养的基本职责，需要指导和帮助研究生设置学术与职业生涯规划，在学术研究方向与进度、生涯发展阶段与目标上进行全面指导并制定严格要求与标准”②。因而，导师对研究生实施有力的影响是保证研究生的培养质量、完成立德树人使命与职责的基本要求。

同时，导师所施加的影响要建立在尊重研究生个人意愿的基础上，防止过度影响。过度影响是指“在研究生培养与发展上导师不顾或较少考虑学生个人意愿，违背平等协商的原则，完全根据自己意愿影响或改变研究生发展规划的行为，这种行为违背了教育规律和教育民主的精神，必须予以克服”③。研究生由于其自身年龄与经历的缘故具有心智发展程度较高和批判性思维较强的特征，他们在接受导师的信息与影响时也不失自主判断

① 全国十二所重点师范大学．教育学基础．北京：教育科学出版社，2002：6.

②③ 刘志．研究生教育中和谐导生关系何以可能．学位与研究生教育，2018（10）：22.

与思考。奥苏贝尔强调“影响学生学习的最重要因素是学生已知的内容，他认为新知识必须建立在旧知识的基础上，二者必须予以同化。接受学习是知识同化的主要途径”①。研究生接受导师的指导与影响是有选择和条件的，是建立在自身原有认知结构、思维方式和性格特点的基础上的。研究生在学习、实践、生涯规划等方面具有较大的自主权，会根据自身的家庭情况、个人喜好等因素确立自己的学习进度、职业发展目标等。因导师不顾研究生意愿而使学生对教师心生隔阂甚至怨恨，从而严重影响和谐师生关系形成的状况也并非鲜有。

综上，在研究生培养过程中，导师如果没有根据国家和学校制定的研究生培养目标对研究生实施积极有力的教育影响，便会被质疑没有尽到应尽的教育职责；但如果导师对研究生施加的影响不符合研究生的预期或超出其心理承受能力，就会产生导师的指导规划与研究生个人意愿之间的矛盾冲突，呈现出所谓“过度控制”的局面。实际上，在这种“缺位”与“越位”之间难以划分出清晰的临界线，这就造成导师在施加有力影响与防止过度控制之间进退两难。

3. 实现师生有情与保持师生有别的平衡问题

师生之间有情谊符合研究生培养的现实需要。导师与研究生之间有必要建立和维护健康的情感关系。“师生间的情感关系，是指教师和学生在教育活动过程中形成的相互情感交流、情感依赖及情感发展的关系。也就是师生通过人际交往、交流信息，互相了解和评价而形成的一种特殊的情感关系”②。我国古代便有“一日为师，终身为父”的优良师生关系传统，体现出了师生之间的深厚情谊。而良好的师生情也有助于研究生培养质量的提高。导师不仅仅是研究生学习知识的引路人，更是研究生锤炼品格、创新思维、奉献祖国的引路人，因而更要在情感上贴近学生、深入学生。在不违背师生双方主观意愿的情况下，导师与研究生之间共同经历学习、生活或是工作上的事

---

① 张大均．教育心理学．北京：人民教育出版社，2011：83－84.

② 伍德勤．高师教育学教程新编．合肥：安徽大学出版社，2004：199.

务以培养师生情感是二者人际交往的正常状态，而多数情况下研究生亦想通过参与导师的课题与任务，增进师生情感、回馈教师关怀。导生之间只有增强情感的互动才能拉近双方的心理距离，才更有利于导师成为研究生的知心人、引路人和筑梦人，有利于导师充分发挥对研究生在思想品德、科学伦理、学术研究等方面的示范和教育作用。由此可见，导生在有效情感互动过程中所形成的亲密师生关系，能够提升师生之间的情感认同，从而进一步提高研究生培养的质量。

师生之间要有别，是伦理要求对导生关系的规范。“伦理性是导师、研究生关系的固有属性，也是其最本质的规定性。”① 导生双方在交流互动中要受到伦理约束，遵守道德规范，师生双方也承担着一定的伦理责任与义务。导师与研究生之间固然需要有情，但过于亲密的导生关系会使健康的师生关系发生异化，从而影响导生间的正常交往。“伦理性视角下的导师、研究生关系，强调教师的天然道德优势与先验道德责任。”② 所谓“严慈并济”，即导师要充分把握与学生关系的度，在保持师道尊严的同时不缺少关心爱护，在和谐融洽中做到亲疏有度。在与研究生建立深厚情谊的同时，导师要牢记身为师者的职责，在互动中保持适当的安全距离，以维护师生之间情感的纯粹性。研究生的主业是完成一定的学习和研究任务，导师在学习指导的过程中尤其是在异性师生之间，如果不能掌握好交往分寸，便容易使其中一方甚至双方在心理上产生微妙的变化，从而异化师生关系，破坏伦理秩序。

导生间的所有交往互动都是在社会关系之中进行的，这就要求师生双方在交往过程中遵循人性的情感需求与道德的伦理约束。“导师既要与研究生产生情感共鸣，提升教育效果，又要遵守道德伦理，保持师道尊严和师生有别，这是新时代教师队伍建设改革的现实要求。”③ 从年龄和心理特点的角度分析，研究生对导师的态度与情感也容易处于不稳定的变化状态，这对导生健康情感关系的建立构成一定的挑战。可见，“在研究生培养过程中，如果导师与研

①② 陈恒敏．导师、研究生关系的内在属性冲突及其超越：兼论一元主义雇佣关系的建构．江苏高教，2018（1）：69.

③ 刘志．研究生教育中和谐导生关系何以可能．学位与研究生教育，2018（10）：23.

究生关系过于疏远，这固然是实现了师生有别，但是又违背师生有情的要求；反之如果彼此走得过近，这固然实现了师生有情，但是又可能无法满足师生有别的规范”[①]。由此，导师与研究生之间如何把握双方情感关系远近的尺度，成为培育和谐导生关系的一大深层困境。

## 第三节　和谐导生关系培育的原则与方法

和谐导生关系的生成从其内在本质的角度着眼，可知是受制于研究生导师与研究生相处过程中所需要平衡的三重困境。若从外部表现着眼，则受制于师生双方以及相关主体对导生关系的认知不准、规范不清、治理不力等诸多现实问题。只有突破导生关系的这些现实瓶颈，和谐导生关系培育深层困境的超越才能得以实现。这就需要遵循三方面原则：一是坚持宏观统筹与实践探索相结合。和谐导生关系的培育在结合实际的同时更要兼顾党和国家事业发展的全局、高等教育内涵式发展的宗旨，统筹宏观布局，加强总体规划，结合当前导生关系问题频发的现实状况，在实践中探索和谐导生关系培育的规律与路径。二是坚持高线引领与底线管控相结合。在培育和谐导生关系的过程中既要给予导生一定的牵引与激励，通过高标准引领的方式为和谐导生关系培育指明前进方向；同时也要预设问题，对培育过程中可能出现的问题进行底线管控，为和谐导生关系的培育加强保障。三是坚持主体自觉与外部支持相结合。和谐导生关系的培育需要内部与外部的合力与联动，通过激发导师与研究生双主体共建和谐导生关系的内生动力，唤醒培育和谐导生关系的主体自觉并优化外部环境，为和谐导生关系的构建提供外部支持，在外部环境的协同作用下促进和谐导生关系的培育生成。

### 一、深化导生关系的内涵体认

对导生关系内涵的体认主要是指体会和认识研究生导师与研究生双方的

① 刘志．研究生教育中和谐导生关系何以可能．学位与研究生教育，2018（10）：23.

权责义务。深刻认识并准确把握导生关系的基本内涵是构建和谐导生关系的前提与动力。当前，各群体对于导生关系内涵的体认较为普遍地存在着三方面的误区与偏见。首先是在研究生导师应履行的责任方面存在着认知偏差。导师作为研究生培养的第一责任人，身上肩负着培养德才兼备、全面发展的高层次专门人才的使命与重任。然而，部分导师仅仅把导生关系片面地理解为简单的学术指导关系，把精力全部放在对研究生的科研学术指导上，却忽视了对研究生进行思想引领、人文关怀和日常管理等全方位综合培养，未能尽到立德树人的职责使命。其次是对导生双方的权利义务没有达成普遍共识。“导师在研究生教育中处于主导地位，是学术权威和研究生发展的引导者和规划者，部分导师割裂了权利与义务的辩证统一关系，利用自身权力干涉学生自由，忽视了自身义务和学生权利，将自身意志强加于学生，甚至要求学生做与研究无关的事宜或过度支配使用学生”①，等等。反观学生方面，在当前的多元文化与各类社会思潮影响下，研究生的自由意识以及个人权利意识日趋强烈，容易忘记自身作为高校学生的义务，从而忽视必须接受研究生导师指导、主动完成学业的义务。最后是导生在利益分配方面存在分歧。“在知识经济的时代，导师和研究生本身即为知识密集型、高价值创造型群体……在多种因素的影响下，经济性成为导师、研究生关系的一种必然属性。”② 导生关系应是利益共生、共享的，例如，研究生通过参与导师的科研任务，能够获得导师发放的一定数量的劳动补助，导师则在与研究生的研讨合作中完成成果的发表和项目的结题，从而提升自身学术影响并获得一定的经济利益。然而，倘若导师过分关注个人利益得失，忽视和摒弃了与研究生的合作共赢，则会造成侵占研究生学术成果、要求研究生无偿在自己公司实习工作等现象，容易导致导生关系的恶化与破裂。基于上述可知，对导生关系理论上的认知与澄清是解决问题的前提条件。为此，高校与学界不仅要针对导生关系的基本内涵、对象范畴、本质特征等问题积极展开理论探讨与研究，为准确把握

① 刘志．研究生教育中和谐导生关系何以可能．学位与研究生教育，2018（10）：23－24．

② 陈恒敏．导师、研究生关系的内在属性冲突及其超越：兼论一元主义雇佣关系的建构．江苏高教，2018（1）：70．

导生关系的实质提供理论遵循；同时也要在实践层面上深化对和谐导生关系的认知，教育和引导广大导师和研究生在和谐导生关系的相关问题上达成价值观念的基本一致。其中包括导生双方要明确各自的权利与义务，搭建导生间有效沟通的渠道和路径，推动导生协同发展共同体的形成，从而实现导生间的教学相长、人格对等和权责统一，为和谐导生关系的培育提供内在的动力。学校方面也要配套开展提升研究生导师立德树人能力素质的倡导活动，帮助研究生导师了解和掌握一定的教育学、心理学、管理学等学科的基本理论知识、方法以及实践经验，引导研究生导师成为愿教、能教、会教的“智慧型”导师。

## 二、细化导生关系的规范标准

规范标准是指导实践、衡量和约束行为的依据与准则，是保障人们的关系能够有序化推进、正常化运行的关键。导生关系的规范标准是“导师与研究生在教育、科研、生活等互动过程中应共同遵守的准则”①，具有制度化、法律化的属性特征。“只有依法推进高等教育治理，遵循法制要求建立健全高等教育治理体系，提高高等教育治理能力，才能保证治理的合法性、有效性和可持续发展。”② 处理导生关系的前提是有“法”可依，即首先需要细化导生关系的规范标准。然而由于导生关系的具体规范标准制定难度较大、师生权责边界的厘定相对困难，所以当前暂时找不到应对研究生导师与研究生之间所爆发出的矛盾冲突或利益纠纷的相关规范细则和理论依据。近几年相关部门以及部分研究生培养单位出台了明确导生权责义务的文件。例如在国家层面，《教育部关于全面落实研究生导师立德树人职责的意见》从政治素质、师德师风、业务素质等三个维度规范框定了研究生导师立德树人的基本素质，并从提升研究生思想政治素质、培养研究生学术创新能力、培养研究生实践创新能力等七个方面进一步明确了导师立德树人的基本职责。然而，文件并

① 刘志．研究生教育中和谐导生关系何以可能．学位与研究生教育，2018（10）：24.

② 中国特色高等教育思想体系研究课题组．中国特色高等教育思想体系论纲．北京：高等教育出版社，2017：248.

未从导生双方的关系视角出发对二者之间关系的规范细则做出要求界定。再如地方层面，北京、上海、天津等地的高校也陆续出台了有关研究生指导教师岗位职责的文件，在宏观上就研究生的培养、学位工作以及导师的奖惩等方面对导师提出了明确的要求。然而其中也存在规范不够具化、标准难再细化的问题，对导生关系规范的相关细则有待增补，包括在考核方面也主要局限于对研究生导师专业素养、科研水平以及学生结业指标的考察，对导师育人实效的评定未得到一定的凸显。由此可见，当前“在导生关系定位和交往准则上缺乏明确的规范文件，导师根据导师职责和个人对导生关系的理解对研究生进行思想引领、学术指导、关心爱护，无法做到有章可循”①。解决这一困境的当务之急是各高校及研究生管理部门在遵循导生人格平等、维护双方权益的原则基础上，根据国家要求、法律规定、社会公共秩序与良好道德风尚的准绳，结合各地各校实际情况制定详细可行的导生关系规范准则，为和谐导生关系的培育奠定坚实基础。

### 三、提升导生关系的价值认同

“从哲学上说，价值就是客体的属性对于主体需要的满足关系，或者说，价值的实质就在于客体的属性与主体的需要相一致、相符合或相接近。”② 如果将研究生个人成长成才、研究生导师职业生涯可持续发展、高等教育实现内涵式发展、中华民族伟大复兴四个方面视为主体，将导生关系视为客体，那么，这个客体在主体的需要满足上、推动主体发展的程度上都有着十分重要的价值。这就意味着导师与研究生双方需要认同这份关系的价值，只有这样，这份关系的建立、维护、润色、发展才有前途，这份关系才能发挥更大的价值。提升导生关系的价值认同首先在于认知，其次在于体验，再次在于反思，最后在于巩固。所谓认知是指导师和研究生双方都对导生关系价值的概念、本质有一个认知过程，即超越现实对于导生关系价值的主观感受，实

① 刘志．研究生教育中和谐导生关系何以可能．学位与研究生教育，2018（10）：24.

② 陶德麟，石云霞．马克思主义基本原理概论．武汉：武汉大学出版社，2013：49.

现从主观到客观、从感性到理性的认知过程，只有先从概念上对导生关系有一个整体把握，才能为实践并超越这一概念本身打下一个很好的基础。所谓体验是指导师和研究生双方都处于这个关系系统之中，并真切地感受到双方在建立这份关系中所付出的努力，体验到双方借助这份关系达成彼此共同目标，只有从中体验到这份关系对于双方在知识创新、利益追求、目标达成、精神感染等方面的重要意义，导生关系的价值才能很好地被认同。所谓反思是指导师和研究生双方对于导生关系及其存在的问题进行思考，或对目前导生关系朝着更好的方向发展所做出的思想努力。对于导生关系的价值是否全面，导师和研究生最有发言权，因此，很好的反思必然有利于导生关系价值的认同。所谓巩固是指导师和研究生双方经过价值认知、价值体验、价值反思之后对所拥有的和谐导生关系进行巩固，只有通过巩固，导生关系的价值发挥才会在时间向度与空间向度上都有延展性。总之，通过以上方式提升导生关系的价值认同，必将有利于和谐导生关系的培育。

### 四、强化导生关系的监督治理

导生关系的监督治理指的是外部组织或力量对导生关系进行有效监督、协调管理以解决矛盾的一种方式，行之有效的导生关系协调管理机制与矛盾冲突应对机制是形成和谐导生关系的有力保障，然而当前这方面的工作还存在较大缺口。一方面是导生关系的治理协调机制有待完善。现有的情况是，各地部分高校所设置的教师管理部门并不能及时有效地落实对导生关系的监管。因此，也无法及时掌握导生关系的现实状况以及研究生的心理状态，无法做到及时有效化解导生关系矛盾，“形成预防为主、惩处为辅的效果”①。同时，目前还存在着协同治理的多个部门对于导生关系的监管职责未能落细、落小和落实，部门之间常沟通不畅，专门管理导生关系的部门的设置未能够提上日程等问题。另一方面是师生关系异化治理的法规依据有待增补。明确的导生关系异化处理办法是调和导生关系冲突、化解导生关系矛盾、有效追

① 刘志．研究生教育中和谐导生关系何以可能．学位与研究生教育，2018（10）：24.

究事故责任人的凭据。然而在现有的条件下，部分高校在遭遇导生关系违反校风校纪甚至突破道德底线的问题时，主要参照和依据《高等学校教师职业道德规范》《普通高等学校学生管理规定》等相关规定采取应对措施，与导生关系相关的法规以及针对研究生导师师德失范的处理办法有待进一步增补。对于一些特殊情况，如当导生关系有失平衡而尚未暴露出突出矛盾或触及师德底线时，以何种方式和手段才能够既保护研究生导师权益又使责任主体得到适度的惩戒，既维护研究生权益不受侵害又避免个别研究生的不当诉求得到纵容，对于导师职责的界定以及相关的处理意见都没有明确的文件依据可循。因此，建立健全导师师德失范的应对处理机制、完善导生关系的监管机制是系统、科学、高效治理导生关系，构建和谐导生关系的关键保障。面对以上问题，可采取如建立导师评价的网络反馈系统、在线收集研究生对导师的意见评价等措施，有针对性地提出相关策略，以提升导师的立德树人素养，从而进一步改善导生关系。

### 五、优化导生关系的蕴蓄生态

导生关系生成、发展于社会环境之中，必然离不开社会环境的影响，“当生态系统保持适当平衡时，各种生物及其有关条件就正常发展”①。可见，导生所处的环境良好必然有利于其和谐发展。然而，随着经济的发展与改革开放的不断深入，新问题、新挑战层出不穷，由此在社会环境中产生的消极因素或多或少制约着和谐导生关系的培育与生成。一方面，不良社会思潮的传播会腐蚀导生关系的纯洁性。随着社会主义市场经济的深入推进与社会发展的快速更迭，各类社会思潮接踵而来，个体与群体出现急功近利的心态和实用主义的思想，部分导师过分重视科研等带来的经济效益，“过度使用”研究生或者忽视研究生培养职责，部分研究生为了顺利毕业而刻意“讨好”导师，对导师缺乏真情实感，这种功利化思想严重影响了导生关系。② 不良社会思潮的影响也容易

① 陶德麟，汪信砚．马克思主义哲学原理．北京：人民出版社，2010：153.

② 刘志．研究生教育中和谐导生关系何以可能．学位与研究生教育，2018（10）：25.

造成研究生的思想混乱与自我迷失，特别是在西方敌对意识形态宣扬其所包装的“民主”“自由”，片面强调个人自主、个性张扬的背景下，研究生若不加以审慎明辨便容易对自身的地位以及与导师的关系产生偏激想法，从而扭曲了纯洁的导生关系。另一方面，对导生关系的非理性评价削弱了导师育人的积极性。“学为人师，行为世范。”师者，向来有着崇高的社会地位，相应的，也一直被社会公众寄予着厚重的期待。研究生导师是负责培养国家高层次拔尖创新人才，为日后实现民族复兴的中坚力量指方向、丰羽翼、塑筋骨的一支队伍，因此也必然承受着社会对他们的更高期待。但是，个别导师师德失范事件经过媒体的报道发酵，造成了极其恶劣的社会影响。同时，由于部分大众传媒对此类事件的报道缺乏客观陈述与相关的背景分析，没能够做好舆论的正向引导，从而致使部分群众因个例而对整个导师群体心生误解，甚至在公共网络平台上口诛笔伐，造成了研究生导师群体名誉受损的现象。由此产生导师的努力得不到认可与尊重从而削弱其育人的积极性等不良影响，而这又会导致研究生、家长以及社会对导师缺乏必要的信任和情感付出，使导生关系的发展陷入恶性循环。因此，党和政府要对各类大众传媒进行合理有效的管控，要求其积极弘扬主旋律，加强正面宣传报道。同时也要“敢于通过媒体剖析现实、澄清是非，开展道德评价，针对出现的导生关系异化现象组织舆论批评，使之为人所不齿”①。各高校也要积极营造和谐导生关系氛围，优化导生关系的生态环境，通过教育、管理以及实践活动等多种方式使民主、平等、和谐互助、互利共享的导生关系理念深入人心，使和谐的导生关系得以酝酿和存续。

① 刘志．研究生教育中和谐导生关系何以可能．学位与研究生教育，2018（10）：25.

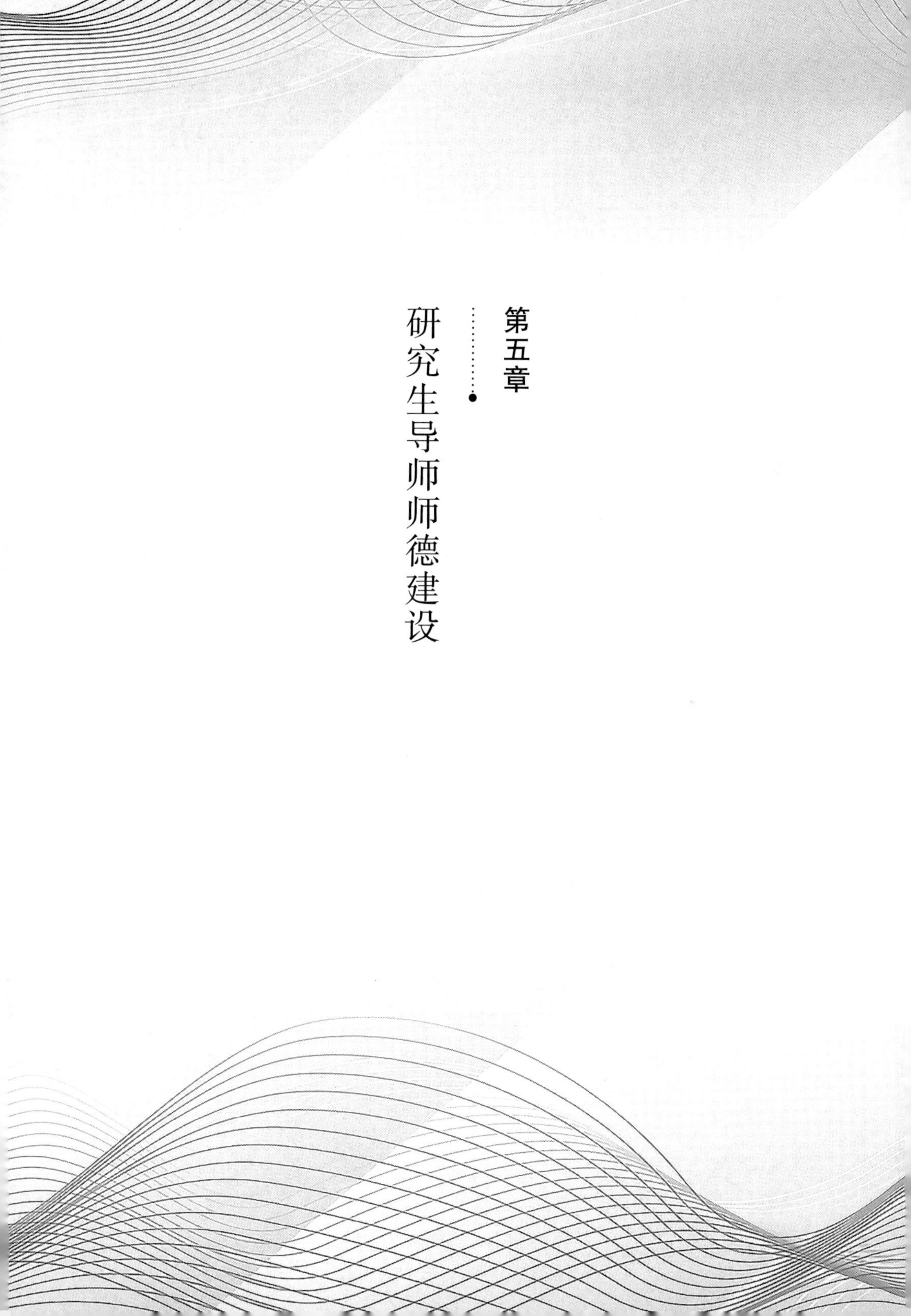

# 第五章 研究生导师师德建设

“国无德不兴，人无德不立。”研究生导师担负着为我国社会主义现代化建设培养拔尖创新人才的神圣使命，其思想政治素质与职业道德水平不仅关乎自身安身立命、职业发展、社会立足，关乎拔尖创新人才培养的方向、质量，更关乎民族振兴、社会进步，关乎中华民族伟大复兴梦想的顺利实现。当前，研究生导师师德主流积极健康向上，但部分研究生导师存在理想信念不坚定、社会责任缺失、立德树人履职不力、课堂教学敷衍、过度从事与教学不相关的谋利行为、生活作风不良等师德问题，这不仅损害了研究生导师队伍的形象，而且在客观上表明研究生导师师德建设亟待加强。本章着重围绕“研究生导师师德是什么”“研究生导师师德建设为什么艰难”“如何进一步加强和改进研究生导师师德建设”三个方面逐一展开论述，既为研究生导师师德理论大厦的建设“买好地”“铺好砖”，也为研究生导师师德建设实践的推进提供“路线图”“方法本”。

## 第一节　研究生导师师德的概念界定

习近平总书记对研究生教育工作作出重要指示，总书记强调适应党和国家事业发展需要培养造就大批德才兼备的高层次人才。研究生教育作为培养高层次专门人才的主要途径，其立德树人质量直接关乎我国人才培养质量和人才竞争力。在研究生教育中，导师群体承担着培养国家发展所需的高层次拔尖创新人才的主要责任和重要使命。导师队伍建设首要的是师德建设，必须“把提高教师思想政治素质和职业道德水平摆在首要位置”①。尽管当前研究生导师中师德主流积极健康向上，但仍然存在部分研究生导师师德师风出现问题的情况，给导师队伍整体形象带来负面影响，师德建设依然有待加强。相关各方对此也给予了高度关注并积极开展实践探索，取得了一定的成效。

---

① 中共中央国务院关于全面深化新时代教师队伍建设改革的意见．(2018－01－31)［2019－08－30］. https：//www.gov.cn/zhengce/2018－01/31/content_5262659.htm.

然而当前在澄清研究生导师师德本质属性方面仍有不足，这制约了研究生导师师德建设的实践发展。因此，本节拟对研究生导师师德的本质内涵、外延范畴和基本特征等研究生导师师德建设的根本性问题予以探讨。

## 一、研究生导师师德的本质内涵

要解决研究生导师师德建设的瓶颈性问题，就要清晰地回答导师师德“是什么”，即要准确地把握导师师德的本质内涵、外延范畴。若要对导师师德“是什么”进行探究，则首先必须回归其所属的“师德”这一上位概念，然后结合研究生导师所处的独特社会关系来展开分析，最后探寻出彰显其自身独特属性的研究生导师师德的本质内涵。

一般意义上的师德内涵是界定研究生导师师德内在规定的基本参考。目前，学界对师德的概念界定主要有狭义与广义之分。狭义的师德是指教师的职业道德。有学者认为，师德“是指教师在从事劳动过程中形成的比较稳定的道德观念、行为规范和道德品质的总和，它是调节教师与他人、与集体及社会相互关系的行为准则，是一定社会对教师职业行为的基本要求与概括”①，“是一个由社会存在决定社会意识的、历史的、发展的概念，其发展受制于社会历史发展的客观条件，在不同的时代都会被赋予不同的时代要求”②。“教师的职业道德由一系列的规范构成，是一个体系”③。广义的师德是指教师个人的全面道德。其中，有学者认为，师德“不是教师职业道德的简称，而应是教师道德的简称，教师道德不单单指教师的职业道德，还包括了教师的个体道德，是教师职业道德和个人道德的综合”④，师德“是社会对教师这一道德主体的共同和基本的道德要求，其实质应是一种包含道德精神、道德理念、道德原则的制度化道德”⑤，“将教师的道德与作为教师的道德同时纳入师德概

① 傅维利．师德读本．北京：高等教育出版社，2003：43－45.

② 刘宗泉．基于师德及其核心要素发展模型的五类教师分析．学校党建与思想教育，2016（2）：85.

③ 赵炳辉．教师学．合肥：中国科学技术出版社，2007：52.

④ 任伟．德育悖论视角下“师德”概念的重构．新课程（下），2015（2）：23－24.

⑤ 刘凌．内涵发展模式下高校师德建设的几点思考．教育教学论坛，2016（25）：36.

念中，这种界定方式是较为全面的”[①]。此外，还有学者认为师德的内涵应该更加广泛，不仅仅包含公民道德与职业道德，也包含专业素养这一重要组成部分。[②] 尽管当前对师德概念的界定存在狭义与广义之分，形成的观点也各不相同，但通过比较分析也可看到其中都蕴含着师德概念的几个基本要素：一是师德形成于教师的职业劳动过程，二是师德应是对某种关系的领悟与治理，三是师德是由某种道德观念、道德情操、行为规范共同构成的道德规范体系。

研究生导师所处的社会关系及独特地位决定了研究生导师师德内涵的独特之处。“社会关系的形成是道德赖以产生的客观条件”[③]，研究生导师师德产生于研究生导师社会关系的形成与发展之中。“道德关系是社会关系的一种特殊形式，主要表现为个人与个人、个人与集体、集体与集体的利益关系。”[④] 因此，作为个体的研究生导师所处的道德关系可划分为个人与个人、个人与集体两个维度。在个人与个人关系维度上，研究生导师需要在个人层面处理好思想与行为之间的关系，同时还需要把握好个体与他人维度上的关系，而这个“他人”又可以继续划分为多个主体，如研究生、学生家长、其他教育教学人员等。在个人与集体关系维度上，研究生导师要在个人和教师职业之间做好平衡，同时要把握好个人与社会之间的关系。此外，研究生导师自身的特殊性也会显著作用于研究生导师的道德关系之中。研究生导师是高等学校或科研机构经过遴选和聘任确定其资格后，指导硕士和博士研究生完成学位攻读任务的教师，相较于中小学教师和其他高校教师，研究生导师在育人地位、准入条件与社会期望等维度都存在一定的特殊性。首先，独特的育人使命决定了研究生导师师德的独特内涵。导师是研究生培养的首要责任人，为更好完成育人使命，导师与研究生之间需要更为紧密的互动，这要求研究生导师在处理个人与研究生之间的关系时必须时刻明确其第一责任人身份与立德树人使命。其次，高标准的准入条件对研究生导师师德提出了更高要求。

---

① 于小艳，陈安娜．师德之“界”与“线”．教学与管理，2015（27）：54.

② 串冬梅．浅议新时期教师师德的内涵．教育与职业，2009（3）：60－62.

③ 檀传宝．教师伦理学专题：教育伦理范畴研究．北京：北京师范大学出版社，2000：21.

④ 中国百科大辞典编委会．中国百科大辞典．北京：华夏出版社，1990：80.

严格的准入条件对研究生导师个人能力素质提出了更高要求，研究生导师必须更加重视自身能力与德性协同发展。最后，独特的社会地位与社会期待决定了导师师德影响的深刻性。研究生导师拥有更为独特的社会地位，承载着更高的社会期待，这要求研究生导师必须重视树立良好的社会形象，更好地回馈社会。

通过探明一般意义上的师德本质和研究生导师所处的社会关系及独特地位，我们可以发现已有研究对于一般意义的师德概念及其基本要素进行了一定探讨，虽未形成严格统一的定论，但也基本达成了共识，将一般意义的师德要素概括为形成于教师的职业劳动过程，对某种关系的领悟与治理，是某种道德观念、道德情操及行为规范共同构成的道德规范体系等。但本研究拟探讨研究生导师师德概念，就必须对导师这一群体的特殊性加以考量，在体现一般意义的师德概念要素基础上，充分反映导师的独特道德关系和职责使命。研究表明，导师需要处理的道德关系主要体现为个人思想与行为之间的关系、个人与他人（研究生、学生家长、其他教育教学人员等）之间的关系、个人与职业之间的关系和个人与社会之间的关系。每对关系都呈现出自身的特殊性。比如，一般来说，研究生与导师的交流由于受到师门集中学习研讨等培养方式的影响，会比其他教育阶段的师生互动更为频繁，这就使得导生之间的关系要比一般意义上的师生关系更加复杂，导师对学生更多的一对一指导也使得其对学生的影响更加深入。与此同时，导师是研究生教育的第一责任人，是研究生思想政治教育的首要责任人①，需要承担超越一般意义上师生关系的诸多职责和义务。比如，在立德树人教育任务的要求下，导师对学生的培养不仅仅在于学业指导，还要在思想、生活、发展等各方面进行针对性、个性化的指导与引领。据此，我们认为研究生导师师德是导师基于研究生培养首要责任人身份，在完成立德树人任务的过程中处理个人思想与行为、个人与他人、个人与职业、个人与社会的关系时形成的，由相对稳定的道德

① 教育部关于进一步加强和改进研究生思想政治教育的若干意见．(2010-11-17)[2020-08-30]. http://www.moe.gov.cn/srcsite/A12/moe_1407/s6875/201011/t20101117_142974.html.

观念和道德情操及行为准则共同构成的道德规范体系。这一概念较为全面地揭示了导师师德的独特内涵，指明导师师德是导师主体形成的道德观念、道德情操以及由此形成的道德行为，明确了导师师德的道德属性；阐明了导师师德是关涉导师自身思想与行为，导师与其他主体、与教师职业和社会等多方面的关系系统。研究生教育第一责任人这一独特身份、实现立德树人根本任务的目标指向，都对确立导师师德建设这一道德实践过程有所要求。

## 二、研究生导师师德的外延范畴

认识事物的本质不仅需要科学界定其内涵，还需全面把握其外延。外延在逻辑学上指一个概念所确指的对象的范围。[①] 研究生导师师德的外延是指其涵盖的对象范围。划定研究生导师师德的对象范围可以有多种角度，如研究生导师所处的社会关系、研究生导师的活动类型等，参照不同的划分依据，将划分出不同的对象类别。因此，要准确厘定研究生导师师德的外延，不能盲目随意地选择划分角度，而必须在科学研究、理性判断的基础上进行划分。换言之，划定对象范围所选择的依据，不仅要使划分结果严整全面，还必须能够深度阐释研究生导师师德概念本质。研究生导师师德作为一种道德规范体系，其最主要、最基本的功能在于通过自律或他律的作用方式，实现调节研究生导师道德行为的目的。研究表明，选择“抽象程度”作为研究生导师师德对象范围的划分依据，不仅可以满足上述要求，还可以促进导师师德功能的优化实现。根据抽象程度的不同，可以将研究生导师师德划分为三个层级：一是宏观层面的道德范畴，二是中观层面的道德原则，三是微观层面的道德规范。道德范畴制约着道德原则和道德规范的形成，同时，道德原则和道德规范为道德范畴的形成提供基础。

宏观层面指研究生导师的道德范畴。道德范畴是来源于人类实践的对于道德现象、关系等的抽象概括与总结。研究生导师师德作为道德的特殊形态，

---

① 中国社会科学院语言研究所词典编辑室．现代汉语词典．7 版．北京：商务印书馆，2016：1345.

对其抽象范畴的厘定应从基本的道德范畴出发。道德范畴是反映人们之间最普遍、最本质的道德关系的基本概念，具有高度抽象的特质。但是，这种抽象不是空洞的，而是具有实践意义的，来源于实践并指导实践，这也是马克思主义伦理学道德范畴与旧伦理学道德范畴最本质的区别。“从伦理学范畴理论的发展和实际应用来看，特别是从马克思主义经典作家对伦理学基本范畴的论述来看，把善与恶、义务、良心、荣誉和幸福，作为伦理学的基本范畴，还是符合于伦理学的理论发展和道德实践的。”① 善与恶作为中外伦理思想史中最古老的概念，可以对义务、良心、荣誉和幸福这些道德范畴中所有的道德行为进行评价，但同时，道德规范体系中不存在脱离于义务、良心、荣誉和幸福这四个范畴而单独隶属于善与恶范畴的道德行为。换言之，如果从级别次序上对范畴进行划分，善与恶应该在其他范畴之上，并起到统领的作用。为实现研究生导师道德范畴划分囊括所有的导师道德行为，并在导师师德规范体系中保持层级一致，我们将研究生导师的道德范畴划定为导师的义务、导师的良心、导师的荣誉和导师的幸福四个维度。其中，导师的义务反映的是外部环境对导师师德的规范要求，指的是导师按照国家和社会有关要求应当自觉承担的道德责任以及应当主动进行的价值付出。与导师的义务紧密相连，导师的良心是指研究生导师在履行义务的过程中，通过对自身道德认知、道德情感和道德意志的整合，将道德义务内化而形成的道德责任和自我评价与调节能力。导师的荣誉是指研究生导师对自身行为所受的社会价值评价的自我意识，包括研究生导师对社会评价的客观认识和主观判断。导师的幸福是一种精神上的满足，在于其在培养学生的过程中，能够不断地对“立德树人”这一职责使命的本质内涵有更深的理解和认识，从而不断为之努力。

中观层面指研究生导师的道德原则。相较于抽象程度极高的研究生导师的道德范畴，研究生导师的道德原则更加具象，能够更加直接地指导研究生导师的教育实践，是导师进行道德判断的基本指南。同时，与具体的导师师德规范相比，导师道德原则与道德理论之间的联系更加清晰，更加具有普遍

① 罗国杰．马克思主义伦理学．北京：人民出版社，1985：309.

性意义。“我们可以将中层概念理解为从日常生活中所提取出的一些具有典型代表意义的美德。”[①] 四项导师道德范畴为确立导师道德原则提供了基本向度，但未能提供确立导师道德原则的现实参考，而导师师德内涵中所涉的四对特殊关系则有效解决了这一问题，为构建逻辑严整的导师道德原则提供了直接依据。一是导师处理自身思想与行为关系的基本原则。首先，导师要淡泊名利。这一原则归属于导师的幸福范畴，具体关系到导师在处理自身思想与行为关系时以谁为先导的问题。导师若要获得实现自身理想的幸福，就不应当过多着眼于物质所得，而是应该更加重视思想享受、精神收获。其次，导师要做到自律。这归属于导师的荣誉范畴。导师在处理自身思想与行为关系时必须足够自律，因为导师的行为会影响到社会对他的价值判断，进而影响导师的荣誉。二是导师处理个人与他人关系的基本原则。导师与他人关系的丰富性决定了在这对关系中研究生导师道德原则的多样性。为履行义务，导师必须坚持平等、示范、协同的基本原则；为形成导师的良心，研究生导师需要超越义务范畴，坚持公正、尊重的基本原则。三是导师处理个人与职业关系的基本原则。导师与职业之间的关系是指研究生导师与教师职业，或是与教育事业之间的关系。多项导师师德对象范围中的具体规范为导师处理与自身、与职业之间的关系提供了行为准则。首先，导师为履行义务，需要遵循严谨、尽责等原则。其次，为保持导师的荣誉和尊严，研究生导师在处理个人与教育事业的关系时必须坚持清正廉洁的原则。最后，研究生导师为实现职业理想获得幸福，应在教育活动过程中始终坚持积极进取的原则。四是导师处理个人与社会关系的基本原则。研究生导师与社会之间的关系，包括个人与国家、个人与集体、个人与社会大众之间的关系。因此，在幸福的范畴，研究生导师需要坚持忠诚、奉献、回馈的基本原则。

微观层面指研究生导师的道德规范。研究生导师的道德规范不仅要依据一定的道德原则，并且需要具备一定的可操作性；不仅体现对研究生导师道

① 宋晓东，刘次林．中层概念测评及其在青少年道德测评中的应用．教育发展研究，2018（4）：25.

德行为的具体描述，还要体现对研究生导师道德行为的高线引领与底线要求。首先，在幸福范畴向度，研究生导师在处理四对道德关系时需要遵循淡泊名利、积极进取、忠诚、奉献、回馈的基本原则，依据这些原则可以确定热爱祖国、志趣高尚、拼搏进取、乐于奉献等四个维度的具体规范。其次，在导师义务范畴向度，依据平等、示范、协同、严谨、尽责的基本原则，可以从平等对待学生、为人师表、团结协作、严谨治学、爱岗敬业等层面制定研究生导师道德的具体规范。再次，在良心范畴向度，导师需要坚持公正、尊重的基本原则，落实于具体规范应体现在因材施教、尊重他人等具体层面。最后，在导师荣誉范畴向度，研究生导师应遵循自律、廉洁的原则，要求研究生导师必须坚持廉洁从教等。

## 三、研究生导师师德的基本特征

特征是对某一事物基本属性和特性的总体把握，对基本特征的探讨可以进一步认识研究生导师师德的特殊性，有利于深入理解研究生导师师德区别于其他道德的根本特质。分析发现，研究生导师师德具有以下三个方面的基本特征：

一是复杂性。研究生导师师德的复杂性是多维因素共同制约的结果，主要体现在范围边界的模糊及内涵构成的庞杂两个方面。研究生导师师德作为一种特殊的意识形态，需要调节多种人际关系，反映多重现实利益。目前，学界对于研究生导师师德的内涵边界仍存在较大的争议，引起这种争议的根本原因就在于研究生导师师德是一个复杂的概念，既无法通过狭义的职业道德的定义方式来框定研究生导师师德的内涵，又不能将研究生导师的师德内涵无限放大到研究生导师个人的全面道德层面。因此，准确划定研究生导师师德的范围边界就显得十分复杂。与此同时，研究生导师师德的内部维度结构系统较为复杂。研究生导师师德是一个完整的系统，内部应有清晰的维度结构，但各个维度间联系紧密又相互影响，呈现出一种复杂的非线性关系，难以简单澄清。研究生导师师德的复杂性源于研究生导师所需处理的关系的多样性。研究生导师需要处理四对关系，而且每一对关系中又涵盖了多重的关系构成。例如，研究生导师与他人的关系便蕴含了导师与学生、导师与其他教育教学人员、导师与学生家长这三种具体关系形态。导师与学生的关系具体包括了经济意义上的生产劳动关系、法律意义上的权利义务关系、哲学意义上的认识实践关系、伦理意义上的辈分次序关系。由此可见导师需要调节多维度、多层级的关系系统，在导师师德中则表现为多维、多层的道德规范和行为规范的总和，这必然带来导师师德的复杂性特征。

二是高标准性。教师的工作对象是处于发展中的人，这就意味着对教师的道德水准要求要高于常人，研究生导师是党和国家迫切需要的高层次人才的培养者，对其师德的要求更高。这种高要求在不同教师群体师德规范的比较中可以得到直观的显现。《中小学教师职业道德规范》对中小学教师提出了六个层面的要求，从爱国到爱岗爱生以及自身职业能力发展层面对中小学教师师德加以规范。而《教育部关于全面落实研究生导师立德树人职责的意见》在规定导师的基本素质时，不仅包含了以上内容，还对导师在道德养成、学生发展指导、学术指导、社会担当、权力行使与育人方式等职责方面做了具体的要求与规范。一方面，国家对于研究生导师的规范要求更加全面，除了对中小学教师的六个层面有要求外，对导师的要求还增加了服务社会、公平公正等维度，这意味着研究生导师需承担起更重大的社会责任。另一方面，国家对于导师的规范要求层次更高。上述文件中对中小学教师提出了“终身学习”的要求，对导师则进一步提出了成为先进文化传承者、社会进步推动者的要求。此外，研究生教育在国民教育体系中位置的高层次性也决定了研究生导师师德的高标准性。一方面，研究生教育具有较高层次的教育战略地位，对于高层次专门人才的培养、建设创新型国家等具有重要意义。导师在研究生培养中承担立德树人的主要职责，必须用更高的标准严格要求。另一方面，研究生是我国教育体系中层次最高的学生群体，他们普遍具有良好的素质，尤其是具有较强的批判性思维，这就对研究生导师师德提出了更高的要求。倘若一位研究生导师没有与之相匹配的知识素养、精神追求、气质品质、道德修养，就无法得到研究生的认可和肯定。

三是强影响性。研究生导师师德的强影响性是指研究生导师个人的师德水平在社会生产生活中会产生强烈的影响，这种影响的强烈性具体体现在两个方面。一方面，研究生导师师德对研究生个人成长影响深刻且持久。师德自身具有较强的示范作用，由于研究生导师与学生学术交流、日常交往方式的特殊性，这种示范作用的影响更加深刻且长远。研究生导师在整个教育过程中以德育人、以文化人，通过自身高尚的道德情操与人格魅力潜移默化地影响与促进学生的学术科研进步以及道德素质提升，以达到“身教胜于言教”的良好教育效果。研究生导师自身师德水准低下，学生对导师的认可度低，不仅会削弱教育的影响力与实效性，而且还会扭曲学生的价值观，影响学生的价值判断，给学生的道德发展造成无法挽回的恶劣影响。与此同时，研究生导师具有天然的权威性。崇高的社会地位与学术地位使研究生导师受到学生天然的、普遍的尊重、崇拜与追随。天然的权威也使得导师师德对研究生的影响深刻且持久。另一方面，研究生导师师德的影响不局限于研究生群体，对整个社会生活的影响也是广泛且深刻的。导师良好的师德形象会通过广泛的社会传播，改变他人的思想和行动，进而影响整个社会生活。例如，我国研究生导师良好的师德状况，塑造了爱岗敬业、教书育人、无私奉献的良好形象，涌现出了一大批的先进典型，如矢志不渝的“最美奋斗者”郑德荣、“心有大我，至诚报国”的黄大年、“太行山上的新愚公”李保国等，他们赢得了全社会的广泛赞誉和普遍尊重，形成了极具正能量的良好社会影响，催生了一批批全国高校黄大年式的教师团队。然而，一些研究生导师师德失范行为也引起了社会关注，不仅破坏了研究生导师整体的职业形象，也产生了强烈的负面效应，造成恶劣的舆论影响。

## 第二节　研究生导师师德建设的关键瓶颈

当前，研究生导师师德总体状况良好，但仍存在部分研究生导师理想信念不坚定、社会责任缺失、立德树人履职不力、课堂教学敷衍、过度从事与教学不相关的谋利行为、生活作风不良等师德问题，为此，政府、高校和社会等相关各方也给予了高度重视，进行了积极的探索与努力，但若要破解导师师德建设难题，就必须首先弄清“病因”所在，找到问题的根源“对症下药”。习近平总书记在北京大学师生座谈会上的讲话强调“党和国家事业发展对高等教育的需要，对科学知识和优秀人才的需要，比以往任何时候都更为迫切”①。而研究生教育的发展、科学知识的创新、优秀人才的质量无不与导师的师德水平密切相关，在这个意义上，研究生导师师德建设不仅关系到导师队伍建设，关系到社会主义建设者和接班人的培养，更关系到国家安全稳定和中华民族伟大复兴中国梦的实现，因此，研究生导师师德建设难题破解极具重要性和紧迫性。经过深入探究发现，破解导师师德建设难题主要面临三方面深层矛盾冲突。

## 一、主体人性需求与职业身份约束的矛盾冲突

这一对矛盾冲突是指导师满足个体人的本性需要与遵守职业身份规范要求之间的矛盾，其实质在于导师享有主体权利与履行职业义务间的平衡问题。马克思曾经指出，人是“自由的存在物”②，“人的类特性恰恰就是自由的自觉的活动”③，并且“在任何情况下，个人总是‘**从自己**出发的’”④。正是由于“人是人的最高本质”⑤，研究生导师也必然以满足自己的本性需要为目的进行师德建设。但是，导师的职业身份决定其有着特定的职责要求，因此导师师德建设必须根据这种职业身份展开，其主体人性需求与职业身份约束之间就形成了矛盾冲突。

一是学术自由与教学纪律的平衡问题。学术自由与教学纪律的平衡问题，源于权利与义务的辩证统一，其实质是研究生导师在享有基本权利与履行基本义务之间的矛盾冲突与平衡协调。人是“自由的存在物”，这种人的本质体

---

① 习近平．在北京大学师生座谈会上的讲话．人民日报，2018－05－03（2）．

② 马克思，恩格斯．马克思恩格斯全集：第1卷．2版．北京：人民出版社，1995：102．

③ 马克思，恩格斯．马克思恩格斯全集：第42卷．北京：人民出版社，1979：96．

④ 马克思，恩格斯．马克思恩格斯全集：第3卷．北京：人民出版社，1960：514．

⑤ 马克思，恩格斯．马克思恩格斯全集：第3卷．2版．北京：人民出版社，2002：214．

现在学术科研活动中即意味着导师享有学术自由，这也是其“最高本质”的必然、正义与合理的权利诉求。《教师法》第七条规定：教师享有“从事科学研究、学术交流，参加专业的学术团体，在学术活动中充分发表意见”的权利。但是，研究生导师享有的学术自由不是抽象的、绝对的自由。享有学术自由并不意味着研究生导师在教学过程中可以肆无忌惮、任意妄为地发表言论，而必须严格遵守政治纪律和政治规矩，在政治立场、政治方向、政治原则、政治道路上同党中央保持高度一致。要始终坚定政治立场，坚持在习近平新时代中国特色社会主义思想指引下开展教学育人活动。研究生导师在人才培养过程中也要提高思想认识，要区分开学术研究的自由与课堂言论的自由，认识到课堂上讲授的内容和传递的思想要受到法律法规要求与学校规定的限制，不能偏离社会主流价值观。享有学术自由与遵守教学纪律是研究生导师的基本权利和基本义务，研究生导师在追求主体价值和履职育人过程中，必须恰当地对二者之间的平衡进行把握，然而这种平衡并无十分清晰的界限，这就在政治素质、能力水平和生活经验等多方面给导师带来挑战。

二是自由交往与遵守伦常的平衡问题。作为社会交往主体的“现实的个人”，导师必然会有自由交往的主体需要。马克思主义讲人是一切社会关系的总和，“个人是什么样的，这取决于他们进行生产的物质条件。……而生产本身又是以个人彼此之间的**交往**……为前提的”[①]。作为社会自然人，导师可以根据自身需要，充分享有交往自由。但导师与研究生之间关系的特殊性与导师职业身份的特殊性又决定了导师与研究生的关系不是简单的自然人际关系，而是有一定等级次序的伦理关系。遵守伦理常规在中华民族5 000多年的悠久历史中一直是一条基本的道德准绳，“人之有道也，饱食、暖衣、逸居而无教，则近于禽兽。圣人有忧之，使契为司徒，教以人伦：父子有亲，君臣有义，夫妇有别，长幼有序，朋友有信”（《孟子·滕文公上》）。古有“一日为师，终身为父”“尊师重教”的道德观念，这也一直被视为中华优秀传统文化

① 马克思，恩格斯．马克思恩格斯选集：第1卷．3版．北京：人民出版社，2012：147.

的一部分，导师与研究生交往的伦理性正是对这些优秀传统文化的传承和发扬。因此，研究生导师必须充分认识到导师与学生之间应始终遵循师生有别、长幼有序的伦常。研究生导师在培养学生的过程中要严格遵守教师行为规范，日常互动交流也要注意做到亲疏有度，注意日常交往的时间、地点与场合，建立相互尊重的良好导生关系。社会自然人的主体交往需要与研究生导师必须遵守道德伦常的客观要求间的平衡问题集中体现在研究生导师处理师生关系过程之中，既要师生有情，又要师生有别。导师与研究生相处的过程中，必须对二者之间关系的远近有所平衡。

## 二、尊严体验需求与情感支持乏力的矛盾冲突

这一矛盾冲突是指导师自身尊严体验需求与外部情感支持不足之间的矛盾，其实质是导师获得尊严体验进而提升师德建设自觉与外界情感支持助推的平衡问题。导师在育人过程中的积极情感体验是其师德水平提升的重要基础，导师体验到的职业荣誉感能够有力激发其加强师德建设的积极性和主动性，然而由于部分研究生对导师的正向情感反馈缺失、个别学生家长对导师指导不理解等现象的存在，研究生导师得不到足够的情感支持，导师师德建设的积极性和主动性受到了严重制约。

一是师道尊严需求与社会舆论污名的对立并存。“国将兴，必贵师而重傅”（《荀子·大略》）。自古以来我国就有尊师重教的优良传统，儒家祭祀文化中讲究“天地君亲师”，将教师作为与天地君亲一样祭拜的对象。当代中国更是高度重视教师的地位和作用，习近平总书记强调，“教师是立教之本、兴教之源”[①]，必须“满腔热情关心教师……让广大教师在岗位上有幸福感、事业上有成就感、社会上有荣誉感，让教师成为让人羡慕的职业”[②]。可见，从古至今承担育人使命的教师一直是受人尊敬的职业，高校教师更常常被认为是德高望重、学富五车的典型。研究生导师是高校教师的重要组成部分，追

① 习近平．习近平向全国广大教师致慰问信．人民日报，2013-09-10（1）.

② 全面贯彻落实党的教育方针　努力把我国基础教育越办越好．人民日报，2016-09-10（1）.

求与感知师道尊严是其正当情感需要。这种情感需要是否得到满足直接影响着导师提升师德水平的积极性与主动性，而这种积极体验需要的满足需要正确社会舆论的配合与支持。事实上，我国社会始终对导师有着较高的要求，比如在研究生的教育目标上需要“仰望星空”与“脚踏实地”相结合，在教育内容上既要有理论性又要“接地气”，在教育过程中要做到严慈相济。人们普遍期待研究生导师是具备多种高尚品质的奉献者，一旦导师没有达到社会大众的期望，或是个别导师的不当行为被揭露出来，就很容易招致舆论攻击，甚至出现以偏概全的情况，将导师队伍形象污名化。尽管在一定程度上社会舆论在导师队伍建设中发挥了正面监督作用，但也将研究生导师队伍推到了风口浪尖，有时甚至片面地为导师队伍贴上负面标签。在这样的舆论导向下，研究生导师整体形象受损，人格尊严受到侮辱，这使得导师获得师道尊严和职业荣誉感的需求难以被满足，这对导师的主观体验造成了严重伤害，使研究生导师的师德建设陷入困境。

二是情感互动需求与正向反馈缺失的对立并存。这一问题的实质是导师和研究生因师生互动中的不对等投入而产生的矛盾冲突。研究生导师立德树人职责的充分履行以及育人实效的达成，需要师生双方的良好互动和共同努力。研究生在导师指导的过程中给予充分的正向反馈，能够有效满足导师的情感互动需求，从而提升导师育人的积极性以及对自身形象管理和师德建设的重视程度，有利于师生达成良性互动循环，促使导师指导效果和师德水平不断增强和提高。但是，这种师生间的积极互动往往可能由于学生单方面的不投入而停滞。倘若导师单方面为构建良好师生关系投入情感，期望单纯依赖导师本身的示范作用而形成良好的师生关系，就过分放大导师的主体作用而忽视学生的主体性和差异性。当前，研究生普遍具有较强的主体意识，但是研究生素质能力高低存在差异，个别研究生不能充分理解导师的教育意图，甚至质疑导师的指导水平；有的研究生存在功利思想，只求索取不讲奉献，对于导师不够尊重，不懂感恩，这也使得导师的单向情感投入得不到正向反馈，伤害了导师的情感。另外，研究生导师关心爱护学生的尺度难以把握。如果对学生关心过多可能影响学生自我教育能力的养成；如果严加要求，又可能被解读为苛刻、刁难，出现学生不理解、家长不认可的情况。这种负向情感反馈使研究生导师心理与行为均陷入两难境地。

## 三、规范要求提升与评价激励不足的矛盾冲突

这一矛盾冲突是指导师师德建设落实高标准外部要求与进行科学有效的评价激励之间的矛盾，其实质是规范要求与保障激励之间的平衡问题。科学有效的评价与激励机制是研究生导师师德建设取得实效的重要保障。然而，高校在遴选、评价与考核研究生导师的过程中，存在重视科研学术成果而忽略研究生导师师德建设的指标构建导向；即使涵盖师德评价的内容，也往往没有建立科学的评价指标与完善的评价机制，导致师德评价流于形式。研究生导师的师德评价激励严重不足与研究生导师师德建设高要求之间形成了矛盾冲突。

一是师德规范高要求与教师评价学术化的矛盾。积极的评价导向是激发研究生导师师德提升的基础。师德规范高要求与教师评价学术化的矛盾的实质就是现实的教师评价激励与高要求的师德标准并未完全匹配的矛盾。当前，高校师德建设受到越来越多的关注和重视。2014 年习近平总书记同北京师范大学师生代表座谈时指出：做好老师，要有理想信念、有道德情操、有扎实学识、有仁爱之心。[①] 2018 年，《中共中央国务院关于全面深化新时代教师队伍建设改革的意见》指出，要“突出师德。把提高教师思想政治素质和职业道德水平摆在首要位置”。教师一直被誉为“人类灵魂的工程师”，承担着育人的神圣使命。导师在研究生培养过程中，同其他教育阶段一样，会给学生带来潜移默化的影响，因此要做到教育者先受教育，努力提升自身的思想政治素质和职业道德水平，成为学生成长成才过程中的引路人。同时，研究生导师与学生间关系的特殊性和研究生导师使命的独特性都对研究生导师坚定正确的理想信念、切实履行立德树人职责、积极构建健康和谐的师生关系等

---

① 习近平：做党和人民满意的好老师：同北京师范大学师生代表座谈时的讲话. 人民日报，2014-09-10 (2).

提出了更高要求。这些高要求的落实，需要科学有效的评价机制作为导向和支撑，只有充分将思想政治素质与师德师风水平作为研究生导师各项遴选与考核的基本要求和关键指标，克服过度学术化考核的倾向，才能真正打造党和人民满意的研究生导师队伍。但是，在当前我国高校研究生导师遴选与考核的评价体系中，学术科研评价一直是最为主要和关键的因素，教师能否竞聘研究生导师以及对导师的考核都将教师承担的课题、获得的科研经费、发表的科研成果作为核心指标。即使高校对研究生导师的遴选与考核都涵盖了“思想政治素质”“师德师风”等维度的考核内容，但相比于“绩”“能”“勤”这些硬性指标，对师德师风的重视程度仍然不足。这种学术化教师评价倾向，必然使得研究生导师逐渐将工作的重心放在增加科研与学术成果方面，对自身的师德建设有所忽视。

二是师德规范高要求与师德评价形式化的矛盾。建立科学长效的师德评价标准和机制是落实研究生导师师德建设的必要途径。但是，当前高校在师德评价上还存在比较严重的形式化问题。第一，对师德评价不够重视。当前我国部分高校对学科建设和教学科研投入关注极高，对学校的硬件设施建设非常重视，却难以接受师德建设“周期长、见效慢”的特点，对师德建设的重要意义认识不够。从总体上看，高校师德评价体系还不够完备科学，或是仅仅停留于纸面，未付诸实践。第二，师德评价指标难量化。当前各高校对于师德评价体系中各项评价标准的设立还没有达成共识，对于评价细化成哪些维度、具体包含哪些内容，还缺乏统一的标准。同时，导师的师德评价仍然存在定性多、定量少以及过程导向不足的倾向。第三，师德评价机制不畅。“如何评、谁来评”等问题是当前导师师德评价机制运行中最主要的问题。在“如何评”的问题上，虽然当前已有相关文件为高校师德建设与评价工作提供必要参考，但是文件的落实与执行程度难以保证，部分高校在进行师德评价工作时，常常仅以教育引导的方式进行，缺少必要的监督与管理机制，使得评价执行力不足，评价工作难以真正落实到位。在“谁来评”的问题上，部分高校尚未出台相关文件明确划定师德评价主体及其工作职责，相关教学单位与职能部门间分工也不明确，导致出现工作重复或是互相推脱的现象，评价过程缺乏内在统一性，难以形成合力，这就使师德评价机制在具体落实中遇到阻碍，难以顺利开展。

## 第三节　研究生导师师德建设的困境超越

研究生导师师德建设是复杂的系统性工程，加强导师师德建设仍需落实诸多工作任务。清晰界定导师师德概念仅仅是导师师德建设的第一步，在理解导师师德本质内涵的基础上，深刻把握研究生导师师德建设关键瓶颈中三个维度的矛盾冲突，针对性施策，集中有效发力，才是破解难题的合理途径。

### 一、设定导师师德主体践行的规范遵循

明晰的师德规范是导师开展立德树人教育活动的基本行为准则。没有系统全面的规范要求，可能会导致导师在立德树人过程中不清楚应该坚持什么、反对什么。导师师德主体践行所需的规范遵循，需要在形式结构上进行转变。目前对于研究生导师师德规范虽然没有具体的要求与规定，但关于教师师德，特别是高校教师师德的规范与要求比较完备，这对于导师师德规范的制定具有一定的借鉴意义。然而，本书梳理当前有关师德的规范内容后发现，虽然当前的师德规范已经尝试区分层次，比如从“大德”“公德”“私德”等维度进行划分，但始终没有摆脱逐条罗列具体规范的共性特点。实际上，若要构建逻辑清晰、内容完备、形式科学的导师师德规范，就要在形式结构上实现转变，即在遵循导师师德内在规定的基础上，以导师师德的对象范畴为参照，清晰划分层类。导师师德体现在个人思想与行为、个人与他人、个人与职业、个人与社会等多维道德关系上，关涉导师的义务、良心、荣誉和幸福等四个道德范畴。制定导师师德规范就是要根据“四维”道德关系确立规范要求的框架结构，在每个关系维度分别探究“四个”道德范畴的具体规范，进而形成包括 16 项内容的规范要求。例如，在导师与教师职业的关系上，要结合导

师的义务、良心、荣誉和幸福，确定包括严谨、勇敢、尽责、清正廉洁等在内的师德规范。在制定导师道德实践规范时，要转变制定主体，实现制定主体从教育主管部门和高校向导师转变。规范要求的直接约束对象是研究生导师，只有导师自身才能充分理解和体会诸如“主体人性需求”“尊严体验需求”“评价激励导向”等要求的真正意义，因此，在制定导师师德规范的过程中，要充分发挥导师的主体作用。只有如此，才能充分将导师的合理诉求与师生的现实期待有机整合、导师的内在动力与社会的外在约束有机结合、导师的师德建设与研究生教育事业有机统一。例如，在制定规范要求的过程中，要邀请相当数量的导师参与到规范制定的各环节并提出合理建议。确定导师师德主体践行的规范遵循，需要充分实现对内容来源的整合。在制定导师师德规范时，既要坚持问题导向，针对性解决师德建设中面临的难题，也要充分遵循学理，根据导师师德本质内涵进行系统分析，充分整合规范要求的内容来源。制定导师师德规范，要从整体上对其应当具备的要素及各维度相关内容进行设计，依据导师师德的学理本质，将其涵盖的关系维度、道德范畴、道德原则细化和落实到具体的道德规范之中。同时，还要对师德实践中的规范要素进行挖掘和提炼。例如，要将党和国家对导师育人使命的阐述进行总结归纳，融入师德要素，将党和国家对于全体教师的一般性要求与导师身份职责进行有机结合，从而总结出与导师师德联系更加紧密的具体规范。又如，要对实践中优秀导师所展现的思想道德品质进行总结与体会，进而充分融入导师师德规范的有关维度，形成可用于指导实践的具体要求。再如，要对社会广泛关注的导师师德失范的典型案例进行深入分析，总结案例中导师不当行为及深层次的不良思想倾向，结合导师师德内涵，逐条制定导师师德负面清单，构建导师师德的底线要求。

## 二、明晰导师师德培育的目标指引

制定导师师德规范在客观上为研究生导师提供了行为准则，但这种外部约束难以直接转化为导师的自觉意识。只有内化为导师的思维方式，才有可能外化为一种自觉行为，这也是导师师德培育的关键。首先，要优化研究生导师遴选准入机制，提高导师队伍质量。导师师德是导师在育人实践中逐渐积累形成的思想认识、道德观念以及道德行为，优化研究生导师遴选准入机制是导师师德培育的先决条件。这就要求严格规范导师的准入标准，不仅从学术科研能力及相关硬性指标上考察导师，还要全方位多角度地对导师师德进行重点考察，将政治素质、道德品质、学术诚信等师德师风的软指标纳入研究生导师遴选指标体系，建立科学全面的研究生导师遴选标准。其次，要进行程序优化，通过健全遴选机制，确保导师具备较强的能力素质。一般而言，研究生导师遴选至少需要包括本人申请陈述、培养单位审核公示、学校审定公布等基本环节。不同高校应当结合自身实际，通过集体座谈、访谈调研等多种方式，广泛征求全校师生意见，严格履行学位评定委员会职责，对研究生导师进行全面系统考察，充分了解其师德师风表现，确保遴选的研究生导师治学严谨、作风正派，热爱教育事业，具有高尚品德。最后，要加强导师师德培育。第一，导师师德培育要帮助导师认清师德本质，领会具体要求。导师良好的道德品格养成不能仅仅依靠导师的自觉，还要靠广泛的宣传教育。因此，导师师德的培育不仅要制定规范要求，而且要进行常态化的宣传教育，以帮助导师真正理解、认同师德相关内容，使其在自身头脑中内化，进而将其落实到具体行动上。例如，要加强对导师师德内涵和具体规范的宣传教育与解释工作，让导师清晰体认自身的职责与使命所在。又如，要教育导师正确认识师德建设面临的三对矛盾冲突及其表现，引导导师在处理多重道德关系时，着重处理好三对平衡关系，坚定政治方向、自觉爱国守法、传播优秀文化、潜心教书育人、关心爱护学生、坚持言行雅正、遵守学术规范、秉持公平诚信、坚守廉洁自律、积极奉献社会。① 导师师德的培育是一项长期性、系统性的工作，需要持续进行，要将导师培训工作常态化、规范化、制度化，将师德培育渗透到学生培养全过程及导师个人生活中。同时，要不断总结经验，反思不足，调研了解导师对于培训有关内容的接受情况及意见建

---

① 新时代高校教师职业行为十项准则．(2018-11-14)[2019-08-30]. www.moe.gov.cn/srcsite/A10/s7002/201811/t20181115_354921.html.

议，调动导师学习的积极性。第二，导师师德培育要满足导师发展的需要，满足导师的主体人性需求。培育导师优良师德师风，要充分关注导师的获得感和幸福感；要着力提高研究生导师待遇，让研究生导师能够拥有更多获得感；要致力解决研究生导师的实际困难，将师德建设内容与导师个性需要有机统一，让研究生导师“安心从教、热心从教、舒心从教、静心从教”①；要以切实增强导师对学生学术科研、个人发展等的指导能力为目标，帮助研究生导师解决实际问题。此外，还要营造良好的师德生态，加强教育引导，营造尊师重教的良好氛围。社会媒体要积极宣传优秀导师典型的先进事迹，讲好师德故事，弘扬高尚师德。例如，对于导师师德失范的典型案例，要客观公正地予以报道和评判，不能以偏概全将导师队伍污名化，要切实满足导师的尊严体验需求。

### 三、确立导师师德评价监督的指标依据

导师师德评价监督可以检验育人成效、发现实际问题、促进问题优化解决，其重要性不言而喻。实践经验表明，只有建立系统有效的评价监督体系，才能充分实现师德评价监督目标，促进导师师德建设工作的推进。那么什么样的导师师德评价监督体系才能够称得上“系统有效”呢？评价依据应当是什么？真正系统有效的导师师德评价监督体系要将社会现实需要和导师师德本质内涵作为指标制定依据，在厘清导师师德评价监督的具体内容、主体、方式和问题解决措施的前提下，充分实现评价监督工作的公平、公正，减少“道德评价”在实际评价监督过程中的误差，真正达到监督导师师德的目的。具体而言，导师师德评价监督的主要内容就是“师德”。导师的师德不仅是导师个人的内在道德认知、道德判断和外在的道德行为的统一，更涵盖了“四维”道德关系和“四个”道德范畴等十分宽泛的范围和领域，因此，想要明确、公正且全面地评价导师师德十分困难，也极易产生误差。在误差不可避免的现实条件下，必须进行有效的引导和控制，尽量克服其不良影响，避免

① 全面贯彻落实党的教育方针　努力把我国基础教育越办越好．人民日报，2016－09－10（1）．

评价的形式化倾向，因此，建立科学完善的评价指标体系成为重中之重。如何建立科学完善的评价指标体系？首先，参照导师师德本质规定，科学研究不同评价维度的权重分配，针对师德建设工作中遇到的矛盾冲突，结合立德树人七项职责的具体要求确立指标维度，构建科学、全面、可操作的指标体系。例如，研究生是导师师德的直接作用对象，应当提升这一维度的权重，突出其重要性。其次，应完善评价监督的主体范围，降低“情感牵涉”所带来的评价监督误差。每个评价监督主体都会依据自身所认可的标准对导师师德进行综合评判和检查督导，但是个体评价标准的个性化和特殊性、不同个体与导师感情牵涉的差异，都会使对导师师德的评价监督出现不同程度的误差。为了减小这种误差，就需要健全评价监督的主体构成，以分散和降低情感牵涉。由于导师师德内涵本身涉及四个维度的道德关系系统，具有一定的宽泛性，因此，每个维度所涉及的作用对象，都应该成为导师师德评价监督的主体之一。以个人与职业关系维度为例，高校应该是导师师德评价监督的主体之一，这是其固有权利和相对义务。以个人与他人关系维度为例，研究生作为与导师关系密切的关键群体，对导师师德的评判与认知往往更加深刻，其监督作用也更加广泛。因此，研究生在与导师交流的过程中，既要与导师和谐相处，恪守师生规矩，也要坚守原则，坚决反对导师的不当行为和不合理要求，并主动向有关部门反馈申请处理。此外，要解决导师师德评价监督体系“单一评价监督”的问题。师德不仅体现在导师自身的道德认知上，更体现在其道德言行上。因此，对导师师德的评价不能仅从某一角度或者某个方面出发，应该将定性评价与定量评价相结合、动机评价与行为评价相结合、过程评价与结果评价相结合以构建系统的、有效的、完善的导师师德评价监督体系。这一体系既要关注其日常行为，也要关注其阶段性结果；既要全面看待导师的思想认识，更要综合考量导师的师德行为；既要选定不同主体定性评判，还要结合科学的指标体系定量分析，以全面评价监督导师的师德。最后，应有效利用导师师德的评价结果。可以将师德评价结果作为职称评定、评优评先、人才引进、职务晋升的重要参考，对于师德评价结果优异的导师，更可以进行奖励、表彰，推广其事迹，引领导师队伍师德建设的发展方向。

例如，挖掘学生心中导师的感人故事，开展好导师评选活动，树立立德树人的先进典范并广泛宣传。同时，对于出现师德失范行为、师德评价结果较差的导师，应给予停招研究生、取消申报项目资格、解除职务聘任、延缓职称或职务晋升等惩处，并且根据其具体情况给予警告、记过、降级、撤职、开除等处分。如果有触犯法律的情形，应该追究其法律责任。

# 第六章 研究生导师立德树人评价

习近平总书记强调，“要把立德树人的成效作为检验学校一切工作的根本标准”[①]。研究生导师是研究生培养的第一责任人，是研究生思想政治教育的核心力量，由此可见，想要检验高校研究生思想政治教育成效必须对研究生导师立德树人成效进行评价，同时，评价也是促进高校提升立德树人实效的重要途径。基于此，通过对研究生导师立德树人的评价，不断促进立德树人任务的实现就显得尤为重要。当前，部分高校已经按照《教育部关于全面落实研究生导师立德树人职责的意见》（简称《意见》）精神，制定了相关落实研究生导师立德树人职责的实施细则，对研究生导师立德树人的职责内容进行了进一步的细化，并强调要切实建立并不断完善研究生导师立德树人职责的考核评价制度。然而，尽管国家对此提出了明确的要求与规定，但目前这一评价问题尚缺乏系统的理论研究基础，同时在具体实施中还受制于诸多矛盾冲突的困扰。由此可见，推动高校完成立德树人任务的重要环节在于科学有效地评价研究生导师立德树人成效。

## 第一节　研究生导师立德树人评价的理论前提

研究生导师立德树人评价虽很早以前就被提出，但仍然还是一个“新”的概念。因此，在深入探讨研究生导师立德树人评价系列问题之前，需要对研究生导师立德树人评价的内涵实质、重要意义以及可行性论析等基本问题进行系统的梳理。

### 一、研究生导师立德树人评价的内涵实质

准确把握研究生导师立德树人评价的内涵实质是开展研究生导师立德树人评价理论研究和实际工作的基础和前提。研究生导师是立德树人的教育者要素，因此，探究研究生导师立德树人评价应从“立德树人评价”这一一般

① 习近平．在北京大学师生座谈会上的讲话．人民日报，2018－05－03（2）．

性概念出发，并整合研究生导师在立德树人过程中所体现的独特属性，进而系统地阐释其内涵实质。

厘清立德树人评价的基本概念是探究研究生导师立德树人评价内涵实质的起始进路。立德树人评价这一概念蕴含了两个关键要素：立德树人、评价。要厘清立德树人评价的基本概念，首先需要回答什么是立德树人。单纯从词语发展的角度来看，“立德”与“树人”这两个词语早已独立存在。“立德”一词最初源于《左传·襄公二十四年》：“太上有立德，其次有立功，其次有立言，虽久不废，此之谓不朽。”由此可见，“立德”一词的最初之意是指树立高尚品德。“树人”一词最早出现于《管子·权修》：“一年之计，莫如树谷；十年之计，莫如树木；终身之计，莫如树人。”这其中蕴含着培养全面发展的人的思想。党的十八大报告首次正式提出将“立德树人”作为教育的根本任务：“把立德树人作为教育的根本任务，培养德智体美全面发展的社会主义建设者和接班人”。在此之后，学界对“立德树人”这一概念展开了充分的讨论。目前，学界对于“立德树人”内在关系的认识存在不同的观点。有学者认为，“立德，就是培养确立崇高的思想品德，就是培养高素质的人才。‘立德’强调的是道德养成，‘树人’强调的是能力培养”①。另有学者认为，“‘立德’与‘树人’之间应当是递进性关系，而非平行性的同义反复。……‘树人’不是‘立德’的简单重复，它包括‘育人之德’在内，不限于育人之德，还在更广阔的意义上指称对人的全面发展的有效促进”②。尽管学界观点各异，但总体上立德树人强调培养学生高尚的思想品德、优秀的专业能力素质，将学生培养成为德才兼备、又红又专、全面发展的社会主义建设者和接班人。而评价在本质上是一种价值判断的过程，在这个过程中需要凸显几个关键要素，即评价主体、评价对象、评价指标以及测量方法。与此同时，我们可以类比相对成熟的思想政治教育评估的概念：“思想政治教育评估是根据社会对思想政治教育的要求，以及思想政治教育评估对象的实际，

① 谢安国．习近平立德树人思想的科学内涵和重大意义．国家教育行政学院学报，2018（8）：9.

② 戴锐，曹红玲．“立德树人”的理论内涵与实践方略．思想教育研究，2017（6）：11.

确立指标体系，采用测量和统计分析等方法，对思想政治教育的实际效果进行价值判断的过程。”① 综合上述两个核心概念要素以及现有的成熟评价概念，立德树人评价是指，根据立德树人目标的要求，以及被评价对象，即研究生导师立德树人的实际，通过确立指标体系，采用科学的统计分析方法，评价主体对某一教育者（或教育组织）所产生的教育影响的实际效果的价值判断过程。

探讨研究生导师的独特属性是界定研究生导师立德树人评价内涵本质的基础环节。研究生导师一般分为硕士生导师和博士生导师两种类型，具体是指在高等学校或科研机构中，经过遴选和聘任确定其资格后，指导硕士和博士研究生进行学术研究的老师。研究生导师群体相较于中小学教师和其他高校教师，具有一定的特殊属性，而这些特殊属性也规定了研究生导师立德树人内涵的特殊性。一是研究生导师立德树人目标存在一定的特殊性。《意见》对研究生导师立德树人的总体目标做出了规定，研究生导师应“遵循研究生教育规律，创新研究生指导方式，潜心研究生培养，全过程育人、全方位育人，做研究生成长成才的指导者和引路人”。这一总体目标对研究生导师的育人意识、育人能力以及育人效果都提出了要求，这一特殊的立德树人目标是衡量研究生导师立德树人质量与效率的重要标尺，也为研究生导师立德树人评价提供了目标导向。二是研究生导师对学生产生影响的方式具有特殊性。研究生导师发挥教育影响的主要方式是教书育人，在研究生培养的各个环节中都扮演着十分重要的角色。研究生导师是研究生培养的第一责任人，是与学生接触频次最高、与学生关系最紧密的教师，是学生最直接的模仿对象。正所谓“以德立身、以德立学、以德施教”，研究生导师自身的良好品德时刻影响着学生，研究生也会在日常与导师的相处中观察并且模仿其导师的思维方式与行为方式。由此可见，研究生导师独特的育人方式集中体现于教书育人过程中的言传身教，以全面提升研究生综合能力素质为育人目标。这一育人方式的特殊性要求研究生导师立德树人评价必须评价研究生导师立德树人

① 邱伟光，张耀灿．思想政治教育学原理．北京：高等教育出版社，1999：266.

各项职责的落实情况以及其自身师德水平。三是研究生导师的职能职责具有特殊性，这种特殊性在于内容更全、层次更高。《意见》指出立德树人是研究生导师的首要职责，明确研究生导师要提升研究生思想政治素质、培养研究生学术创新能力、培养研究生实践创新能力、增强研究生社会责任感、指导研究生恪守学术道德规范，同时指出要优化研究生培养条件，注重对研究生的人文关怀。从国家对研究生导师的规范要求中可以发现，研究生导师需承担全面多维的学生培养职责，研究生导师既要培养学生的学术与实践硬实力，又要提高学生思想政治素质、道德发展水平等方面的软实力，同时还要为学生成长成才提供支持保障。也正是由于研究生导师立德树人职责的特殊性，研究生导师立德树人评价才有了特殊的内容维度。

对立德树人评价概念的梳理明确了研究生导师立德树人评价内涵必须涵盖三项基本要素：一是明确研究生导师立德树人的目标要求；二是确定科学的测量分析方法；三是寻找研究生导师立德树人的特殊方式，并对这一育人过程的效果做出价值判断。与此同时，对研究生导师独特属性的分析充分阐明研究生导师承担着立德树人的重要使命，通过对学生的道德培养、能力提升以及支持保障全面落实立德树人职责，通过教书育人、言传身教等方式履行研究生导师的育人职责。综上所述，研究生导师立德树人效果评价内涵可以界定为：根据研究生导师立德树人的总体目标，通过确立指标体系，采用测量和统计分析方法，对研究生导师在教书育人活动中道德培养、能力提升以及支持保障等方面的工作落实情况以及所产生的教育影响的实际效果进行价值判断的过程。同时可以确定研究生导师立德树人评价两个维度的具体内容范围：一是对研究生导师立德树人职责落实情况的评价，二是对研究生导师立德树人实际效果的评价。

## 二、研究生导师立德树人评价的重要意义

为更好地完成高等教育立德树人的根本任务，研究生导师必须落实立德树人的具体工作，提高工作的效率与质量。但同时，研究生导师育德过程艰涩、成效潜隐，这不利于研究生导师在育人工作中发挥积极性与创造性，进而

导致研究生导师的育德工作流于形式，甚至被忽略。在这样的瓶颈状态下，充分开展研究生导师立德树人工作评价，以评价促发展的重要意义就不断凸显。

1. 研究生导师立德树人评价是构建高校思想政治教育评价体系的关键突破

长期以来，无论是学界还是各个高校都致力于构建科学系统的思想政治教育评价体系，但相对于科研绩效评价量化清晰、指标明确的特点，思想政治教育评价指标冗杂、界限模糊，因此，科学构建高校思想政治教育评价体系始终是研究的重点、难点，是实践中的发展瓶颈。研究生导师立德树人评价是高校思想政治教育评价的重要点位，实现研究生导师立德树人评价将成为构建高校思想政治教育评价体系的重要突破。第一，研究生导师是思想政治教育者的重要构成之一。研究生思想政治教育队伍主要包括研究生导师、研究生辅导员、教学人员、服务管理人员等。其中，研究生导师是研究生教育的第一责任人，是研究生思想政治教育的首要责任人，研究生导师在整个思想政治教育队伍中占有不可或缺的特殊育人地位。因此，对研究生导师的评价应成为高校思想政治教育评价的重点内容。第二，高校思想政治教育应重视对教育者立德树人的评价。习近平总书记强调，“要把立德树人的成效作为检验学校一切工作的根本标准”①。综合上述两方面，高校思想政治教育应重点评价研究生导师这一重要的教育者构成群体，同时还必须重视对于立德树人的评价，因此，研究生导师立德树人评价是重中之重，亟待突破。研究生导师立德树人评价的主要原则、指标设计、主体选择、实施机制都将为高校思想政治教育评价带来一般性的借鉴与启示，因此，研究生导师立德树人评价的突破将有利于构建高校的思想政治教育评价体系。

2. 研究生导师立德树人评价是提升研究生导师队伍立德树人质量的必然选择

正所谓以评促建、以评促改，评价活动的开展将在极大程度上提升研究生导师队伍的立德树人质量。首先，研究生导师立德树人评价可以及时发现研究生导师在立德树人工作过程中存在的问题，监测研究生导师教育决策的执行，通过修正、调节不足的决策方案有针对性地解决问题，做到“对症下

① 习近平．在北京大学师生座谈会上的讲话．人民日报，2018-05-03（2）.

药”。研究生导师立德树人工作的落实需要不断地通过实践的检验与修正，而研究生导师立德树人评价就为此提供了良好的依据，高校可以针对评价中暴露出的问题与弱点来调节原有的教育决策方案。其次，研究生导师立德树人评价为研究生导师进一步优化立德树人工作提供了清晰明确的规范要求与目标指向。研究生导师在发现自身立德树人工作的问题与欠缺后，很有可能因自身工作经验缺乏、工作能力不足，陷入“有心无力”的现实困境，这严重制约研究生导师立德树人实效的提升。而在研究生导师立德树人评价体系中，具体且详细的测评指标明确划定了研究生导师在立德树人工作中的范围边界及具体规范，帮助研究生导师厘清育人思路，同时给出了示范做法，帮助研究生导师提高自身的育德能力，在整体上提高研究生导师立德树人工作的质量。最后，研究生导师立德树人评价为研究生导师队伍的管理提供重要依据。从一定意义上讲，研究生导师立德树人评价为研究生导师的选拔和晋升提供了可量化的重要指标。在研究生导师遴选和晋升的评定中，存在过分依靠科研指标、忽视育人效果指标的实践问题，育人效果评价的长期缺失也导致研究生导师队伍中出现了“干多干少都一样”“干好干坏都一样”的错误认知。因此，研究生导师立德树人评价将完善研究生导师队伍的管理体系，有利于研究生导师队伍的健康持续发展，从而保证研究生导师队伍立德树人质量的不断提升，并进一步推动高校更好地完成立德树人根本任务。

3. 研究生导师立德树人评价是推动研究生导师职业生涯健康持续发展的重要动力

评价活动的一项重要功能在于反馈，研究生导师立德树人评价对于研究生导师立德树人职责落实与效果的反馈将会促进研究生导师职业生涯的健康持续发展。评价活动的反馈包括正反馈和负反馈两种形式。“正反馈的作用是指从外周获取的刺激（信息），反馈至中心，促使中心发出刺激（信息），使其增加或增强；负反馈的作用是指从外周获取的刺激（信息），反馈至中心，抑制中心发出刺激（信息），使其减少或减弱。”[①] 研究生导师立德树人评价的

① 王孝玲．教育评价的理论与技术．上海：上海教育出版社，1999：217.

正向反馈通过肯定、认可研究生导师立德树人的付出和效果，极大地增强了研究生导师的职业获得感，这有利于激发研究生导师的职业热情，推动研究生导师坚定“教书育人”的职业理想信念。研究生导师的职业获得感也是一种职业尊严感，充分肯定研究生导师立德树人的努力以及效果，可以让研究生导师感受到自身在从事教师职业时有所收获，自身的价值得到了肯定，这种获得感会不断增强研究生导师对自身职业的热爱，使研究生导师坚定自身对于职业的理想信念，这是研究生导师自身职业生涯健康持续发展的重要条件。与此同时，研究生导师立德树人评价也通过负反馈帮助研究生导师时刻认清自身在落实立德树人职责时的不足，时刻提醒研究生导师为完成立德树人的重要使命不断地进行自我革命，保证其职业生涯的健康发展。

## 三、研究生导师立德树人评价的可行性

“对于高校思想政治教育工作质量评价的可能性或可行性问题，我们应该持慎重、负责任的态度”①，研究生导师立德树人评价也是如此。这一评价是否能够进行，评价的结果是否符合客观情况、能否真正促进导师立德树人工作的提升，回答这些问题是进一步研究探讨研究生导师立德树人评价是否可能的前提。尽管研究生导师立德树人评价面临许多瓶颈问题，但这并不代表建立研究生立德树人工作实效评价体系是不可能的。研究生导师立德树人效果评价的可行性具体体现在三个层面。

### 1. 迫切的时代需求为研究生导师立德树人评价带来更多可能

国家、社会和高校对研究生导师立德树人评价的真实需要是其可能的前提和基础。通过研究可以发现，无论是国家、社会还是高校对于立德树人的评价，尤其是研究生导师立德树人的评价工作的需求与重视程度正在不断提高。在国家顶层设计层面，习近平总书记在北京大学师生座谈会上的讲话强调，“要把立德树人的成效作为检验学校一切工作的根本标准”②。同时，《意

---

① 刘建军．高校思想政治工作质量评价的必要性、可行性及其限度．学校党建与思想教育，2018（11）：5.

② 习近平．在北京大学师生座谈会上的讲话．人民日报，2018－05－03（2）.

见》也明确指出要“健全研究生导师评价激励机制”[①]。由此可见，为落实国家顶层设计的要求，必须健全研究生导师立德树人评价机制，真实考察与测评研究生导师落实立德树人职责的实际情况。在社会层面，由于研究生导师拥有较强的社会影响力，社会大众也十分关注研究生导师是否能够成为学生合格的“人生导师”。同时，社会大众对没有履行立德树人职责使命的研究生导师持零容忍的态度，也希望能够出台相应的评价机制，监督和规范研究生导师的立德树人工作。在高校层面，迫切需要研究生导师立德树人的评价。长期以来，高校对于研究生导师队伍的评价更多地侧重于科研成果，而对其立德树人效果的评价存在缺位，这也造成了一定的负面影响。因此，为能够及时填补这方面评价的空缺，完善高校研究生导师队伍评价体系，迫切需要对研究生导师立德树人工作进行科学评价。

2. 完备的理论框架为研究生导师立德树人评价带来更多可能

目前，无论是基础理论、指标体系还是测评方法，研究生导师立德树人评价都具备了相对完整的理论框架，这为实现研究生导师立德树人评价带来更大的可能。一是教师工作效果评价（教师绩效评价）基础理论相对成熟。研究生导师立德树人效果评价是教师工作效果评价或教师绩效评价的特殊类型，目前国内外理论界对于绩效评价的理论研究是相对成熟的，有大量的可以借鉴的理论“为我所用”。“20 世纪 20 年代中期以后，美国、英国等国家开始正式实施教师绩效评价。”[②] 后期，由于教师绩效评价结果的奖惩性使用，更多的学者开始反思这种评价制度的利弊得失，因此，更多的学者开始思考如何将教师绩效评价构建成为一种能够改善教师工作和专业发展的、富有建设性意义的制度。进而，发展性教师绩效评价制度应运而生。发展性教师绩效评价制度充分吸收了人群关系理论、需要层次理论、XYZ 理论、双因素论、参与管理思想、人本管理思想等精髓。[③] 同时，目前理论界已经开始尝试对高

---

① 教育部关于全面落实研究生导师立德树人职责的意见.（2018-02-09）[2019-08-30]. http://www.moe.gov.cn/srcsite/A22/s7065/201802/t20180209_327164.html.

② 王斌华. 教师评价：绩效管理与专业发展. 上海：上海教育出版社，2005：4.

③ 吴云志. 高校辅导员工作绩效评价体系研究. 大连：辽宁师范大学出版社，2013：9.

校辅导员群体的绩效评价展开讨论，并取得了一定的理论成果。这些理论成果都可以为构建研究生导师立德树人效果评价体系提供理论借鉴。二是研究生导师立德树人评价指标体系的理论框架相对完整。确定评价指标体系的理论框架是建立指标体系的首要环节，相对完整的理论框架能够为半结构化访谈、专家咨询提供一定的理论基础。《意见》明确了研究生导师在提升研究生思想政治素质、培养研究生学术创新能力、培养研究生实践创新能力等七个方面的立德树人具体职责。尽管目前学界对于这七项研究生导师立德树人职责的维度划分还存在一定的争议，但这七项育人职责为我们建立理论框架提供了基础，我们可以通过整合多种学术观点对其进行修正和完善。换言之，研究生导师立德树人工作实效性评价指标体系具有粗线条的理论框架，在此基础上展开对指标体系的构建难度相对较低，可操作性较强。三是模糊综合评价法的运用可以提升研究生导师立德树人评价结果的可接受度。在研究生导师立德树人工作实效性的测评标准设计中，不能机械地按照百分制来计算，更多的标准是“满意”或“不满意”，或是“优秀”“良好”“中等”等这种相对不确定的模糊概念。但是，评价标准概念的模糊不代表评价结果的不准确，通过运用模糊数学的方法可以将相对模糊的评价概念量化为相对精准的评价结果，而这就需要运用模糊综合评价法来实现。模糊综合评价法通过建立评估矩阵、综合指标权重系数，将单因素评估矩阵与权重系数进行复合运算，最终得出评价结果。模糊综合评价法的运用避免了为研究生导师立德树人工作直接打分的机械评价方法，既能在导师立德树人工作实效性的程度上进行评价区分，又保证了这种模糊评价标准计算的精确性，可以提高研究生导师对评价结果的可接受度。

3. 大量的事实基础为研究生导师立德树人评价带来更多可能

“巧妇难为无米之炊”，倘若缺乏研究生导师立德树人的事实基础，研究生导师立德树人评价也就无从谈起。目前，研究生导师的立德树人工作已经具备了大规模的事实基础，整体上可划分出三个维度。一是对研究生的道德培养。在具体的育人过程中，研究生导师对学生在思想政治素质层面、社会责任感层面以及学术诚信层面都付出了一定的努力并取得了不同程度的效果，而这些都是研究生导师立德树人效果评价的重要对象。尽管在道德培养效果的测评上会有较大的难度，但导师在育人过程中的具体行为以及学生道德素质的提升是具有一定的数量性特征的，是可以通过一定范围比重的量化测评实现的。二是对研究生的“硬”能力提升。研究生导师立德树人要德才并育，这也就要求研究生导师在育人的过程中要致力于对学生学术创新能力、实践创新能力的提升，这些都是研究生导师立德树人效果评价的事实基础。三是对研究生的保障支持。研究生导师优化学生的培养条件以及为学生带去人文关怀这类支持与保障工作，都是其立德树人的具体表现形式，研究生导师的支持保障工作促使其更好地完成立德树人的任务，这也是评价的对象或事实基础。

## 第二节　研究生导师立德树人评价的深层矛盾

研究生导师作为研究生培养的第一责任人，在研究生教育培养中肩负着立德树人的首要责任。研究生导师立德树人评价是提高研究生导师培养能力与研究生培养质量的重要动力来源。立德树人工作在本质上是一种教育活动过程，其自身的特点与评价活动的特点之间存在一些天然的矛盾，这给研究生导师立德树人评价带来了一些困难和障碍，具体的矛盾冲突体现在三个方面。

### 一、立德树人效果表现潜隐迟滞性与评价要求外显即时性的矛盾冲突

立德树人评价的指标是多维的，其中包括素质性指标、过程性指标和成果性指标，学生道德成长发展水平是衡量立德树人成果的重要依据，是重要的成果性指标，是立德树人评价的重要维度。但学生个人道德成长发展具有一定的潜隐性特征，这不符合评价活动对指标外显、即时的要求，给研究生导师立德树人评价造成了一定的阻碍。

一方面，潜隐性、迟滞性是立德树人效果的显著特点。[①] 立德树人效果包括育人的效果和育德的效果两部分。其中育德的效果具有潜隐性和迟滞性。一是育德的效果具有潜隐性。[②] 道德培育与养成是一个“润物细无声”的过程。同样，道德教育的效果也潜藏在道德主体中，可以通过某些具体的道德行为来检验。但是由于缺乏道德观念转化为行为的某些现实需要和特定道德情境，道德教育的部分效果是难以外化为具体行为并被识别和检验的。倘若某种教育效果连教育对象自身都没有清晰地意识到的话，那就更加难以被第三方观察和监测。从宏观角度来看，研究生导师道德教育的过程包括对主流思想如社会主义核心价值观等的引领。教师投入在教育过程中的精力、情感，教师自身对治学与育人的态度以及给学生提供的人文关怀等多方面内容，共同给学生带来了长远的影响。从微观角度来看，研究生导师对学生的道德教育是“帮助研究生完成道德发展的‘意义建构’，即把导师所传授的道德知识内化为道德情感，引发研究生产生共鸣并逐渐形成一种自发的意志品质和精神状态，最后落实到实践应用中，再次加深对这种理念的理解与认同，在大脑中长期存储的这种理解与认同的‘图式’便形成了较为稳定的认知结构，从而指导研究生执行道德行为”[③]。因此，我们只能从研究生外化出的道德行为中去观测他们的道德认知水平和道德意志品质。尽管个人内在的道德发展水平会外化为某些特定的具体行为，但无法仅凭道德行为来判断个人的内在道德发展水平。由此可见，我们很难对研究生导师在立德树人工作中到底在学生思想道德品质、理想信念、多维能力的提升中发挥了多大的影响进行测评。二是育德的效果具有迟滞性。一般来讲，教师对学生在知识和技能层面的教育培养效果是在短时间内就可以显现的，但思想道德的培养不是“立竿见影”的，道德培养效果的显现具有一定的滞后性。这是由于个体的道德品质发展是一个内部因素和外部因素共同作用的复杂过程。个体的道德发展是需要一个循环往复的、螺旋式上升的过程的，从外部刺激或内部需求开始引

---

①② 刘志，刘健康，许畅．研究生导师立德树人评价需要平衡三对矛盾冲突．学位与研究生教育，2019 (4)：8-12.

③ 刘志，韩雪娇．研究生导师立德树人需要突破的三重瓶颈．研究生教育研究，2018 (5)：15.

发个体接受的注意，再到主体主动接受各种促进自身道德发展的信息，通过演绎、解读和整合等加工过程逐步内化为自身的道德素质，通过外化为道德行为后不断地得到外部的纠正和强化，在满足初始需要的同时全新的道德发展需要产生，进而进入全新的循环，从而实现从量变到质变的过程。从整体上看，个体的道德发展是个体在社会环境的制约和影响下，通过社会实践不断提升个体思想道德素质的过程。研究生导师立德树人工作也是如此，研究生导师要刺激研究生主体意识的觉醒，要传输给研究生他需要的知识信息，要不断修正研究生的道德行为，因此，这个过程的复杂性就决定了育德成效显现的滞后性。

另一方面，评价活动要求指标具有外显性和即时性特征，这是评价活动具有可操作性的基本需要。研究生导师立德树人评价是要对研究生导师在其教育教学活动中育人的质量和效果进行价值判断，因此就一定要找到可以被观察的、可以被量化的研究生导师育人成效证据来证明其育人的质量和效果，这就要求研究生导师立德树人评价指标必须是外显的。除此之外，研究生导师立德树人评价的指标还必须具备即时性特征。对导师立德树人评价的展开是要划分一定的时间阶段的，这有利于观测在一定的时间段内导师立德树人工作的质量，也有利于对导师进行评价反馈，使其纠正工作的失误并填补工作的不足。这就要求我们精准地去测量“待考察”时间范围内的研究生导师立德树人工作质量与效率。

立德树人效果的潜隐性特征与评价活动要求评价指标具有外显性特征之间存在天然的矛盾。研究生导师立德树人效果评价要求指标是外显的、能够被观测到的，而立德树人更多的是对研究生内在思想品德的塑造，其真实效果潜藏于道德主体中，只有在特定情境或事件中才可能真实显现，这使得研究生导师立德树人的效果很难外化为具体的行为被评价活动识别和检验，给立德树人评价工作的推进带来困难和阻碍。立德树人效果的迟滞性特征与评价活动的即时性特征之间也存在着天然的矛盾。评价活动作为“有限责任公司”旨在检验研究生导师某段时间的立德树人成效，但由于研究生道德品质发展是一个内部因素和外部因素共同作用的复杂过程，导师立德树人的效果会发生延迟和滞后，这使得导师立德树人的效果产生要晚于导师立德树人的活动开展，导师立德树人评价很难精准地测量出“待考察”时间范围内导师立德树人的质量与效率。综上所述，立德树人效果的潜隐性、迟滞性特征很难适应评价工作对外显性和即时性测评指标的需要，这将长期阻碍着研究生导师立德树人评价的高效展开。

## 二、评价主体情感牵涉与评价本质客观求真的矛盾冲突

开展研究生导师立德树人评价会投入大量的人力资源和物质资源，因此，我们期待着一种趋于客观的结果。评价结果越客观就越有利于后期结果使用，越容易被研究生导师所接受，就越有利于指导研究生导师进一步加强和改进自身的立德树人工作。但值得注意的是，对研究生导师立德树人评价的主体所做出的价值判断是带有一定的主观性的，这其中掺杂着个人的情感因素，而这将对评价结果的客观性造成一定的影响。

一方面，评价主体在评价过程中存在个人情感态度的牵涉。评价主体指的是在评价过程中对被评价对象做出价值判断的评价者。研究生导师立德树人评价主体可能存在的情感牵涉大致分为以下几种类型：一是个人喜欢或厌恶的情感偏好。造成个人情感偏好的原因有很多，如双方的性格特点、年龄差距、表达习惯等。但倘若评价主体对被评价对象（某一研究生导师）产生情感偏好，会导致评价主体或是过分夸大或是过分贬低被评价对象，进而影响评价结果的客观性。二是畏惧担忧的情绪。这种畏惧担忧的情绪多产生于研究生群体，这种畏惧和担忧可能源于导师在日常教育教学中体现出的严厉要求，这会天然地给学生一种压迫感，使学生产生一种畏惧情绪，而这种畏惧情绪会使评价主体一味地给出高评价，从而影响评价结果的准确性、客观性。三是敬畏崇拜的情感。研究生导师是长期奋斗在科学研究一线的科学工作者，都在自身的研究领域取得了一定的研究成果，这会使得学生在敬佩导师研究成果的同时对导师个人也产生敬畏崇拜的情感，并盲目地将这种崇拜转化为对其一切教学活动行为的认可和肯定。四是以满足自身利益为目的的态度。研究生导师立德树人评价的展开会牵动很多利益相关方，这就难免会

损害某些评价主体的某些利益，为此，一些评价主体为保证自身利益不受损会选择夸大或贬低研究生导师立德树人的效果。五是不忍同情的情感。一些评价主体，如研究生导师的同事或学生出于对导师个人的同情，不想因为其工作质量效果不佳就抹杀其全部的辛苦与付出，不忍心严格按照标准对其进行评价，也会造成结果的不真实性。六是避免麻烦的情感。研究生导师立德树人评价结果的使用会使得部分导师面临导师资格被取消的风险，这不仅影响着研究生导师个人，很可能也影响着整个研究机构的发展或是其所带学生的发展，因此，一些评价主体会出于避免麻烦、“少生事端”的心态不负责任地给予肯定性的评价。七是“敝帚自珍”的情感。① 这种情感偏差多产生于导师自身，导师自评是评价活动的重要环节，但是由于导师个人之间的思想认识、情感情绪和能力素质存在一定的差距，导师对立德树人的理解也是不同的，很可能按照自身的评价标准盲目地肯定自身的工作。

另一方面，获得最客观真实的结果是效果评价的根本目的。② “检测评估必须注重历史基础与现实条件，从实际出发，排除主观臆断和情感因素，真实全面地反映思想政治教育的效果，既不要故意拔高，也不要随意贬低。”③ 客观性是评价活动开展所要遵循的首要原则，只有保证了评价的客观性，才能正确充分地使用评价的结果，而正确充分地使用评价结果对于高校、研究生导师、研究生都具有极为重要的价值。对于高校来讲，客观的评价结果将有利于进一步优化研究生导师队伍建设的管理决策。“评价是按照一定的教育性质、教育目标，采用定量和定性等手段对教育客观事物进行测量、分析、价值判断以及提供决策有用信息的一个过程。”④ 通过对研究生导师立德树人的评价，高校可以更好地测量、分析并判断研究生导师立德树人工作的开展和落实情况，这也使得研究生导师在动态的评价机制下不断地被监督、被考核，在增强育人动力的同时实现育人质量的提升。“客观的评价结果对于研究

①② 刘志，刘健康，许畅．研究生导师立德树人评价需要平衡三对矛盾冲突．学位与研究生教育，2019（4）：8－12.

③ 郑永廷．思想政治教育方法论．北京：高等教育出版社，2010：270.

④ 姜凤华．现代教育评价：理论·技术·实践．广州：广东人民出版社，2003：3.

生导师自身立德树人质量的提升也具有重要意义。”由于个人的思想认知或情感态度可能存在偏差，研究生导师可能在立德树人工作上一直存在着对育人目标理解不到位、对育人规律把握不充分的情况。如果长期缺少有效的评价反馈，研究生导师也将长期处于一种迷茫无序的状态，这十分不利于研究生导师个人的职业生涯发展。因此，客观的评价结果将会更好地帮助研究生导师厘清育人目标，掌握规范要求，并发现自身的缺陷与不足。除此之外，研究生也是评价互动开展的直接受益者。研究生导师立德树人质量与效率的提高将会直接促进研究生个人的成长与发展，有助于培养更多又红又专、德才兼备的社会主义建设者和接班人。

综上可见，客观性是评价活动遵循的首要原则，需要评价主体尽可能地做出符合实际情况的“评价性认识”① 判断。但由于评价主体在评价中掺入了自身的情感，这会使得评价结果的客观性受到影响。因此，评价主体的情感牵涉和评价活动的客观性需要之间的矛盾也将长期阻碍着研究生导师立德树人评价的开展。

## 三、立德树人效果归因边界模糊与评价绩效分割要求明晰的矛盾冲突

立德树人是教育教学的中心环节，也是衡量学校育人效果的准绳。作为一个多维综合的系统性教育活动，立德树人工作涵盖了思想道德教育、文化知识教育、社会实践教育等各个环节，涉及学科、教学、教材、管理等多个子系统。因此，在有如此多的教育要素参与教育教学的情况下，很难明确立德树人的效果到底归功于谁，这也就意味着找不到具体的教育责任主体。由此可见，立德树人效果归因边界模糊与评价绩效分割要求明晰之间存在着长期的矛盾。

一方面，“立德树人效果归因不易界定，存在模糊性”②。研究生个人的道德成长是全员全过程全方位育人的综合性结果。尽管《意见》对研究生导师

---

① 王茂胜．思想政治教育评价论．北京：中国社会科学出版社，2006：38.

② 刘志，刘健康，许畅．研究生导师立德树人评价需要平衡三对矛盾冲突．学位与研究生教育，2019（4）：11.

提出了七项明确的规定与要求，但也无法从研究生个人的成长发展变化中去辨别研究生导师到底落实了哪些育人要求，又到底产生了多大的教育影响。一是研究生立德树人的效果是全员育人的结果，不同的主体有各自不同的贡献，难以实现精确测量。这是由于研究生教育工作队伍的构成是多元复杂的，包括研究生导师、研究生辅导员、行政教辅人员等。其中，研究生导师是研究生培养的第一责任人，发挥着最关键、最核心的作用，但其他育人主体也发挥着不可忽视的重要作用。“政工干部队伍亦承担着研究生思想政治工作的重要使命。导师是研究生思想政治工作首要责任人，但不是无限责任人，不能也无法承担研究生思想政治工作的全部内容。”① 例如，专业课教师可以通过课堂授课的方式让学生更好地感受到严谨的治学态度，激发研究生对学术的热爱，等等。二是研究生立德树人的效果是全过程育人的结果。② 可以说，研究生当下表现出的道德水平不是仅仅受到研究生阶段的教育而形成的，而是一种长期受教育的结果，这种教育影响甚至可以追溯到其学前教育阶段。因此，研究生个人成长发展变化是全过程育人的结果，很难去划分哪些成长变化可以归功于研究生教育。

另一方面，“导师立德树人评价的绩效指向非常明确，分割要求清晰”③。研究生导师立德树人评价归根结底是要对研究生导师落实立德树人任务的质量与效果进行评价，因此，这一评价对象的指向性是非常明确的。换言之，我们需要评价的是研究生导师的立德树人工作效果，这其中不能掺杂其他教育主体发挥的影响作用。倘若一名学生受到某位专业课教师的影响，成长进步十分明显，并且这种成长进步被我们很准确地观测到，那么这种成长变化不能被看作是研究生导师立德树人的效果，被评价对象的效能划分必须是清晰明确的。如果评价对象的教育影响不能够被清晰地划分，那么对研究生导师立德树人的评价就是模糊的、不准确的。因此，明确被评价对象的立德树人效能划分的边界是进行评价的前提。在此基础上才能开展研究生导师

① 杨晓慧．论研究生思想政治工作的“五个统筹协调”．思想政治教育导刊，2018（5）：141.

②③ 刘志，刘健康，许畅．研究生导师立德树人评价需要平衡三对矛盾冲突．学位与研究生教育，2019（4）：8－12.

立德树人的评价活动，并“通过考察评价对象是否达到了教育目标，对其优劣程度、水平高低进行鉴定”[①]，实现评价的重要功能。

综上可见，评价活动需要对被评价者所发挥的效能边界有十分清晰明确的划分界定，研究生导师立德树人评价需要清晰地划分出研究生导师立德树人工作所发挥的教育实效，而这种实效以研究生个人的道德成长变化为依据。但是，研究生个人的道德成长变化是全员育人、全过程育人的结果，无法清晰地将这一成效归因到具体的教育主体或教育时段内。因此，立德树人效果归因边界模糊与评价绩效分割要求明晰的矛盾冲突也是研究生导师立德树人评价展开的深层困境之一。

## 第三节　研究生导师立德树人评价的瓶颈突破

制约研究生导师立德树人评价的三对矛盾冲突在开展研究生导师立德树人评价理论研究与实践测量中表现为多样的问题，如难以构建起健全完善的评价体系，缺少科学全面的评价指标，评价责任主体尚不明确，缺少行之有效的评价方法，等等，为突破这些瓶颈问题还应从解决制约评价的三对矛盾冲突入手。

### 一、降低由于立德树人效果表现潜隐迟滞性所带来的误差

立德树人效果尤其是育德效果存在一定的潜隐迟滞性特征，而这会给评价带来一定的误差。降低这一误差的关键在于以下两点：一是要避免仅凭育人效果来对研究生导师立德树人进行评价，二是要尽可能地深入挖掘出潜隐迟滞的育人效果信息。

一是建立“职责＋素质＋成果”三维评价指标，降低仅凭成果指标进行评价带来的误差。挖掘反映研究生导师立德树人的核心指标，实际上是要弄

① 朱德全．教育测量与评价．北京：高等教育出版社，2016：17.

清楚研究生导师立德树人评价“测什么”的问题。只有厘清评价需要测哪些方面的内容，才能够在本质上展现出研究生导师立德树人的真正质量。作为评价体系构建的基本核心要素，优化指标体系的设计可以在一定程度上降低多重原因带来的评价误差，从根本上实现瓶颈问题突破。我们知道，研究生导师立德树人效果是研究生导师育人质量的最直接体现，但同时研究生导师立德树人效果表现的潜隐迟滞性可能也会制约评价的准确性。因此，为降低这种不准确性带来的误差，评价工作不仅仅要在结果上设立评价指标，更要在过程上、个人能力素质上确立多维度的评价指标，以求降低评价误差，从而相对准确地、全方位地对研究生导师立德树人的真实情况进行考察。“指标是目标在某一方面的规定。”① 因此，研究生导师立德树人评价的指标确立需要依据研究生导师立德树人的任务目标，分解出能够反映研究生导师立德树人本质特征的主要因素，即挖掘出影响研究生导师立德树人质量与效率的要素。由此可见，明确研究生导师立德树人的任务目标是确立科学评价指标的首要环节。《意见》从整体上提出了研究生导师立德树人的目标：（研究生导师应）遵循研究生教育规律，创新研究生指导方式，潜心研究生培养，全过程育人、全方位育人，做研究生成长成才的指导者和引路人。依据这一整体目标，研究生导师立德树人评价应在三个维度上展开。第一，在教育过程上检验研究生导师是否切实履行了自身的职责使命，创新研究生指导方式，潜心研究生培养，真正做到全过程育人、全方位育人。第二，要在研究生导师素质能力上进行评价，检验其是否具备立德树人的教育能力素质，是否能够把握并遵循研究生教育规律。第三，要在教育结果上进行评价，检验其是否能够真正对研究生产生有效的教育影响，能否真正成为研究生成长成才的指导者和引路人。因此，为避免仅凭育人成效对研究生导师立德树人工作质量进行评价带来的误差，应设计“职责＋素质＋成果”的三维指标体系。

二是运用“中层概念测评”评价方法，深入测量已经发生但潜隐存在的道德成长变化。研究生个人的道德成长变化程度可以在一定程度上体现研究

---

① 王孝玲．教育评价的理论与技术．上海：上海教育出版社，1999：59－60.

生导师的立德树人效果，是研究生导师立德树人评价的重要内容。一方面，由于道德水平的发展具有一定的潜隐性，更多时候需要通过外化的道德行为才能够被观察到。但由于评价开展的时间周期和人力资源都有限，无法全面评判研究生的道德行为表现；同时，由于缺少一定的道德情境，研究生个人的道德成长可能也无法得到外显化的体现。这些都说明，我们无法根据具体化的道德行为来对研究生的道德成长进行评价。另一方面，相对于道德行为这种高度具体化的表层道德概念，底层道德概念又过于抽象。科尔伯格将这种底层道德概念理解为“道德基石”，即公正，它是个体做出一切道德选择的根本出发点，但这种底层道德概念过于抽象潜隐，更是很难被观察和测量到。因此，莱斯特提出了“中层概念测评”的方法，测量位于表层道德概念与底层道德概念之间的中层道德概念，这一测量方法更具可操作性。“中层概念测评”对于一个人在某个具体道德情境下所体现出的道德水平测量得更为精确，因此对各类道德教育项目的成果评估也更为有效。[①] 中层道德概念既与研究生的学习生活息息相关，又具有一定的概括性。在研究生群体中，中层道德概念具体可以体现为尊重、责任、诚实、自律、勇敢和忠诚等。[②] 与此同时，需要通过设计道德两难故事、行动选项以及计分键等方式落实具体的中层概念的测量，实现对研究生潜在隐藏的道德成长的测量。

三是建立“跟踪式”评价机制，长期测量已经产生但迟滞显现的道德成长变化。研究生导师的立德树人效果一部分是即时显现的，如研究生学术能力的提升、实践能力的增长。但研究生导师立德树人的部分效果是迟滞显现的，如研究生的道德成长变化。因此，对迟滞性育德成效的测量与挖掘是提升研究生导师立德树人评价科学客观性的必要环节。研究生道德成长变化的迟滞性指的是，研究生将导师的教育影响内化为个人的道德认知，再外化为个人的道德行为，进而形成更高层次的道德水平，这个过程需要一定的周期，

---

① 宋晓东，刘次林．中层概念测评及其在青少年道德测评中的应用．教育发展研究，2018，38(4)：30.

② T. Lickona. Character Education：Seven Crucial Issues. Action in Teacher Education，1999，20(4)：77－84.

因此，研究生的道德成长变化可能存在一定的迟缓、滞后的现象。由此可见，研究生导师立德树人评价必须采取“跟踪式”的评价方式，在固定的周期内对研究生导师立德树人工作进行阶段性评价，这给育人效果的评价留有一定的空间，也有利于迟滞性的研究生道德成长变化的不断显现，不断提升评价活动的科学准确性。

## 二、降低由于评价主体情感牵涉所带来的误差

研究生导师立德树人评价最本质的需要就是客观地对导师立德树人的真实情况进行价值判断。但由于参与评价的主体可能会在评价过程中掺杂自身的个人情感，影响评价的客观性，所以，为减小这一误差，关键要从两个方面进行突破。首先，要尽可能地避免评价主体在评价过程中夹杂个人情感，将误差最小化。其次，要控制观念性、主观性的价值判断在整体评价中的占比。

一是实现多维主体共同评价，以期多主体间相互补充纠正。在众多的评价主体中，可能牵涉的情感类型的不同，导致评价结果的误差存在一定的随机性，但这种误差的影响可能是正负并存的。例如，某一评价主体可能出于自身利益的需要而贬低研究生导师立德树人的整体效果，抑或是某一评价主体出于畏惧的情绪过分夸大了研究生导师立德树人的效果。由此可见，评价主体的情感牵涉给评价结果造成的误差具有较强的不确定性。目前，“360度绩效考评方法”常常运用于企业个人能力或绩效的考评中。“360度绩效考评方法”以心理学测量的真分数理论为基础，强调被考察对象的实际得分应是假设得到的真分值加上误差的总和。从理论上讲，评价主体的数量越大误差就会越低，同时评价主体的维度越全误差也会越低。因此，研究生导师立德树人评价需要确立全方位的多维评价主体，尽可能全面地了解被考察对象的实际情况，实现多维评价主体间的相互补充、相互纠正，进而降低由评价主体情感牵涉给评价结果带来的误差。多维评价主体可以根据其与被评价者的关系类型区分为直接评价主体与间接评价主体。首先，直接评价主体指的是与被评价者即研究生导师产生一定的价值关系，并对这种价值关系及其运动

状态进行价值判断的价值主体。一方面，在研究生导师立德树人职责落实的过程中直接与研究生导师产生价值关系的主体是研究生导师自身和研究生，因此研究生导师和研究生是最直接的评价主体。另一方面，在对研究生导师立德树人素质能力的评价中，可能与其产生价值关系的主体包括研究生导师及其领导、同事，以及相关职能部门人员、研究生。因此，直接评价主体包含研究生导师自身、研究生、研究生导师的领导和同事以及相关职能部门人员五个维度。其次，间接评价主体指的是置身于研究生导师所处的价值关系外，从第三方的角度对研究生导师立德树人进行外部评价的责任主体。有研究认为，只有当价值主体进行评价活动时，他才会成为评价主体。站在旁观者的角度，他就不可能是评价主体。但值得思考的是，不作为价值主体的旁观者在研究生导师立德树人评价活动中就没有表达自身看法的权利和责任吗？由于研究生个人的道德成长变化会外化为具体的道德行为，这些道德行为蕴含于日常的学习与生活中，所以，在日常生活中与研究生接触的其他教师或者教学管理人员会有所观察。这些相关人员虽然不是置身于价值关系中的价值主体，但应该具有一定的发言权、评议权，从第三方的角度做出一定的价值判断。

二是强化评价责任主体意识，避免情感牵涉的影响。评价主体的多重情感牵涉与评价本质客观求真之间是存在矛盾冲突的，而导致评价主体在评价活动中掺杂个人情感的主要原因之一就在于评价主体忽视了自身在评价活动中的责任主体地位，对自身角色与任务的认知模糊。清晰定位多维主体在评价活动中的角色与任务有利于明确评价主体在评价各环节中的重要地位与作用，端正自身的态度，进而在一定程度上避免评价责任主体的情感牵涉，进一步提升评价结果的客观真实性。研究生导师立德树人评价包含多维责任主体，具体包括研究生导师、研究生、研究生导师的领导和同事以及相关职能部门人员。在具体的评价活动中，同一个人可能扮演着多重的责任主体角色，也就需要承担起不同的评价功能，完成不同的评价任务。例如，一名研究生在评价其导师的立德树人职责履行情况时扮演着评价承担主体的角色，需要对其观察到的研究生导师立德树人职责履行情况进行主观性的价值判断。但是，在研究生导师立德树人成效评价中，需要对研究生的成长发展水平进行评价，因此，研究生在这一评价中就扮演了评价对象主体的角色，需要配合评价活动展开具体的访谈或问卷测试。因此，评价活动需要具体定位出多维责任主体在评价活动中的角色与任务，保证研究生导师立德树人评价的有序开展。

三是运用客观评价工具，降低评价主体的主观评判误差。从根本性质来看，评价主体对研究生导师立德树人做出的评价是观念性的、主观性的。上文提出的瓶颈突破路径尽管能够在很大程度上降低由于评价主体情感牵涉所带来的误差，尽可能接近研究生导师立德树人的真实状况，但无法完全消除其自身带有的主观性烙印。因此，评价活动必须采用一定比重的客观性评价来修正主观性的评价结果，并且这种客观性评价应蕴含于导师立德树人评价的所有维度中。在对研究生导师立德树人职责落实情况的评价中，要对研究生导师在履行职责的过程中具体落实的频率与数量进行考量，例如，测量研究生导师对研究生进行学术规范训练的频率以及为研究生提供的学术研究经费支持的数量等。在测评研究生导师个人的能力素质时，应开展相应的客观性测评，考察其师德素质、学术创新能力、实践创新能力，以及实际的教育指导能力。例如，需要对研究生导师对于马克思主义理论、国家政策文件的理解与掌握程度进行考评，对研究生导师的学术创新成果、实践创新成果的数量与质量进行考评，以及对研究生导师对教育规律的掌握与运用的熟练程度进行全方位的考评。在对研究生导师立德树人的效果进行评价时，可以开发出客观的评价工具，评价研究生在道德感受力、道德判断力、道德驱动力以及道德恒定力等多种影响研究生道德水平的因素上的成长与变化。

## 三、降低由于立德树人效果归因边界模糊所带来的误差

立德树人的效果即研究生个人的成长变化，是衡量研究生导师立德树人质量的核心。但影响研究生成长发展的因素是多样的，研究生导师是关键因素，却不是唯一因素，仅从育人效果的角度是无法准确考察到研究生导师立德树人工作的实际效果的。因此，平衡这一对矛盾冲突的关键在于找到能够

证明研究生导师切实发挥教育影响作用的依据与凭证。

一是调研学生对于研究生导师落实立德树人职责的获得感与满意度，考察研究生导师发挥的显性教育影响。研究生个人的成长成才是高校“全员育人”的结果。由于在育人过程中多维教育者如研究生导师、研究生辅导员、相关教育教学人员都发挥着不同类型的功能以及不同程度的作用，因此，无法准确判断研究生导师在其中发挥了何种程度的作用，贡献了多少力量。换言之，在评价中尽管可能测量出研究生个人明显的成长发展，但却无法明确地将其归因于研究生导师的立德树人所产生的教育影响。上文提到仅凭育人效果来对研究生导师立德树人进行评价是不准确的，应从育人过程、个人素质以及育人效果三个维度展开立体全面的评价。同样，在育人效果中准确划定研究生导师立德树人的教育影响是十分困难的，但是我们可以在研究生导师立德树人的过程中去考察导师职责落实的实际情况。值得注意的是，有些导师的确在育人过程中落实了立德树人的具体职责，但倘若学生并没有接受，研究生导师对学生产生有效的教育影响也就无从谈起。因此，在评价中需要有所侧重地对学生的获得感以及满意度进行调研。例如，在评价中可以具体调研“您认为导师对您进行的学术规范或相关培养训练对您自身形成学术诚信精神是否起到了积极影响?”设置类似的学生对研究生导师立德树人工作获得感和满意度的评价题项的目的在于，倘若研究生能够在导师立德树人的具体环节中感受到自身有所收获、有所成长，就说明研究生导师的立德树人工作的确发挥了作用，这有助于测量出那些学生能够清晰感知的导师所发挥的教育影响，也是从学生的角度考察导师所落实的立德树人职责是否能够被学生所接受，并实实在在发挥作用的良好途径，可以更好地发挥评价工作“以评促建”的功能。

二是通过对研究生导师立德树人纪实材料的分析，进一步挖掘研究生导师所发挥的隐性教育影响。对研究生导师立德树人效果进行清晰归因还面临一项现实挑战，即在一些情况下导师会采用一种隐性的教育方式，“润物细无声”地对学生进行培养，在这种培养方式下学生自身可能在没有清晰意识的情况下逐渐得到多方面的提升。因此需要注意的是，研究生或其他评价主体的评价是体验式的，可能与实际效果之间存在一定的误差，或研究生并没有意识到自身潜移默化的成长，也没有意识到这其中研究生导师所付出的努力，这都要求评价活动应该依据一定的事实性、描述性材料，由评价工作人员对材料进行分析编码，提炼出研究生导师在隐性育人方式中所发挥的教育影响。研究生导师立德树人纪实材料包括，研究生导师的工作日志、研究生个人成长日记等。这些材料包括研究生导师在立德树人过程中对学生产生实际育人效果的关键事件或关键环节。通过对这些事件的分析，有助于进一步确定研究生导师立德树人工作给学生带来的教育影响的实际情况，提高育人效果归因的科学性。美国的政治参与项目（Political Engagement Project）在项目结束后就采用一种“自我报告”的形式来间接地对学生进行评价。“只要认真编写自我报告的问题，为自我评估的水平使用明确的参考点，并参考特定的主题领域，那么实际成绩和自我报告的成绩之间就有很高的相关性。”[①] 由此可见，在要求导师和学生撰写这种纪实材料时应该有明确的参考范围与主题领域，这样能够避免由于内容过于宽泛而导致材料无效的情况出现。

① Colby Anne，Elizabeth Beaumont，Thomas Ehrilich，et al. Education for Democracy：Preparing Undergraduates for Responsible Political Engagement. San Francisco：Jossey-Bass，2007.

# 第七章 研究生思想政治教育国际视野

新时代，在教育强国战略的指导下，我国高等教育进入内涵式发展阶段，研究生思想政治教育也跨入新的历史时期，面临着新的机遇与挑战。新时代，党和国家立足中国特色社会主义事业发展的战略全局和实现中华民族伟大复兴中国梦的目标导向，紧紧围绕“怎样培养人”的根本问题，提出“建设世界一流大学和一流学科”的国家战略。“他山之石，可以攻玉。”习近平总书记明确指出教育要对外开放，加强同世界各国的教育交流。研究生作为拔尖创新人才是各国人才计划重点之所在，世界各国均有符合本国国情的研究生人才培养策略，如何有效借鉴他国研究生思想政治教育[①]的经验，提升我国研究生培养质量，已成为当前研究生思想政治教育领域研究的前沿热点问题。本章从破解研究生思想政治教育国际比较的基本内涵、重要意义和可行性等理论问题入手，以美国四所世界一流大学的工作实践为研究对象，通过“解剖麻雀”的方式深入分析美国一流大学研究生思想政治教育的基本特征，为研究生思想政治教育提供国际视野。

## 第一节　研究生思想政治教育国际比较的理论前提

厘清研究生思想政治教育国际比较的基本内涵，明确国际比较的必要性和科学性，把握研究生思想政治教育比较借鉴的原则方法，是科学有效地将世界高校经验为我所用的前提和基础。本节主要回应三个问题：什么是研究生思想政治教育国际比较，为什么进行研究生思想政治教育国际比较，以及我国何以能进行研究生思想政治教育国际比较。

### 一、研究生思想政治教育国际比较的内在规定

厘清内在规定是开展科学研究首先要解决的问题。本书从研究生思想政

① “思想政治教育”是我国的专有名词，国外虽然没有“思想政治教育”这一概念名称，但是存在思想政治教育实践活动这一客观事实。因此，本书为了行文方便，将国外与我国“思想政治教育”实质一致的相关教育活动称为“思想政治教育”。

治教育国际比较内在规定的架构切入，结合现实生活中人们对于国际比较常见的认识误区，从理论与实践两个维度厘清研究生思想政治教育国际比较的内涵，并以此为中心，相应地延伸出概念、原理、理论等相关的知识网络。研究生思想政治教育国际比较的内在规定如下：

1. 是客观之“所指”而非期待之“应指”

客观之“所指”是指立足于充分认识肯定别国经验之视角，深入他国文化中把握其表达的思想政治教育实践的内涵，便于在实践事实的层面保持一种理性的、客观的、灵活的对应。期待之“应指”是指研究者有目的或偏差地以本国为中心去理解他国思想政治教育的事实以及他国的范畴体系或概念、观点、理论，进而开展可借鉴性研究。在现实生活中，人们常认为将他国相似的理论或事实直接进行简单的类比即为国际比较。导致这一现象的原因多样，如对研究生思想政治教育的内涵、外延没有一个确定性的理解，对很多概念的认知存在偏差或误解；未立于他者文化视域与现实境遇，把握不同国家或地区研究生思想政治教育领域的相关概念；等等。研究生思想政治教育国际比较建立在跨文化交流的基础上，需要在话语形态上具有可沟通性，防止由概念的翻译所带来的理论误认。“不应强行将本国的语汇加到别国的某一事实之上，而是要在尊重别国话语的前提下做好话语转换，在中国与其他不同国家之间建立不同的、变动性的、往往相当复杂的应指-所指对应关系”①。

2. 是背后之“本质”而非事实之“表象”

背后之“本质”是指基于对他国研究生思想政治教育模式形成规律的分析把握，思考他国研究生思想政治教育与中国当前研究生思想政治教育现实之间的异质性。事实之“表象”是指在寻找国外思想政治教育事实的过程中，仅仅针对思想政治教育工作的制度、理论和实践的细节等方面进行简单类比的研究现象。现实对研究生思想政治教育的国际比较研究常停留在描述他国思想政治教育事实的层面。部分研究的视点仍聚焦于他国研究生思想政治教

① 戴锐．跨文化对话之条件与比较思想政治教育学之前路．思想政治教育研究，2014，30（4）：13.

育有无相似的事实这一问题，所揭示的多是经验而非规律。产生此种情况的原因主要在于未“深入不同国家在各个不同历史时期的社会物质生活条件内部、历史文化内部、政治生活内部、思想政治教育事实内部，揭示其中蕴含的规律，肯定其历史合理性和实践价值”①。研究生思想政治教育的国际比较应是深入历史文化背景把握住别国实践经验生成的规律，分析这一规律与我国研究生思想政治教育实际的契合性，进而扎根中国大地批判性地吸收创新的完整过程。只有摆脱牵制，自主地实现由事实的“表象”向其背后的“本质”的转移，才能实现本国的自我完善和发展。

3. 是规律之“应用”而非经验之“套用”

规律之“应用”是将他国研究生思想政治教育实践中总结凝练出的规律，基于传统与现代、本土与全球的时空视角的审视，以我国研究生思想政治教育所处的文化和历史背景为根基与主体，在遵循民族价值诉求与时代要求下进行有机结合，借鉴其有益成分，为我所用。经验之“套用”是指在国际比较研究的实践应用对策分析中，单纯将国外研究生思想政治教育经验进行简单的移植和照搬套用的研究误区。国外研究生思想政治教育经验具有强烈的文化色彩，而中国所具有的5 000多年悠久传统文化、独特的中国特色社会主义道路等都与别国存在差异，不能简单照搬，必须根植于中国本土文化，融入中国研究生教育体系，在不断改革创新中逐步探索出具有中国特色的研究生思想政治教育工作模式。

## 二、研究生思想政治教育国际比较的意义论析

我们党历来高度重视研究生这一拔尖创新人才群体的思想政治教育，始终强调要把高校思想政治教育摆在突出位置并持续对其进行加强与改进，研究生思想政治教育的重要性不言而喻，但对于研究生思想政治教育国际比较研究的意义学界却众说纷纭。从能否比较之辩到为何要行国际比较之争，学

---

① 戴锐．跨文化对话之条件与比较思想政治教育学之前路．思想政治教育研究，2014，30（4）：12.

界对于国外存在研究生思想政治教育的客观事实这一前提已达成基本共识，而对于为何要进行国际比较，其观点大体分为两种：一是“比较借鉴说”，即在国际比较中挖掘探寻可以为我国所借鉴的规律、经验和教训等；二是“比较认识说”，即国际比较是为了更真实地认识和了解世界，而非一定要借鉴。其实，研究生思想政治教育的国际比较研究是改革开放以来高校长期面临的“老问题”，也是在新时代更加凸显其紧迫性与重要性的“新问题”，更是一个关涉人类命运共同体构建的“大问题”。研究生思想政治教育国际比较的重要意义主要体现在以下三个方面：

1. 在中国特色与国际比较中牢牢坚守并加强高校意识形态阵地的管理

“当前，国际国内形势深刻变化，不同思想文化交流交融交锋，社会思潮多元多样多变。改革开放和社会主义市场经济的深入推进，互联网等新的传播渠道的迅速发展，在有力促进社会发展进步的同时，也给社会思想文化领域带来复杂影响，高校思想政治工作面临许多新情况新任务新课题”①，正确认识国际比较就显得尤为重要。一方面，研究生思想政治教育的国际比较是培养具有中国特色社会主义理想信念和国际视野的研究生的重要途径。高校研究生思想政治教育工作肩负引导师生正确认识中国特色和国际比较，全面客观认识当代中国、看待外部世界的重任。国际比较为高校师生看世界提供了全面观看国外实际的窗口，通过国际比较可以引导广大师生深刻感受到新时代中国在政治、经济、文化、科技、军事等各领域取得的辉煌成就，坚定“四个自信”。引导研究生正确认识中国特色和国际比较，关系高校怎样培养人以及为谁培养人的根本问题，只有做到兼顾两者，既重视中国特色又重视国际比较，才能培养出具有高尚爱国情操和国际视野的社会主义建设者和接班人。另一方面，研究生思想政治教育的国际比较为强化高校意识形态阵地建设管理、旗帜鲜明地批判错误观点和思潮提供客观事实支撑。有调研才有发言权，研究生相比于本科生在思想上更具批判性。只有从经济、历史、文

① 中共中央党史和文献研究院．十八大以来重要文献选编：下．北京：中央文献出版社，2018：479.

化等视域深入研究剖析国外研究生思想政治教育，才能摆出事实、讲明道理，从源头上批判境外敌对势力向高校渗透的错误观点和思潮。与此同时，研究生思想政治教育的国际比较还为研究生思想政治理论课体系改革创新、教材体系完善、马克思主义真理阐释加入各国实践素材，增强研究生思想政治教育内容的丰富性和说服力。

2. 在普遍性规律的把握中研判世界研究生思想政治教育未来的趋势

“我们对高等教育的需要比以往任何时候都更加迫切，对科学知识和卓越人才的渴求比以往任何时候都更加强烈。”① 党中央做出高等教育内涵式发展的战略决策，就是要提高我国高等教育人才培养质量，为共产主义伟大事业输送更多优秀建设者和接班人，而研究生思想政治教育国际比较在其中发挥着重要作用。首先，研究生思想政治教育的国际比较是探索世界研究生思想政治教育实践规律的重要渠道。研究生思想政治教育的国际比较以不同国家或不同时期的研究生思想政治教育实践为研究对象，探索研究生思想政治教育的一般规律与特殊规律，包含教育的规律、研究生思想政治教育的规律以及研究生的成长规律，而研究生思想政治教育的国际比较为规律提炼提供了大量的、丰富的历史及现实素材，只有准确把握规律，才能准确预判研究生思想政治教育的发展大势。其次，研究生思想政治教育的国际比较为研究生思想政治教育创新发展提供国际视野，有利于研究生思想政治教育适应时代和实践发展的新变化。“双一流”建设本身就是有助于教育体系在全球范围内进行比较的概念，具有鲜明的全球比较的特征，全球视野需要贯穿“双一流”建设的各个环节，研究生思想政治教育亦然。用国际比较的眼光思考研究生思想政治教育发展中的问题，有助于正确认识世界的发展大势，有助于科学研判研究生思想政治教育发展的趋势规律。最后，研究生思想政治教育的国际比较为建设世界一流的研究生思想政治教育体系提供超越式发展的自觉。“双一流”建设除了具有全球比较特征，还具有鲜明的竞争特征。国际比较对于促进研究生思想政治教育自我审视、探寻中国特色的优秀基因内核、激发

① 习近平．习近平谈治国理政：第2卷．北京：外文出版社，2017：376.

研究生思想政治教育超越式发展的自觉具有重要意义。

3. 在全球化的战略部署中助力人类命运共同体构建倡议的基础奠定

党的十八大以来，以习近平同志为核心的党中央敏锐把握中国与世界关系的历史性变化，深刻洞察人类命运前途和时代发展趋势，提出了构建人类命运共同体的重要倡议。一方面，研究生思想政治教育的国际比较有利于各国多姿多彩的思想文化的交流互鉴，拉近各国间的心理距离，共同推动人类文明进步。中国具有优秀的文化基因、先进的社会主义文化以及特色的革命文化，研究生思想政治教育的国际比较促进我国先进的中华文化与世界各国文化的交流，为人类命运共同体构建奠定基础。另一方面，研究生思想政治教育的国际比较有利于提升我国研究生思想政治教育国际话语权，为研究生培养贡献中国智慧和中国方案，进而影响中国在构建人类命运共同体中扮演的角色与所处的地位。我们需要在全球化的文化语境中思考国外研究生思想政治教育的基本特质、普遍经验与文化基因，还要深入研究我国研究生思想政治教育工作所处的"全球视野与本土实践"的国际背景、"软实力竞争与文化输出"的战略诉求、"社会转型与社会整合"的改革方式，从而推动形成不同国家研究生思想政治教育工作之间"平等相待、互学互鉴、兼收并蓄"的文明交流新形态。

## 三、研究生思想政治教育国际比较的现实基础

前文主要阐释研究生思想政治教育的国际比较对于研究生培养以及思想政治教育本身的重要现实意义，但还需要解决研究生思想政治教育的国际比较何以可能的问题。

1. 国外存在研究生思想政治教育这一客观事实是国际比较的前提条件

比较的前提是比较客体具有可比性和可借鉴性，"有可借鉴性才值得实施借鉴，可借鉴性在借鉴过程中经由不断地回应和解答借鉴内容是否具有实效性而生成、发展和稳固"[①]。一方面，研究生思想政治教育的理论与实践是人

---

① 郗厚军，康秀云．国外思想政治教育可借鉴性：前提反思、根据认识及实现要求．思想理论教育，2017（10）：18.

类社会普遍存在的，世界各国都通过不同形式进行理论和实践的探索。全球研究生教育的目的都是培养各自国家和社会发展所需要的拔尖创新人才，教育各环节的工作均围绕这一核心目标开展。其他国家虽然未使用“研究生思想政治教育”这一概念，但各国都会依据本国的国家意志和民族精神构建本国体系化的教育实践活动，以加强研究生的思想政治素养和道德水平。各国研究生思想政治教育这种在研究生日常学习生活全过程融入国家主流意识形态的一致性，决定了各国研究生思想政治教育的共通性。另一方面，国外研究生思想政治教育在发展中积累了许多经验教训。世界一流大学意味着一流的研究生教育培养以及人才培养质量，而贯穿其中的研究生思想政治教育自然也是一流。各国研究生思想政治教育均随着研究生教育的发展而发展，并在发展过程中积累了宝贵的经验，可在研究生思想政治教育的国际比较中相互交流借鉴。

2. 国内具有支持研究生思想政治教育国际比较开展的扎实基础

国际比较是一把双刃剑，在巨大价值的背后，还潜藏着在基于比较视角认识世界的过程中迷失育人方向及迷失自我的风险。随着全球形势的变革发展与中国实力的快速增强，历史和实践无不向世界证明着中国特色社会主义制度、道路的优越性，国内具备开展研究生思想政治教育国际比较的自信与条件。首先，马克思主义中国化时代化的理论成果尤其是习近平新时代中国特色社会主义思想为研究生思想政治教育国际比较指明了方向。习近平新时代中国特色社会主义思想是马克思主义中国化时代化的最新理论成果，其中，关于“两个大局”同步交织、相互激荡的重大论断为观察审视国外研究生思想政治教育现实状况、发展变革及其对我国的影响提供了立足点；关于“用宽广视野吸收人类创造的一切优秀文明成果”的重要论述为在开放视野中博采众长、不断完善自己、深化推进当代中国研究生思想政治教育创新发展提供了着眼点；关于“扎根中国、融通中外，立足时代、面向未来”的重要论述为以世界视野深化推进当代中国研究生思想政治教育创新发展提供了落脚点，为研究生思想政治教育国际比较指明了方向。习近平新时代中国特色社会主义思想为国际比较批判性地吸收和借鉴国外研究生思想政治教育有益做法，探索符合中国实际、具有时代特点、服务中国特色社会主义事业发展需要的研究生思想政治教育现代化新道路提供了世界观和方法论。其次，我国拥有悠久的比较研究的历史传统。中华民族 5 000 多年悠久的历史与灿烂的文明为研究生思想政治教育的国际比较提供了强大的文化基因。再次，我国比较教育学快速发展。中国教育学经过一个多世纪的发展，已基本形成了自身的学科体系，并融入中国人文社会科学，20 世纪 80 年代初开始，便有学者倡导“建设有中国特色的比较教育学”。40 多年来，我国比较教育学领域成果显著，影响深远。在坚持中国特色比较教育学的初衷下，我国创建了中国特色比较教育理论，为比较思想政治教育学科提供了基本的理论参照与研究范式，明确了发展方向。最后，我国目前已初步具备加强研究生思想政治教育国际比较的理论和实践条件。近年来，我国比较思想政治教育在课程建设、教材出版、人才培养和师资队伍等方面奠定了扎实的实践基础，实现了研究视角的全面性概览与局部性深挖相结合的发展，为加强研究生思想政治教育比较借鉴研究提供了重要的理论条件。

3. 时代新局为研究生思想政治教育国际比较提供畅通的交流渠道

“要运用新媒体新技术使工作活起来，推动思想政治工作传统优势同信息技术高度融合，增强时代感和吸引力。”① 新时代背景下世情国情的发展为加强研究生思想政治教育国际比较创造了难得的历史契机，研究生思想政治教育必须迎合国际化需求。国内思想政治教育经过多年的发展，对自身理论与实践体系形成了全面系统的了解与认知。正所谓“知己知彼，百战不殆”，在人才竞争激烈的今天，我们除了要厘清自身发展经验外，更应抓住时代契机加强国际的对话交流。首先，大数据时代的到来为国际比较提供了技术支撑。当前，网络的全覆盖使地球发展为“地球村”，大数据与人们的日常生活紧密相连。研究生思想政治教育领域亦是如此，高校、学生、教师、课程等核心要素均通过数据建立与全世界的现实联系，这些数据为研究生思想政治教育

① 把思想政治工作贯穿教育教学全过程　开创我国高等教育事业发展新局面．人民日报，2016－12－09 (1).

国际比较提供了可视化的基础，互联网的发展为研究生思想政治教育国际比较提供了线上交流路径与土壤。其次，改革开放40多年中外教育对话交流已具有良好的基础。自邓小平同志1992年发表南方谈话起，高校思想政治教育学习和借鉴国际成熟经验的做法越来越多，习近平总书记也明确提出教育要对外开放，我国教育必须加强同世界各国的交流，特别是对外学术交流不断丰富和加深，博采众家之长为己所用。新时代，中外高校校际交流合作项目、学术交流会议等逐渐增多且日趋完善，国际学生数量飞速提升，这为研究生思想政治教育国际比较提供了良好的线下交流渠道，党和国家的战略部署也为研究生思想政治教育国际比较提供了坚实的外部保障。

## 第二节　美国一流大学研究生思想政治教育的现实状况
——以哈佛大学等四所大学为例

研究生思想政治教育事关高层次拔尖创新人才为谁培养这一根本问题，世界各国虽然没有“思想政治教育”这一术语，但对拔尖创新人才意识形态教育引领的高度重视却不约而同。美国教育发展世界领先，拥有众多世界一流学府，2022年泰晤士高等教育世界大学排名显示，前10所世界著名大学中美国占8所，美国一流大学开展研究生思想政治教育的模式也受到了学界的广泛关注。本节旨在以“解剖麻雀”的方式，对美国具有代表性的四所一流大学的研究生教育管理工作展开剖析，力图以小见大、以点带面，为探寻美国一流大学研究生思想政治教育的典型特征，对其成功经验和发展局限进行批判反思奠定基础。

### 一、美国一流大学研究生思想政治教育的研究过程

1. 内涵界定

我国研究生思想政治教育在广义上可以认为涵盖了日常思想政治教育、心理健康教育与安全稳定、生涯发展指导与服务、日常管理、研究生奖励与

惩处、研究生资助与学费等方面内容。在美国，不存在研究生思想政治教育这一概念，但实际上为满足研究生发展的需要和社会要求，各大学都配置负有研究生思想政治教育责任的机构和工作人员，在校园生活、财政服务、社区服务、心理咨询、职业生涯教育、创业教育、文体活动等方面发挥着重要的思想引领作用，并在日常的管理和服务中进行价值观的教育与渗透。因此，我们把美国一流大学校园内除与学术学位相关的事务外的教育、管理、服务事务统一归为研究生思想政治教育范畴。与国内研究生思想政治教育相比，美国一流大学的思想政治教育覆盖领域划分更精细、覆盖范围更加广泛、服务更加专业。

2. 研究目的与目标

人类命运共同体理念倡导民心相通、文明互鉴的思想要求我们借鉴世界文明、尊重差异、分享经验。因此，本研究的目的就是通过对美国一流大学研究生思想政治教育的分析研究，提炼概括美国一流大学研究生思想政治教育的基本思路和本质特点，为我国研究生思想政治教育提供国际经验。具体要完成以下目标：第一，明晰美国研究生思想政治教育体制。通过对国内外资料科学、全面、系统的分析，厘清美国一流大学研究生思想政治教育体制。第二，探究美国研究生思想政治教育管理机构职能，梳理各职能的使命、具体内容、支持与保障措施等。第三，总结概括美国研究生思想政治教育的基本经验与本质特点，形成国际经验。

3. 研究对象

研究对象是指所选取的四所美国一流大学。本研究对哈佛大学、麻省理工学院、斯坦福大学、加州大学伯克利分校的研究生思想政治教育展开了系统、深入的探讨。我们将一流大学界定为世界排名前 100 名的大学。综合被世界广泛认可的四种世界大学排名方式，即“QS 世界大学排名”“软科世界大学学术排名”“泰晤士高等教育世界大学排名”“U. S. News 世界大学排名”，我们将发布的 2022 年度世界前 100 名高校名单，通过合并筛选，保留 145 所大学，其中美国高校有 58 所。根据地理位置、学校性质、排名位次三类标准，我们选取哈佛大学、麻省理工学院、斯坦福大学、加州大学伯克利分校作为典型学校进行分析。其中，斯坦福大学和加州大学伯克利分校位于美国西海岸，哈佛大学和麻省理工学院位于美国东海岸。哈佛大学、麻省理工学院、斯坦福大学为私立大学，加州大学伯克利分校为公立大学。

4. 研究方法与进程

根据研究侧重点的不同，本研究分为两大阶段：第一阶段，间接资料研究。首先，建立文献数据库。在中国学术期刊全文数据库中以“学校＋研究生”“研究生事务”“学生管理”“学生服务”“国外研究生”“美国＋研究生”为关键词进行搜索，选取符合要求的文献共755篇（截至2022年10月），通过粗略阅读、分组精读、互换精读三轮筛选保留60篇较高相关性的文献。其中斯坦福大学34篇，麻省理工学院15篇，哈佛大学8篇，加州大学伯克利分校3篇。其次，运用归纳性主题分析法对文献进行分析。归纳性主题分析法是一种质性研究方法，它是一种自下而上分析、识别和组织质性数据所表达意思和内容的研究方法，采取逐行分析的方式对数据内容进行意思范畴也就是“主题”的提取。我们根据编码，自下而上进行有层级、有秩序的归纳，确定研究问题。第二阶段，案例的原始资料研究。运用案例研究法，开展单个案例分析和多个案例聚类分析。案例研究是社会科学研究中的一种重要类型，既能反映丰富多彩的社会现实，又能为理论构建提供必要的素材。通过多种渠道收集资料，并将所有资料汇合在一起进行综合分析，有助于全面深入地考察美国一流大学研究生思想政治教育体系，有助于我们准确地总结世界高水平大学研究生思想政治教育特点，有助于为我国研究生思想政治教育提供国际借鉴。详细研究进程包括7个步骤（见表7－1）。

**表7－1　美国一流大学研究生思想政治教育研究过程**

| 序号 | 步骤名称 | 具体操作 |
|---|---|---|
| 1 | 建立文献数据库 | 对筛选后的60篇文献进行编号，提取每篇文献的篇名、作者、文献出处等基本信息，形成文献基本信息统计表，并集中存储文献形成数据库 |
| 2 | 文献正文编码 | 分成A、B两组分别阅读文献库的1/2并编码，初步形成问题域，然后互换阅读。矫正编码。修改问题域 |

续表

| 序号 | 步骤名称 | 具体操作 |
|---|---|---|
| 3 | 概括问题领域 | 小组讨论，对末级编码在维度和层次上进行重组划分，归纳出涉及的问题域，即美国一流大学研究生思想政治教育事务的研究范畴，包括工作机制、工作职能与特点 |
| 4 | 案例资料收集 | 研究团队分两组，以四所大学官方网站为媒介，以研究生思想政治教育和支持服务机构为基点，从学校和研究生院两个层面广泛收集原始资料，准确把握各高校研究生思想政治教育工作体系 |
| 5 | 第一轮归纳整理 | 建立案例研究资料库，将每个案例的资料按照思想政治教育管理机构归类，为研究提供素材 |
| 6 | 第二轮归纳整理 | 提炼概括服务机构、工作队伍、财政服务、职业生涯教育、住宿和餐饮等方面的内容，从微观层面全面把握研究生思想政治教育的体系，并从学校和研究生院两个层面、管理机构及人员和管理职能两个维度归纳整理每个案例资料，绘制服务内容树状图。形成一系列证据链，为对比分析和概括美国一流大学研究生思想政治教育特点提供依据 |
| 7 | 概括本质特点 | 在案例分析的基础上运用教育学、心理学等多学科理论交叉研究，归纳、概括出美国一流大学研究生思想政治教育的本质特点 |

## 二、美国一流大学研究生思想政治教育的存在样态

在美国一流大学研究生思想政治教育管理体制上，研究表明，四所大学研究生教育管理实行扁平化的机构设置和垂直化的管理制度，在机构设置上既有许多相同点又有明显的差异。研究生管理服务机构在研究生院层面上的设置存在较大差异。

相同性方面。第一，在教育管理机构设置上，四所大学都有较为全面、完备的办公室和服务中心，涉及研究生事务的所有方面。第二，在教育管理机构类型上，四所大学的研究生事务管理机构大致可分为两类：一是研究生教育管理机构，仅面向研究生提供服务。如麻省理工学院的研究生教育办公室，斯坦福大学的研究生教育副教务长办公室、研究生生活办公室。二是研究生教育管理的支持服务机构，面向全体学生提供服务，但设有专门的研究生服务支持模块与资源。如四所大学的多样性办公室、住宿中心、资助服务、

职业生涯教育等部门。第三，在教育管理机构运行机制上，实行扁平化的机构设置和垂直化的管理制度。学校根据研究生主体需要和学校办学理念细化教育管理领域，设置专业化的中心或办公室直接面向研究生和学生组织提供服务和支持。各机构各司其职、相互配合，共同完成服务学生成长成才的目标与使命。研究生院或学院的研究生教育管理机构在设置上不与学校保持完全同步，是在某些方面对学校服务的补充和强化。

差异性方面。第一，在学校层面机构设置上存在一定差异，各学校都有特色机构。比如：加州大学伯克利分校为公立大学，在顶层权力体系上不存在董事会。其新生服务办公室为新生提供从学前准备到入学教育的一系列服务。哈佛大学事务管理办公室为全校范围的各类活动提供服务，可持续发展办公室旨在建设一个更健康、更高效的校园。斯坦福大学为满足少数群体学生需要，在学生事务副教务长办公室下设置了非裔美国人服务中心、亚裔美国人活动中心、女性社区中心，为特定群体提供周到的教育与服务。第二，研究生院的机构设置存在较大差异。在学校层面，四所高校都根据教育管理职能的不同设置了相应的中心或办公室，直接面向全体在读研究生提供学习、生活、发展等方面的支持与服务；在研究生院层面，四所高校下设的各研究生院无须设置专门机构与上述校级部门来对接，可以根据人才培养目标与办学条件设置自己的研究生教育管理部门，为本院的研究生提供学习、生活、生涯发展等方面的咨询、指导与服务，成为学校研究生教育管理服务的补充与助力。第三，结构层级关系上表现不一。斯坦福大学的研究生服务层级结构较为明晰，权力分配相对集中，由校长、教务长、副教务长三级负责，主要工作集中在教务长办公室下的研究生教育副教务长办公室和学生事务副教务长办公室。麻省理工学院是由教务长和几个副校长共同负责研究生事务，在权力分配上较为分散。特别是有部分研究生服务职能列属于本科生教育办公室，比如本科生教育办公室下的学生财政服务、国际教育与职业发展中心同样为研究生提供支持与服务。哈佛大学实行校长、教务长和行政副校长二级负责制，权力相对集中，但有个别机构不在校级层面管理，而是分散到研究生院，如资助和就业服务工作是由研究生院负责。加州大学伯克利分校实行校长、执行副校长和教务长二级责任制，教育管理职能相对集中在执行副校长办公室和教务长办公室，在机构设置上没有专门负责全校研究生教育管理工作的研究生院，而是将权力下放到各个学院，由各学院承担研究生教育管理的职能。

在美国一流大学研究生思想政治教育管理职能设置上，四所学校的研究生教育管理职能总体上基本相同，以服务研究生成长成才为目标，涵盖了研究生从入学到毕业各个方面的需要，可以概括为以下几个主要部分：

（1）学生财政服务。为帮助研究生解决经济问题，顺利完成学业，四所高校都提供财政资助和财务能力培养服务。第一，财政资助。资助分三种类型：第一种是奖学金、助学金和补助金。奖学金授予的条件多样，如基于学业优秀、资金需要等情况。第二种是贷款，分联邦学生和国际学生两类。联邦学生直接贷款，申请人必须为美国公民，国际学生仅适用私人贷款。第三种是当助教、从事科研工作或勤工助学岗位而获得的收入。研究生要根据各类奖助学金的申请期限，完成美国教育部的网上申请和学校的网上申请并提交相应材料。第二，财务能力培养。首先，公布研究生在校期间的费用清单，让学生对费用有一个整体的认识。其次，开展财务预算的知识与技巧教育，使学生具备做出财务决定的能力。比如斯坦福大学开展的“大脑控制金钱”的财务能力培养项目。加州大学伯克利分校还提供就业的相关服务，如联邦工作学习计划、就业机会、求职机会。

（2）住宿和餐饮服务。致力于提供高质量的住宿和餐饮服务，通过对外的住宿、会议、餐饮等服务获得收入，支持学生活动。第一，基础服务。提供校内外住宿服务。研究生住宿分为单身、无孩子夫妻、有孩子家庭三种情况，住宿资源又有校内社区住宿、校外补贴公寓、租房等情况。提供食堂基本餐饮服务和宴会、学术会议支持服务。第二，特色服务。例如，哈佛大学社区花园项目，由哈佛环境行动委员会与大学行政部门、卫生与全球环境中心、哈佛大学餐饮服务、食品扫盲项目和可持续发展办公室共同开展。种植数百种农产品，主要目的是让社区成员参与耕作和进行可持续生活实践。

（3）多样性工作。以多样、公平、包容为工作理念，致力于推动一个尊重和关怀的社区，重点是组织相关的活动和会话。多样性教育职能分为两部分：第一，多样性促进教育。各学校有不同的促进多样性发展的教育项目，例如，哈佛大学的机会均等合规项目（EOCP），每个管理者都有责任确保每个个体享有平等的机会，多样性办公室负责全面监督反歧视行动和非歧视政策。麻省理工学院的多样性学会峰会自 2011 年开始，由志愿者组织发起，吸引了 700 多人参会，围绕“多样与卓越”“英才教育与包容”“多样性揭秘”等主题，促进了多样性的发展。第二，多样性服务实践。主要是为来自不同宗教、民族、种族背景的男女学生提供机会，以培养有用公民为目标。提供少数族群教育、多元文化服务，提供项目、工作小组帮助培育多样、包容的校园社区，等等。例如，斯坦福大学的非裔美国人服务，聚焦非裔美国学生的整体发展，关注学术与智力、校友参与、社区建设、领导力发展、心理健康与幸福等五类内容。

（4）职业生涯教育。通过综合的职业生涯教育帮助学生探索职业选择，提高职业素养和就业能力，促使学生成功。第一，教育内容。以学生成功就业为目标，包括职业准备服务、机会服务和雇主服务。职业准备服务有职业咨询与训练，模拟面试，自我评估，摘要、简历、求职信撰写，等等。机会服务有招聘会信息和企业介绍、在线工作组、实习机会、邮箱信息等。雇主服务包括协助校园招聘、公布工作与实习职位、收集和提供学生就业数据、组织雇主研讨会等。第二，教育载体。首先，开设职业生涯课程。例如，10 周 10 种职业课程，主要为人文学科的学生设计，在 10 周之内让学生尝试 10 种职业领域。通过课程让学生增加接触新行业的机会，形成关于 10 种潜在职业的清晰感觉。每周会有校友或行业专家参与，学生现场考察、学习他们的工作流程。其次，开展生涯教育活动。包括聚会（学生、校友、雇主共同参与）、实验室（让学生在某一特定情景工作实践）、约谈（与职业指导师讨论职业兴趣和目标、生涯评估、职业机会、面试等）。例如，斯坦福大学提供的“准备未来教授”项目，让学生获得对各系教师角色的更深理解，能够从导师经验、同伴及其指导中获益，更好地进行教员工作体验。第三，支持保障。

人力资源支持：利用多年经验联合不同实体（学生、家长、校友、教师）形成一个团队联系网络，把学生和校内外的机会联系起来，集工作网络、职业生涯教育、专业发展于一体。提供自我学习资源，如在线职业生涯工具、职业生涯手册、求职信息公告板、写作与面试技巧、免费的视频与播客资源。

(5) 身心健康服务。各大学都会向学生提供基本医疗服务和心理健康服务，专业顾问教授相关课程，提供健康的咨询指导与训练服务，第一，基本医疗服务，如过敏、皮肤病、肠胃病等医疗服务及健康保险服务。第二，心理健康服务。个体咨询：任何一个支付校园健康服务费用的学生都有资格进行精神健康评估、危机咨询、简易心理治疗、药物评估，而不用支付额外的费用。团体辅导服务：根据辅导对象的特点进行分组，提供有针对性的治疗和支持服务，包括多动症信息与技能组、渐进放松组、创造个人效能机会组、男或女研究生组、讨论工作生活平衡组、学术压力组等小组。朋辈心理咨询：为学生提供同龄人的心理帮助，形式包括面对面咨询和电话咨询、自杀预防热线和哀伤辅导、冲突调解、酒精和药物预防等。健康促进服务：为学生提供参与活动的机会，使他们的智力、身体、心理达到健康平衡状态，使学生做出幸福和健康的正确决定。自助服务：提供关于性侵犯、关系暴力、吸毒、沮丧、自杀、饮食失调等问题的疏导与治疗知识，以便于学生在不愿或不能前往咨询中心的情况下能够懂得如何调节。

(6) 残疾学生服务。致力于为残疾学生提供平等的入学、学习和生活机会。为残疾学生提供广泛的服务，包括住宿、清除障碍以便其参与全部的校园生活。资源中心制定残疾学生服务的标准流程并提供多种资源。指定一个或多个工作人员与残疾学生密切合作，提供针对性的服务。例如，加州大学伯克利分校的残疾学生可以享受学术支持服务（如手语翻译），大多数都是免费的。又如，特殊媒体服务，为这类学生提供特殊的教材、讲义或图书馆材料。为听力不好的学生准备进行讲座讨论和研讨会时能实时翻译的设备。

(7) 学生权益维护。学生权益维护大致分为工作职责和工作要求两部分。

第一，工作职责。主要是解决争端，纠正错误，保证公正。协助解决不公平和官僚主义问题、与校园内其他人员的纠纷、与讲师或研究生导师的冲突、年级的纠纷、论文和纪律方面的问题。学生权益维护不仅能帮助研究生解决问题，还提供解决问题的方法，帮助学生学习更多有效的沟通方法，给学生提供政策与程序信息。例如，加州大学伯克利分校为学生提供法律援助服务，涉及加州法律的许多领域，包括校外住宿纠纷、信用卡债务、汽车事故和保险、人身伤害和家庭法等。第二，工作要求。要遵守工作道德标准，工作中要保持公正，在任何情况下，都不会与他人产生利益关系。对被帮助人的信息严格保密，除非得到许可，否则不允许透露机密信息。要严格遵守、执行规章制度与程序。各学校都有维护学生权益和违纪处罚的相关规章制度，如斯坦福大学的“基本准则”“诚信守则”“学生司法宪章”“学生行为处罚规则”构成了该校学生权益与违纪管理的主体制度框架。学生违纪行为处理程序一般如下：投诉、告诉双方并开展调查、立案、陪审团听证、提出处罚措施、评议措施、通知学生。

（8）创业教育。创业教育是高校非常重要的工作之一，美国一流高校的创业教育主要体现在以下方面：第一，创业教育的途径。首先是依托创业课程开展系统教育。创业课程体系涵盖创业知识普及课程、创业计划类课程、创业实践体验类课程，覆盖了从创业知识到理念、从创业设计到创业实施的全过程。教学方法上主要通过集体合作项目和案例分析相结合的方法来实现教学，为学生提供到外校学习的机会和资源。学界和商界的知名人士走进课堂，与学生面对面地交流成功的经验和失败的教训。其次是依托创业活动开展创业教育。为高校学生搭建创业知识共享与创业实践的平台，侧重对学生创新精神、领导潜质、创业意识和能力的培养，主要包括创业实践类和学术研讨类活动。创业实践类活动，如麻省理工学院的“10 万美元创业大赛”，涉及发展类、能源类、生命科学、移动、服务、网络等六种竞赛类型，包括电梯演讲、执行纲要、商业计划三步程序。学术研讨类活动，如斯坦福大学的“创业思想领导者”系列讲座、创业者年度大会活动。第二，创业教育的保障机制。首先，政策保障。联邦政府制定相关法律法规为高校创业提供良好的政策环境，高校出台人性化创业管理政策、产学研合作政策、技术转移政策等，创设宽松的环境鼓励创业活动，设置专门机构为师生创业提供便利的条件，设立与创业相关的公共基础设施。其次，创业资金保障，包括政府资助、社会捐赠、学校启动资金和其他创业融资渠道。最后，师资队伍保障。聘用优秀教授担任专职教师，他们既要有理论知识，又要有创业实践或指导创业实践的经历。企业家以担任客座讲师、课堂嘉宾的形式参与校内创业教育。注重对师资队伍的培训，以满足创业教育的最新需求。

(9) 留学生服务。为留学生提供学生事务、移民政策、资源等方面的服务，具体体现在：就移民法规问题，提供个人预约和团体预约服务；组织留学生生活和工作的适应性实践培训；为留学生及其家属提供在美国境外旅行的各种服务，满足他们的部分要求；为入学的所有留学生提供所需的法律文件；为新入学的留学生举办迎新活动，包括本科生和研究生。

为了服务研究生成长成才，各学校研究生教育管理职能基本组成是一致的，但是由于各种主客观因素，在教育管理职能及其运行上也存在一定的差异，有自己的特色服务项目和重点服务方向，主要表现在以下几个方面：

(1) 在职能组成上存在一定偏差。因为各学校目标与文化、研究生事务机构职员的专业背景、学生特点等均存在一定差异，所以四所学校的研究生教育管理职能组成并不完全一致。例如，哈佛大学独有的可持续发展教育，围绕五大核心议题——能源和排放、校园运作、自然和生态系统、健康和幸福、文化和学习，制定明确的目标与标准，旨在建设一个更健康、更高效的校园。在活动管理职能方面，哈佛大学设立专门的机构为全校范围的各类活动进行服务，如会议、户外活动、特别活动、婚礼、场地服务等。提供开展活动所必需的工具和信息，从简单的指导到全面的活动规划和管理。此外，联邦和各州政府对大学没有统一的要求和规定、学校有公立和私立之分等原因，也会造成研究生教育管理在职能组成上的差异。

(2) 职能工作的侧重点存在区别。各项工作职能由工作职员、开展项目、工作流程等内部要素组成，各要素相互配合共同完成工作使命，但是根据各学校和部门的规划，其工作职能内部各要素的侧重点也有所不同。例如，在职业生涯教育方面，斯坦福大学十分重视职业生涯活动在学生能力培养上的作用，因此每年都会有数十类职业生涯教育活动，而且相关职业生涯教育课程也尽量避免简单说教，会设计大量的实践教学。而哈佛大学更加重视研究生的自我学习与自我教育，因此会提供大量在线资源，并且因职业生涯服务职能从属于学院，因此职业生涯服务更具有学院特色。需要注意的是，虽然各职能要素的侧重点不同，但是目标是一致的，那就是满足学生主体的需要，完善学生人格，提高学生的能力，以培养具备领导能力的高素质人才。

## 第三节　美国一流大学研究生思想政治教育的批判审视

只有开展深刻的批判审视，才能把握国外研究生思想政治教育的典型特征、内在规律和深层次局限，为我国研究生思想政治教育发展提供启示和借鉴。

### 一、美国一流大学研究生思想政治教育批判审视的立场

立场是人们认识处理问题时所处的地位和应秉持的态度。研究生思想政治教育的国际比较作为跨文化交流意蕴浓厚的研究，其立场问题是研究开展的重中之重，直接影响着使用何种方法、何种视角进行比较研究，以及将会得出何种结论。如若没有正确的立场就容易在研究中迷失方向，成为国外错误思潮的渗透渠道和传话筒，直接影响我国研究生的教育培养。

首先，要始终坚持马克思主义的人民立场。人民性是马克思主义最鲜明的品格，马克思主义的人民立场是坚持全心全意为人民服务，尊重人民的主体地位，带领人民获得解放。研究生思想政治教育国际比较要坚持马克思主义的人民立场，就是要始终坚持为高校教师和研究生服务，尊重教师和研究生的主体地位，并在教育实践中促进研究生的自由全面发展。一方面，研究生思想政治教育的国际比较可以促进我国研究生思想政治教育的发展，更好地为我国研究生的成长成才服务。研究生思想政治教育国际比较要尊重研究

生的思想发展和自身成长的客观规律，始终坚持以研究生为核心，教育引导学生正确认识世界和中国发展大势、中国特色和国际比较、时代责任和历史使命、远大抱负和脚踏实地，努力成为党和人民需要的栋梁之材。① 另一方面，研究生思想政治教育的国际比较要始终坚持党对研究生思想政治教育的领导。坚持人民立场是马克思主义政党的本质要求，高校党委要以三全育人为指导，关照教师的需求，提升教师的地位，引导广大教师坚持教书和育人、言传和身教、潜心问道和关注社会、学术自由和学术规范相统一，努力成为先进思想文化的传播者、党执政的坚定支持者、学生健康成长的指导者和引路人。②

其次，要坚持推进强国发展战略的中国立场。比较是有方向有立场的比较，研究生思想政治教育的国际比较是在中国特色社会主义道路上不断前进的比较。一方面，研究生思想政治教育的国际比较是以国内研究生思想政治教育的现实为出发点同别国开展的国际比较。中国传统文化和民族精神是国际比较的土壤，直接影响着国际比较的结果。这意味着在国际比较过程中需立足中华民族的立场，立足中国国情，扎根中国实际。应把中国传统文化中具有生命力的内容融入研究生思想政治教育比较研究，在与国外经验的交流碰撞中，衍生出新的现代化的生命力。另一方面，研究生思想政治教育的国际比较研究要服从思想政治教育学科的规范，坚持中国特色社会主义的立场。政治性是研究生思想政治教育的本质属性，研究生思想政治教育的国际比较要始终坚持中国特色社会主义的立场，即坚持党的领导、坚持马克思主义、坚持人民当家作主、坚持公有制、坚持社会主义道路。坚持中国特色社会主义立场为研究生思想政治教育国际比较提供研究的根本方向，这并不意味着所有和社会主义性质不同的实践均不研究，而是需要在比较的过程中，坚持运用辩证唯物主义的方法，实事求是地开展研究，并进行选择性借鉴。

最后，要坚持构建人类命运共同体的人类立场。坚持构建人类命运共同

①② 把思想政治工作贯穿教育教学全过程　开创我国高等教育事业发展新局面．人民日报，2016-12-09（1）.

体的人类立场，是指研究生思想政治教育国际比较应站在中华文化走出去的战略高度开展研究。研究生群体作为受到各国极度关注的高层次拔尖创新人才，其自身的能力素质决定着各国未来的发展高度，也决定着全人类的进步水平。各国均有本民族特色的文化和国家精神，研究生思想政治教育的国际比较更需要坚定站在人类命运共同体的高度开展比较研究，推动中外文化的交流互鉴，助力人类的发展。我国作为有5 000多年璀璨文明的大国，在研究生国际比较上要积极为世界贡献中国智慧，传播中国文明，帮助他国解决研究生教育培养中的实践难题，与其他国家一起齐头并进。当代研究者应具备国际视野和历史思维，使比较思想政治教育承载着向世界宣传中华文明理念和文化的重任。与此同时，也必须充分考虑他国人民群众的接受心理和认知水平，在潜移默化中实现文化引领和价值传播，提升我国的国际影响力。

## 二、美国一流大学研究生思想政治教育批判审视的原则

比较研究的目的是批判性地借鉴别国的经验以促进我国研究生思想政治教育的发展。国外研究生思想政治教育的研究并非如同自然科学领域将不具有主观意识的自然现象作为研究对象，其比较与借鉴的对象是人类社会和人的活动，在研究过程中无法做到绝对的“价值无涉”，因此研究者在研究过程中应时刻在思想层面提升自觉性，理性看待研究生思想政治教育比较借鉴研究的目的性追求，合理把握中外思想政治教育实践的异同。因此，在明确研究立场的基础上，使用何种原则方法开展研究亦十分重要。

1. 坚持点位比较与系统比较相结合

研究生思想政治教育是一项系统工程，并不局限于课堂或活动之中，还是一个事关政治、经济、文化等内容的重大问题，必须具备更为开阔的理论视野和实践智慧，坚持点位比较与系统比较相结合。点位比较是指在研究生思想政治教育国际比较过程中聚焦于他国研究生思想政治教育中的体制机制、方法途径等具体的点位上。系统比较是指基于研究生思想政治教育这一整体，探寻符合人类思想道德发展的基本规律和意识形态的具有共通性的基本规律。坚持点位比较与系统比较相结合，即在研究生思想政治教育比较借鉴中要坚持

系统性思维，从国家战略布局、相关制度设计、高校运行机制等维度，对国外研究生思想政治教育现状进行全面真实深入的调研分析。要把研究生思想政治教育与经济、政治、文化等建设有机结合，认真研究世界一流大学研究生思想政治教育如何在上述几个方面形成合力。因此，在研究生思想政治教育的比较借鉴中，既要进行方法、途径等具体的点位比较，也要进行系统探析，更要注重二者的协调统一。

2. 坚持规律把握与背景分析相结合

坚持规律把握是指对研究生思想政治教育这一事实进行全方位的了解与全面梳理后，通过抽象思维形成可借鉴的规律。背景分析即要结合他国不同历史时期研究生思想政治教育发展的特征、内在理路、主要内涵，对其历史发展背景有一个清晰的了解。两者的结合是指研究生思想政治教育国际比较要在了解和掌握社会事实的基础上，坚持在国外的历史传统与时代背景下辩证地理解借鉴的可能性。当前研究生思想政治教育理应在中华文明与世界文明的交流对话中实现融合创新。增进世界各个国家、民族的研究生思想政治教育之间的互学互鉴，可以为加强和完善我国研究生思想政治教育提供有益启示。但需要明确基本的思想前提，即培育开放包容的文化心态，自觉坚持以正确的文明观与文化观来看待理解中外研究生思想政治教育之间的本质差异与互通处。应当在分析研判当前国内研究生思想政治教育面临的突出问题与薄弱环节的基础上，增进中外研究生思想政治教育比较借鉴的自觉意识。

3. 坚持借鉴外来与扎根本土相结合

借鉴外来即为应答本国研究生思想政治教育现实问题的询问而寻求借鉴他者思想资源之路径。扎根本土是指“学习借鉴，要坚持从本国本民族实际出发，坚持取长补短、择善而从，讲求兼收并蓄，但兼收并蓄不是囫囵吞枣、莫衷一是，而是要去粗取精、去伪存真”[①]。目前，国内大多数对国外研究生

---

① 习近平．在纪念孔子诞辰 2 565 周年国际学术研讨会暨国际儒学联合会第五届会员大会开幕会上的讲话．人民日报，2014-09-25（2）.

思想政治教育的研究都是描述性和推介性的，借鉴的落脚点都放在经验、启示以及本土化重构上，这些经验和启示大多是技术层面和可操作的，是对现有国外研究生思想政治教育经验的直接借鉴。在比较借鉴的过程中，不可一味地直接模仿，要强调坚持中国立场，从各国研究生思想政治教育的历史文化传统、内容结构以及教育对象的差异等角度，对国外研究生思想政治教育的模仿现象进行反思。同时，要注意防范和抵制西方思潮的冲击传播，正确对待东西方文化，寻求适合中国国情的研究生思想政治教育方式。任何国家的研究生思想政治教育都有着自身发展建设的客观基础和内在规律，这就使得对国外研究生思想政治教育的学习和借鉴要立足于本国研究生思想政治教育实际，须在对国外研究生思想政治教育进行客观分析的基础之上贯通识取、有的放矢。

## 三、美国一流大学研究生思想政治教育的突出特点

### 1. 意识形态教育潜隐性

美国一流大学非常“注重将意识形态教育融入日常思想政治工作活动之中，渗透于研究生思想政治工作的全过程”①。其意识形态的渗透主要体现在以下几方面：一是宗教教育中的意识形态渗透。美国高校利用宗教生活将美国精神与价值观在研究生中进行传播。二是课余活动中的意识形态渗透。美国高校的学生社团组织、学生活动具有很强的意识形态性。例如，哈佛大学的可持续发展办公室鼓励学生参与各种绿色项目，让学生感悟可持续发展的重要性。研究生在参与各种活动的过程中既接受了“元”身份的价值观教育，又在潜移默化中对美国多元包容的文化价值观有了进一步的认识，提高了价值认同，强化了价值情感。鼓励学生利用课余时间及节假日参观国会大厦、华盛顿纪念碑、林肯纪念堂等集中体现美国物质文明和精神文明的场所，成为美国高校向学生进行政治、思想、道德教育的重要方式。三是安全法制教

① 刘志，马天娇．一流大学研究生教育管理的典型特征：基于哈佛大学、斯坦福大学、麻省理工学院等四所高校的分析．东北师大学报（哲学社会科学版），2019（6）：77.

育中的意识形态渗透。美国高校研究生思想政治教育注重法治化建设，拥有一套完整的纪律管理监督和仲裁系统，设立专门的法律帮助办公室和申诉办公室保障师生员工的合法权益，其中蕴含着意识形态教育。例如，加州大学伯克利分校的学生功能法律服务，为学生的权利和义务提供服务和指导等等。四是学生服务中的意识形态渗透。美国高校学生可以根据自己的爱好选择自己想参加的团体，残疾人与其他人一样平等享有权利。“多元、包容的文化价值观是美国主要价值观之一，高校将这一价值观作为学校人本思想的重要维度与工作内容。”① 多样性工作是美国一流高校的重要工作之一，也是学校的重要价值观。学校在管理方式、研究生发展支持与生活服务、学习方式、住宿与社区活动、种族与性别等方面都体现出对群体与个体的包容性。例如，研究生住宿会根据单身、无孩子夫妻、有孩子家庭等情况提供不同的住宿方案，亦提供校内、校外住宿选择。

2. 研究生角色主体化

“世界一流大学研究生教育管理均强调研究生的主体性地位，把研究生放在工作的首要位置，在教育管理全过程中充分满足主体需求，尊重主体人格，体现主体参与。”② 一是满足主体需要。美国高校不断推出满足研究生主体发展需要的各项服务和针对不同学生需要的个性化服务，使管理更富有人情味和亲和力，加强了对学生自身主体意识的培养，全面提升学生的道德品质和个人的综合能力。许多社会学家、心理学家、教育家都积极地参与到学生事务管理及思想政治教育工作中去。例如，心理健康中心的个人情感、人际关系、学习与职业发展等方面的免费服务，为学生搭建了多种展示才能的平台，鼓励学生自我管理、自我服务。学生参与学校管理和自治化的程度非常高。再如，2015 年，麻省理工学院非裔美国学生联盟提交的加强社区公平与包容的建议获得学校高层通过，成为学校多样性工作的正式文件。二是尊重主体人格。“一流大学研究生思想政治工作在满足研究生主体需要的过程中，采用

①② 刘志，马天娇．一流大学研究生教育管理的典型特征：基于哈佛大学、斯坦福大学、麻省理工学院等四所高校的分析．东北师大学报（哲学社会科学版），2019（6）：78.

柔和的方式，充分尊重研究生的主体人格，照顾学生感受。学校开展人性化服务，尊重和保护每一个个体的隐私。”[①] 美国一流高校都致力于建设一个尊重和关怀的社区，为具有不同民族、宗教、种族背景的学生提供平等、包容、多样的环境以及各种相对应的服务，设有专门的多样化办公室、残疾人服务机构和国际学生办公室。例如，麻省理工学院的社区与公平办公室为研究生们提供少数民族教育服务、多元文化项目服务、冲突调解服务、残疾学生服务等等。哈佛大学教育学院在研究生入学阶段为学生提供所有导师研究方向的信息，让学生根据兴趣自由选择。美国一些地区存在种族歧视等问题，这会造成一些学生有严重的心理问题。美国一流高校提供较为完备的心理咨询与治疗服务，帮助研究生走出心理困境。麻省理工学院的社区与公平办公室开展研究生社区伙伴计划、“欢迎”运动、多样性学会峰会等活动，撰写多样性年度报告，设置种族与多样性委员会（CRD）津贴，以促进多样性的发展。加州大学伯克利分校的多样性与包容性服务把“创建一个校园”作为自身使命，尊重、支持、重视每一位学生和教职工。三是体现主体参与。“一流大学在研究生教育管理过程中十分重视受教育者的主体参与性，奉行‘做中学’的理念，强调学生的自我管理和自我服务。”[②] 近年来，美国高校更加关注学生的实践能力和道德素质的培养，逐渐引导学生积极参与社会实践活动，多多关注现实生活。并且它们根据社会对人才的需要来有针对性地组织各式各样的实践活动，从而在实践中提升学生的思想觉悟和认识能力。社会实践是大学进行道德教育的一个突出环节。一方面，美国高校允许学生根据有关规定组织学校、文化、宗教等各种社团。另一方面，美国高校还鼓励学生有组织地承担一定的社会项目，锻炼能力。例如，麻省理工学院斯隆管理学院的游学活动，为工商管理硕士（MBA）学生提供在世界范围内探寻商业经济、政治、文化的机会。学生组建团队，根据兴趣确定主题，设计规划，他们与商业领袖和政府领导会见、学习、交换意见。Treks 项目是由学生主导和组织

①② 刘志，马天娇．一流大学研究生教育管理的典型特征：基于哈佛大学、斯坦福大学、麻省理工学院等四所高校的分析．东北师大学报（哲学社会科学版），2019（6）：78.

的旅行项目，帮助学生聚焦于产业和地缘的专业发展，提高领导力，获得深层次的产业与地缘理解。

3. 服务能力专业化

“为保证服务效率与质量，满足研究生主体的多元化需要，一流大学均已经形成了一个服务职能细分、工作人员专业、支持保障规范的专业化研究生服务体系，实现服务能力的专业化。”① 一是职能精细化。美国一流大学研究生思想政治教育管理机构职能细分、部门分工明确。研究生事务一般分为学术事务和学生事务两类，学校会在校长或教务长办公室下设置分管两类工作的专门办公室。例如，斯坦福大学学生事务副教务长办公室包含29个办公室和中心，分别为研究生提供生活、资助、社区、职业生涯发展、身心健康、宗教生活等专项服务，各部门职责明晰。研究生院一般也会设置不同类型的学生事务办公室，向本院学生提供相关专门、针对性的服务。例如，哈佛大学设立专门的职业生涯教育办公室，为全校研究生提供职业能力培养、就业机会搜寻、面试技巧等服务。教育学院也设置职业生涯教育支持机构，为学院学生提供针对性更高、资源更加专业化的服务。学校和研究生院的研究生支持部门不具备对应和统属关系，相互独立和支持，共同为研究生提供服务。以校级管理为主、学院管理为辅，多头并进、条状运行。管理的中间层级少，其执行体系呈现垂直化特点。二是研究生思想政治教育队伍呈现专业化。美国一流大学研究生思想政治教育队伍呈现专门化、专职化特征，从业人员往往都从事专门化的工作，具有心理咨询、就业指导、学生事务、学生发展等方面的硕士或博士学位和相关职业资格证书，而且根据工作人员的擅长领域进行分组，分工精细化。例如，“斯坦福大学心理健康中心的咨询人员分为技能组、社区中的CAPs团体、人际关系与性健康组”②。服务人员必须严格执行行业标准来为研究生们提供服务、支持与帮助，如申诉专员要严格遵循国际监察员协会（International Ombudsman Association）的道德规范和实践标准。

---

① 刘志，马天娇．一流大学研究生教育管理的典型特征：基于哈佛大学、斯坦福大学、麻省理工学院等四所高校的分析．东北师大学报（哲学社会科学版），2019（6）：78-79.

② 同①79.

4. 服务过程体系化

在系统的要素构成方面，单项思想政治教育管理职能内容丰富、要素全面。系统论的基本思想，就是把所研究和处理的对象当作一个系统，分析系统的结构和功能，研究系统、要素、环境三者的相互关系和三者变动的规律性。开放性、组织性、整体性、关联性、等级结构性、动态平衡性等是系统的基本特征。采用这一系统的观点，全面细致地设计研究生思想政治教育管理体系，有助于实现高水平的研究生思想政治教育目标。美国研究生事务管理的系统性特征是整体协作，即研究生事物管理系统是一个整体，由各种局部要素组成，但并不是这些要素的机械相加，而是各要素协同作用。首先，学校与研究生院、系室分工协作，发挥各自的专业优势，共同为研究生在校期间的学习、生活、发展服务。四所高校是垂直化的研究生管理模式，研究生院没有与学校对等的研究生教育管理机构，但会根据学院实际和学生需要设置相应的机构和资源，避免了资源的重复浪费，实现了优势互补。其次，为提高研究生专业素养、领导能力提供支持与服务，让研究生在整体上发生量的改变并实现质的提高。在研究生培养上，学术卓越与能力塑造是紧密结合在一起的，学校为研究生提供领导力、实践能力、组织能力、国际视野、跨学科视角、多元包容等方面的服务与支持，培养学生成为适应社会发展的领导型人才。最后，“研究生事务管理系统各要素在相互作用，以及与师生员工作用的过程中又在不断完善和发展自己，以适应学生发展和美国全球战略的需要”①，各部门积极听取学生的反馈意见，与学生平等交流、协商，及时更改工作方案，以为研究生提供更适合的服务，同时促进事务管理系统的更新和完善。例如，部门网站会设置“联系我们”与“添加报告”栏目，来不断听取学生、校友、父母的建议以完善服务体系。

## 四、美国一流大学研究生思想政治教育的局限反思

美国一流大学研究生思想政治教育的实践经验是值得深入剖析的，有其

① 刘志，马天娇．一流大学研究生教育管理的典型特征：基于哈佛大学、斯坦福大学、麻省理工学院等四所高校的分析．东北师大学报（哲学社会科学版），2019（6）：80.

自身的特殊性、优越性以及脆弱性。因此，要始终坚持辩证地看待美国一流大学研究生思想政治教育的实践经验，既要总结其成功经验和特色，也要审视其在发展过程中的局限性。

1. 资产阶级专政国家的阶级属性

教育的本质属性是培养人的社会活动，美国作为资产阶级专政的国家，其一流大学研究生思想政治教育培养的是资本主义建设发展所需要的高层次人才，其研究生思想政治教育的根本任务是巩固资产阶级专政的国家政权，本质是要维护资产阶级统治地位和资本主义社会稳定。因此，制约美国研究生思想政治教育发展的核心问题之一，就是资本逻辑下的个人主义价值取向与现代社会所要求的群体主义价值追求之间不断加剧的矛盾和对立。个人主义的价值立场从根本上说是与资本逻辑需求相一致的，也是资本主义制度在价值观念形态上的现实表达。但是价值观教育归根结底是一种用以维系共同体存续的重要手段，其教育导向与教育任务具有鲜明的社会属性。这种社会属性与个人主义的文化基因、社会传统之间存在着尖锐对立，为社会核心价值观确立带来了极大的挑战。如何在实现个体自由的同时确立共同价值标准，在保持个体多样性的同时保证价值统一性，在尊重个体诉求的同时维护社会公共利益和核心价值，是长期以来困扰美国研究生思想政治教育的历史难题。比如：个人主义对个人自由的过度尊崇会冲击和消解共同体的权威；个人主义会割裂个人权利与政府权力、私人领域与公共领域、个体价值观与社会价值观，导致“公民教育”与“道德教育”的理论分野等。

2. 资本主义意识形态的虚伪性

为维护阶级统治、巩固政治秩序，资本主义意识形态总是倾向于炮制所谓的“自由、平等、民主、博爱”的价值观幻想，这些价值观幻想与美国一流大学研究生思想政治教育实践之间存在脱节与错位，这归根结底是由资本主义意识形态的虚伪性导致的。马克思曾对资本主义意识形态的虚伪性给予了深刻批判。他从社会生产和社会统治的深层视角出发，揭示了意识形态与生产方式、劳动分工、上层建筑之间的内在关系，指出在日趋严重的阶级统治和阶级压迫背景下，资本主义意识形态要想缓和社会矛盾、编织虚幻的精神面纱，就只能停留在社会表象层面，对现实状况作以虚假的伪饰，炮制所谓的价值观幻想。资本主义意识形态的虚伪性在美国一流大学研究生思想政治教育中表现为两方面：一是美国一流大学研究生思想政治教育在承诺和兑现之间存在巨大落差。具体而言就是承诺的很多，但实现的却很少，很多美好的理念真正了解就会发现仅仅是理念而已，在研究生思想政治教育中并未有效落实，甚至某些理念的提出是为了逃避和粉饰现实难题。比如在研究生权利赋予与实际权利获取上，美国一流大学对研究生所享有的权利与正当程序都制定了规范，但研究生在日常学习生活中对实际权利的获取却并不充分，这背后反映出美国所谓的“正义”，更多强调的是程序正义这样的形式理性。二是美国一流大学研究生思想政治教育理念与践行背道而驰。具体而言就是说的是一套，做的却是另一套。比如“尊重你的需要”的管理理念的本质是责任的推卸，只有在你主动寻求帮助的时候才可能会提供支持，不会为了保护师生的权益而主动出击；再比如虽然提倡“教育公平”“人人平等”，但从根本上看，资本主义社会的价值观教育只能是服务于少数精英的，不可能真正服务于社会大众的精神需求和全方面发展的需要。

# 参考文献

著作

［1］马克思，恩格斯．马克思恩格斯选集：第 1 卷．3 版．北京：人民出版社，2012.

［2］马克思，恩格斯．马克思恩格斯选集：第 2 卷．3 版．北京：人民出版社，2012.

［3］马克思，恩格斯．马克思恩格斯选集：第 3 卷．3 版．北京：人民出版社，2012.

［4］马克思，恩格斯．马克思恩格斯选集：第 4 卷．3 版．北京：人民出版社，2012.

［5］列宁．列宁全集：第 1 卷．2 版增订版．北京：人民出版社，2013.

［6］列宁．列宁全集：第 38 卷．2 版增订版．北京：人民出版社，2017.

［7］毛泽东．毛泽东选集：第 1 卷．2 版．北京：人民出版社，1991.

［8］中共中央文献研究室．十六大以来重要文献选编：上．北京：中共中央文献出版社，2005.

［9］习近平．习近平谈治国理政：第 1 卷．2 版．北京：外文出版社，2018.

［10］习近平．习近平谈治国理政：第 2 卷．北京：外文出版社，2017.

［11］习近平．习近平谈治国理政：第 3 卷．北京：外文出版社，2020.

［12］习近平．习近平谈治国理政：第4卷．北京：外文出版社，2022.

［13］本书编写组．习近平总书记教育重要论述讲义．北京：高等教育出版社，2020.

［14］中共中央文献研究室．习近平关于科技创新论述摘编．北京：中央文献出版社，2016.

［15］习近平．习近平书信选集：第1卷．北京：中央文献出版社，2022.

［16］习近平．高举中国特色社会主义伟大旗帜　为全面建设社会主义现代化国家而团结奋斗：在中国共产党第二十次全国代表大会上的报告．北京：人民出版社，2022.

［17］中共中央宣传部．习近平总书记系列重要讲话读本．北京：学习出版社，2014.

［18］中国研究生院院长联席会．中国研究生教育年度报告（2015）．北京：高等教育出版社，2016.

［19］陈万柏，张耀灿．思想政治教育学原理．北京：高等教育出版社，2015.

［20］顾海良．高校思想政治教育导论．武汉：武汉大学出版社，2006.

［21］贺军．加强和改进思想政治工作若干问题．北京：中央文献出版社，2000.

［22］侯勇．思想政治教育学理论前沿问题研究．北京：中国社会科学出版社，2018.

［23］教育部思想政治工作司．加强和改进大学生思想政治教育重要文献选编：1978—2014．北京：知识产权出版社，2015.

［24］荆惠民．思想政治工作概论．北京：中国人民大学出版社，2007.

［25］邱仁富．思想政治教育话语论．上海：上海交通大学出版社，2013.

［26］教育学基础．北京：教育科学出版社，2002.

［27］檀传宝．教师伦理学专题：教育伦理范畴研究．北京：北京师范大学出版社，2000.

［28］陶德麟，汪信砚．马克思主义哲学原理．北京：人民出版社，2010.

[29] 王茂胜. 思想政治教育评价论. 北京：中国社会科学出版社，2006.

[30] 王永进. 高校意识形态工作话语权研究. 上海：上海交通大学出版社，2017.

[31] 吴琼. 思想政治教育话语发展研究. 北京：中国社会科学出版社，2017.

[32] 薛天祥. 研究生教育管理学. 桂林：广西师范大学出版社，2004.

[33] 郑永廷. 思想政治教育方法论. 北京：高等教育出版社，2010.

[34] 朱德全. 教育测量与评价. 北京：高等教育出版社，2016.

期刊

[1] 张晓洁，张雨晴. 学科思政：高校研究生德育实践的新探索. 思想教育研究，2023 (12)：132-137.

[2] 覃鑫渊. 研究生思想政治教育的复杂性及其创新发展. 学位与研究生教育，2024 (1)：34-40.

[3] 王辉. 党的二十大精神融入研究生思想政治教育路径探析. 研究生教育研究，2023 (2)：62-66+74.

[4] 刘志，张佳宁. 研究生思想政治教育亟待建设"导学思政"体系. 思想理论教育，2022 (2)：96-100.

[5] 蔺伟，王军政，纪惠文. 研究生思想政治教育协同育人机制构建论析. 学位与研究生教育，2022 (1)：48—53.

[6] 宋少俊，李军凯. 创新博士研究生思想政治教育的理念和路径. 中国高等教育，2022 (1)：30-32.

[7] 王佳寅. "导学思政"的内涵、核心要素与实施方略. 研究生教育研究，2021 (6)：63-67.

[8] 覃鑫渊，任少波. 德育共同体：建构导学关系的新视野. 学位与研究生教育，2021 (9)：67-72.

[9] 赵盈，李睿. 研究生思想政治教育协同机制探究. 思想理论教育，2021 (7)：103-107.

［10］刘润，王小莉，吴晓培．高校研究生思想政治教育工作机制研究．中国高等教育，2021（12）：37－39．

［11］冯刚，史宏月．新时代高等学校思想政治教育质量评价科学化．教育研究，2021，42（10）：74－82．

［12］骆郁廷．论思想政治教育的普遍贯通．马克思主义研究，2022（9）：74－84＋156．

［13］白强．切实履行导师育人职责　培养学生学术诚信品格．学位与研究生教育，2016（9）：5－8．

［14］白显良，崔建西．新时代立德树人的价值定位、时代内涵与实践要旨．思想理论教育，2018（11）：4－9．

［15］包水梅，杨冰冰．基于内容分析法的研究生导师指导风格概念模型构建．学位与研究生教育，2019（2）：12－18．

［16］本刊编辑部，蒋旭东．牢牢掌握高校意识形态工作的领导权和话语权．思想理论教育导刊，2015（2）：1．

［17］曾令辉，贺才乐，陈敏．思想政治教育载体研究的回顾与展望．思想教育研究，2014（10）：17－25．

［18］陈超．立德树人视域下管理育人的内涵厘定与实践路径．思想理论教育导刊，2016（3）：140－142．

［19］陈恒敏．"老师"抑或"老板"：论导师、研究生关系的经济性．学位与研究生教育，2018（4）：73－77．

［20］陈亮，栾培中．导师与研究生交往共生体的意义建构与路径保障．研究生教育研究，2018（5）：58－64．

［21］陈淑丽，罗洪铁．思想政治教育机制及相关概念辨析．思想理论教育导刊，2012（2）：79－82．

［22］陈晓梅．角色期待与呼应：新情况下研究生导师的角色变化．研究生教育研究，2016（1）：70－74．

［23］戴锐，曹红玲．"立德树人"的理论内涵与实践方略．思想教育研究，2017（6）：9－13．

［24］单珏慧，马君雅，杨倩，等．导师在研究生思想政治教育中“首要责任”的演进与实现．学位与研究生教育，2017（6）：6－10．

［25］丁凯，宋林泽．试论自媒体时代高校思想政治教育话语权的建构．思想理论教育导刊，2018（6）：134－138．

［26］董贵成，吴小林．论导师在研究生良好思想道德形成中的作用．学位与研究生教育，2017（6）：1－5．

［27］冯刚，曾永平．“思想政治工作”与“思想政治教育”概念辨析．思想理论教育，2018（1）：42－46．

［28］高德胜，王瑶，张耀灿．思想政治教育学的当代转向：应用思想政治教育的内涵与特征．思想教育研究，2018（5）：27－31．

［29］顾倩．导师在研究生思想政治教育中的作用及其对策建议．思想理论教育导刊，2016（5）：131－133．

［30］顾钰民，张青子衿．深化对思想政治工作体系内涵认识与途径研究．思想教育研究，2018（7）：109－112．

［31］顾钰民．思想政治教育主客体研究的再追问．思想理论教育，2015（5）：53－56．

［32］郭绍均．思想政治教育研究范式的内涵、功能及其优化．思想理论教育，2018（9）：56－60．

［33］韩华．习近平关于高校思想政治工作论述的辩证法．思想理论教育导刊，2019（3）：35－38．

［34］韩萌．英国一流大学博士生培养机制及其启示：基于牛津大学教育学院的经验．高等教育研究，2016（8）：96－104．

［35］韩宪洲．高校思想政治工作要准确把握“三大规律”的内涵与逻辑．思想理论教育导刊，2018（4）：128－133．

［36］郝吉明．努力成为一名合格的博士生导师．学位与研究生教育，2017（4）：7－8．

［37］胡沫．论思想政治教育的总体性和具体性：评思想政治教育学前沿研究．思想教育研究，2013（11）：104－108．

[38] 胡守强，李伟，李洪亮，等. 导师助理制度：破解研究生思想政治教育难题的新探索. 学位与研究生教育，2015（3）：51－53.

[39] 胡守强，涂俊才，范金凤，等. 发挥导师在研究生思想政治教育中作用的长效机制探索. 研究生教育研究，2017（2）：24－27+51.

[40] 江乃兵. 研究生培养机制改革与创新思想政治教育工作的思考. 思想教育研究，2011（3）：70－73.

[41] 蒋红，李驰宇. 思想政治教育时空问题思考. 思想理论教育导刊，2019（8）：124－127.

[42] 蒋连霞，施亚玲，向兴华，等. 新时代加强和改进研究生思想政治教育工作的现实思考：基于对广东省研究生思想政治状况的调查. 思想教育研究，2019（1）：128－131.

[43] 康秀云. 比较思想政治教育研究的基本概念辨析. 社会科学战线，2014（6）：214－218.

[44] 李春根，陈文美. 导师与研究生命运共同体：理念与路径构建. 学位与研究生教育，2016（4）：55－59.

[45] 李辉，任美慧. 思想政治教育环境论：现状、问题与展望. 思想理论教育，2014（7）：33－38.

[46] 李坤. 思想政治教育范式还是思想政治教育研究范式?. 思想教育研究，2019（7）：26－31.

[47] 李丽，李艳. 牢牢掌握高校思想政治教育话语权. 思想教育研究，2017（12）：65－69.

[48] 李敏. 思想政治教育属性研究：现状与展望. 思想教育研究，2015（9）：105－109.

[49] 李明忠，褚照锋，邵攀，等. 我国高等教育学专业研究生导师群体特征研究. 高等教育研究，2016（7）：33－44.

[50] 李栓久，吴宇，唐棣. 思想政治教育视角下研究生职业能力构成及培养途径. 思想教育研究，2014（1）：91－94.

[51] 李亿，吴荣军. 语词共识、命题同构、实践遵循：理解思想政治教育的

三个维度：基于概念的共词分析视角．思想教育研究，2017（12）：32－36.

[52] 李忠军，李钰阳．“思想政治工作是学校各项工作的生命线”内涵解析．思想教育研究，2018（12）：48－53.

[53] 李忠军．“铸魂育人”是思想政治教育本质核心内涵的探讨．思想理论教育导刊，2015（10）：104－108.

[54] 李忠军．大学生思想政治教育目标新探．思想理论教育导刊，2013（12）：96－101.

[55] 梁社红，刘艳，朱婉儿，等．导学关系困扰类型分析及对策研究．学位与研究生教育，2018（5）：50－54.

[56] 林丽．研究生思想政治教育中导师发挥首要责任人作用探析．思想理论教育，2018（10）：107－111.

[57] 林仕尧．德育融入研究生培养体系的理论探索．研究生教育研究，2018（6）：14－17＋89.

[58] 刘红梅，孙其昂．思想政治教育行为内涵及其研究价值．思想教育研究，2017（12）：12－16.

[59] 刘宏达．高校辅导员提升思想政治教育话语权的内在逻辑与现实路径．思想理论教育，2017（5）：84－89.

[60] 刘洪波．内涵式发展：大学生思想政治教育发展的必然取向．思想教育研究，2016（5）：13－16.

[61] 刘林．研究生导师立德树人职责与实现途径探究．思想教育研究，2018（5）：115－118.

[62] 刘敏．提升内涵质量　实现全员育人　大力推进研究生思想政治教育队伍建设．思想教育研究，2013（4）：48－49.

[63] 刘志，韩雪娇．研究生导师立德树人需要突破的三重瓶颈．研究生教育研究，2018（5）：13－17.

[64] 刘志，刘健康，许畅．研究生导师立德树人评价需要平衡三对矛盾冲突．学位与研究生教育，2019（4）：8－12.

[65] 刘志．思想政治工作体系贯通高校人才培养体系需突破三方面关键

瓶颈. 思想教育研究，2019 (6)：93－97.

[66] 刘志. 研究生教育中和谐导生关系何以可能. 学位与研究生教育，2018 (10)：20－25.

[67] 刘志. 研究生思想政治教育基本问题论析. 学位与研究生教育，2018 (7)：21－27.

[68] 刘志. 加强研究生导师师德建设需正确处理三大关系. 中国高等教育，2019 (1)：51－52.

[69] 柳丽. 马克思恩格斯对思想政治教育理论的若干贡献. 思想教育研究，2014 (3)：16－20.

[70] 卢黎歌，田建军. 六十年来我国研究生思想政治教育的回顾与反思. 学位与研究生教育，2010 (6)：24－28.

[71] 陆道坤，葛元燕. 论研究生导师专业道德. 学位与研究生教育，2018 (8)：13－18.

[72] 骆莎. 论立德树人中导师的教育引导作用. 思想理论教育，2018 (11)：107－111.

[73] 骆郁廷. 思想政治教育本质的方法论探索. 武汉大学学报（哲学社会科学版），2014 (6)：48－52.

[74] 马喜亭，冯蓉. 基于积极心理学视角的和谐"导学关系"模式构建研究. 研究生教育研究，2018 (1)：67－70＋95.

[75] 马臻. 研究生师生矛盾及化解对策. 学位与研究生教育，2019 (2)：1－5.

[76] 孟东方. 习近平新时代中国特色社会主义思想指导下的高校思想政治工作创新. 思想理论教育导刊，2018 (5)：146－149.

[77] 糜海波. 新时代师德评价与师德建设的应有维度. 伦理学研究，2018 (2)：117－123.

[78] 糜海波. 辩证把握师德评价中的几个关键要素. 思想理论教育，2018 (3)：85－89.

[79] 倪愫襄. 思想政治教育概念的历史演进. 思想教育研究，2012

(11)：16－19.

[80] 钱嫦萍，胡博成. 新时代研究生导师立德树人的时代内涵、现实难题和实现路径. 思想理论教育，2019 (9)：107－111.

[81] 上官莉娜，李慧. 比较思想政治教育：研究取向、方法及发展路径. 思想教育研究，2015 (3)：12－15.

[82] 上官莉娜. 比较思想政治教育：学科内涵、研究价值及发展诉求. 思想理论教育，2015 (3)：55－59.

[83] 上官苗苗，王立仁. 浅析导师在开展研究生思想政治教育工作中的重要作用. 思想教育研究，2015 (4)：51－55.

[84] 上官苗苗，王立仁. 思想政治教育前沿问题研究现状的梳理与反思. 思想理论教育导刊，2015 (5)：121－125.

[85] 施鹏，张宇. 美国研究生教育中导学关系的特点与启示. 学位与研究生教育，2016 (10)：67－72.

[86] 石海兵. 当前思想政治教育学原理体系研究的几点思考. 思想理论教育，2016 (3)：48－51.

[87] 石书臣. 思想政治教育主客体关系的目的性阐释. 思想教育研究，2017 (2)：17－21.

[88] 石卫林，惠文婕. 校企双导师制更有助提高全日制专硕生职业能力吗. 中国高教研究，2018 (10)：68－74.

[89] 宋来新. 培养社会主义建设者和接班人的理路选择. 思想理论教育导刊，2018 (11)：31－34.

[90] 宋锡辉. 思想政治教育学原理研究：现状、问题与发展. 思想理论教育，2014 (3)：32－36.

[91] 苏国红，李卫华，吴超. 习近平“立德树人”教育思想的主要内涵及其实践要求. 思想理论教育导刊，2018 (3)：39－43.

[92] 隋宁，张澍军. “思想政治教育先在结构”的概念提出和内涵阐释. 思想教育研究，2011 (10)：3－7.

[93] 孙文桢. 法律视角下导师与研究生关系初探. 学位与研究生教育，

2017（11）：8－13.

［94］覃事太，马俊，金鑫．高校思想政治理论课教学话语建设的实践逻辑．思想理论教育导刊，2018（5）：116－118.

［95］唐斌，罗洪铁．思想政治教育学主客体理论的争论及评析．思想理论教育导刊，2015（1）：97－101.

［96］唐斌．对思想政治教育主客体研究再追问的追问．思想理论教育，2015（9）：55－59.

［97］唐德先，彭涛．导师参与研究生思想政治教育的内涵及实现路径探索．思想教育研究，2013（9）：39－42.

［98］唐润，尹星．研究生教育中的师生博弈关系及管理策略分析．研究生教育研究，2018（6）：70－75.

［99］田建军．导师与研究生关系的基本类型及科学构建探析．研究生教育研究，2018（3）：55－58.

［100］涂艳国，吴河江．自由教育视野下研究生教育的导学关系重构：基于人文学科领域的思考．研究生教育研究，2018（4）：23－27＋34.

［101］王刚．对思想政治教育资源内涵的再认识．思想教育研究，2013（10）：21－23.

［102］王海迪．英国高校博士生导师制度及其启示：基于四所一流大学的经验．国家教育行政学院学报，2017（11）：78－84.

［103］王启梁．导师的责任与研究生的自主性：与研究生同学的交流．学位与研究生教育，2016（9）：9－13.

［104］王淑芹，李文博．“思想政治教育”概念的廓清与释义．思想理论教育导刊，2018（8）：124－127.

［105］王树荫．思想政治教育学科边界再思考．思想教育研究，2013（6）：19－20.

［106］王燕华．从工具理性走向交往理性：研究生“导学关系”探析．研究生教育研究，2018（1）：60－66.

［107］王轶玮．英国顶尖研究型大学研究生导师制度及其启示：以牛津

大学为例. 学位与研究生教育, 2018 (10): 71-77.

[108] 王颖. 思想政治教育本硕博相衔接人才培养体系研究. 思想理论教育导刊, 2016 (12): 91-94.

[109] 王颖. 回归“思想政治”的思想政治教育概念分析. 思想理论教育导刊, 2014 (11): 86-90.

[110] 吴爱军, 朱华. 我国研究生思想政治教育的回顾与思考. 思想教育研究, 2010 (8): 82-85.

[111] 吴宏政. 思想政治教育学“基础理论”的界定与研究进展. 思想理论教育导刊, 2015 (8): 104-107.

[112] 吴潜涛, 张新桥. 思想政治教育学科内涵与定位研究综述. 思想教育研究, 2014 (5): 3-15.

[113] 吴艳东. 论思想政治教育导向的内涵、本质与特征. 思想理论教育, 2016 (10): 58-63.

[114] 武东生, 冯乐. 对“政治教育”到“思想政治教育”概念演变的解析. 思想理论教育导刊, 2014 (8): 4-8.

[115] 郗厚军, 康秀云. 国外思想政治教育可借鉴性: 前提反思、根据认识及实现要求. 思想理论教育, 2017 (10): 17-22.

[116] 辛玲玲, 刘佳. 浅析导师在研究生思想政治教育中的作用. 思想教育研究, 2010 (1): 64-67.

[117] 邢鹏飞. 思想政治教育概念界定的马克思恩格斯文本求证. 思想教育研究, 2014 (6): 103-107.

[118] 徐国亮, 刘松. 高校研究生班级建设与导师制相结合的探索研究. 思想理论教育导刊, 2017 (12): 150-152.

[119] 徐岚, 陶涛, 严弋. 师生关系的跨文化比较研究: 基于过程的博士生培养质量. 学位与研究生教育, 2016 (10): 62-66.

[120] 徐岚. 导师指导风格与博士生培养质量之关系研究. 高等教育研究, 2019 (6): 58-66.

[121] 许慧, 韦雪艳, 戚亚慧. 师徒功能与研究生专业认同感的关系研

究．研究生教育研究，2016（1）：65－69.

［122］严纯华．传道授业解惑守正立德垂范：如何当好研究生导师．学位与研究生教育，2016（9）：1－4.

［123］杨晓帆，王习胜．思想政治教育实践逻辑的概念提出和意涵阐释．思想教育研究，2019（1）：36－40.

［124］杨晓慧．论研究生思想政治工作的“五个统筹协调”．思想政治教育导刊，2018（5）：139－145.

［125］杨晓慧．比较思想政治教育研究的学科理性、本质定位及系统建设．思想理论教育导刊，2014（10）：101－105.

［126］杨晓慧．对深化思想政治教育学科建设的几点思考．思想政治教育研究，2014（1）：12－16.

［127］姚林，王建梁．研究生导师“专业化”如何实现：澳大利亚高校研究生导师专业发展项目研究．学位与研究生教育，2018（8）：7－12.

［128］殷忠勇．研究生教育中师生一元关系的理解与构建．研究生教育研究，2018（5）：65－69.

［129］虞滢．思想政治教育学科范畴研究的规范性探微．思想教育研究，2016（10）：15－19.

［130］张端鸿，陈庆，邢睿．以公约精神与评价体系完善推动导师和研究生关系建设．思想理论教育，2018（9）：97－101.

［131］张静文，刘爱书．研究生导师问题行为的现状及特点探究：基于黑龙江省高校研究生的调查分析．研究生教育研究，2019（4）：45－50＋83.

［132］张逸阳．全日制专业学位研究生思想政治教育模式探析．思想教育研究，2016（5）：113－116.

［133］赵翠玲．自媒体环境下思想政治工作话语权的困境及其出路．东北师大学报（哲学社会科学版），2018（2）：66－71.

［134］赵贵臣，张楚楚．思想政治教育制度研究综述．思想理论教育导刊，2016（8）：150－152.

［135］赵君，张瑞，白永生．思想政治教育机制研究回顾及展望．思想

教育研究，2014（11）：13－19.

［136］赵立莹，刘晓君．研究生教育立德树人：目标体系、实施路径、问责改进．学位与研究生教育，2018（8）：58－63.

［137］赵义良，金蓉．公民教育与思想政治教育的内涵界定与辨析．思想教育研究，2017（11）：29－33.

［138］郑爱平，张栋梁．立德树人根本任务指引下研究生导师师德建设研究：基于12所高校1 496名师生的调查分析．研究生教育研究，2017（4）：30－35.

［139］郑敬斌，周向军．近年来思想政治教育制度研究综述．思想理论教育导刊，2014（10）：133－135.

［140］钟启东．思想政治教育理念内涵论析．思想教育研究，2015（12）：12－16.

［141］周志成，罗慧．关于厘清德育概念的思考．思想教育研究，2015（1）：12－16.

［142］朱景林．关于思想政治教育载体分类的研究．思想理论教育导刊，2014（11）：91－96.

［143］祖嘉合．略论德育和思想政治教育的适度区分．思想教育研究，2011（2）：5－9.

［144］左崇良．研究生导师责权机制的法理分析．学位与研究生教育，2018（8）：19－24.

［145］Abraham E. Flanigan，Kenneth A. Kiewra. What College Instructors Can Do about Student Cyber-slacking. Educational Psychology Review，2018，30（2）：585－597.

［146］Alan K. Goodboy，San Bolkan，Scott A. Myers，et al. Student Use of Relational and Influence Messages in Response to Perceived Instructor Power Use in American and Chinese College Classrooms. Communication Education，2011，60（2）：191－209.

［147］Asena Altin Gulova，Bedrettin Türker Palamutcuoglu，Aynur Terzi

Palamutcuoglu. The Role of Supervisor Support in Relations Between Emotional Labor and Job Involvement：A Research on University Student Affairs Personnel. Dokuz Eylül Üniversitesi İktisadi ve İdari Bilimler Fakültesi Dergisi，2013，28（2）：41－47.

［148］Dewi Juliah Ratnaningsih. Independent Learning Skill，Competence and Job Performance of Graduates of University Terbuka：Perceptions of Graduates and Supervisors. Asian Association of Open Universities Journal，2013，8（1）：117－129.

［149］Gerard Dericks，Edmund Thompson，Margaret Roberts，et al. Determinants of PhD Student Satisfaction：The Roles of Supervisor，Department，and Peer Qualities. Assessment & Evaluation in Higher Education，2019，44（7）：1053－1068.

［150］Giefer C. Publication of a Thesis：The Relationship Between Graduate Student and Thesis Advisor. Nurse Author & Editor，1996，6（2）：7－8.

［151］Hagman Jessica Ellis，Johnson Estrella，Fosdick Bailey K. Factors Contributing to Students and Instructors Experiencing a Lack of Time in College Calculus. International Journal of STEM Education，2017，4（1）：12.

［152］Han Shanling，Li Zhiyong，Tang Xiaodong. Study of the Relationship Between Tutors and Master Graduates Based on Analytic Hierarchy Process. Proceedings of the 2014 2nd International Conference on Advances in Social Science，Humanities and Management，2014：104－110.

［153］Lixin Jiang，Thomas M. Tripp，Phan Y. Hong. College Instruction Is Not So Stress Free after All：A Qualitative and Quantitative Study of Academic Entitlement，Uncivil Behaviors，and Instructor Strain and Burnout. Stress and Health：Journal of the International Society for the Investigation of Stress，2017（33）：578－589.

［154］Jolan T. Nisbet，Mark D. Haw，Ashleigh J. Fletcher. The Role of Tutors in Peer Led Teaching. Education for Chemical Engineers，2014，9（1）：e15－e19.

[155] Karina Lange. Exploring Graduate Student Learning in Applied Science and Student-supervisor Relationships：Views of Supervisors and Their Students. Engineering Education，2008，3（1）：30－43.

[156] Kerry Howells，Karen Stafford，Rosanne Guijt，et al. The Role of Gratitude in Enhancing the Relationship Between Doctoral Research Students and Their Supervisors. Teaching in Higher Education，2017，22（6）：1－18.

[157] Krishna Anand，Sebastian M. Peter. Questionable Research Practices in Student Final Theses：Prevalence，Attitudes，and the Role of the Supervisor's Perceived Attitudes. Plos One，2018，13（8）：1－24.

[158] Melissa Ng Lee Yen Abdullah，Terry Evans. The Relationships Between Postgraduate Research Students' Psychological Attributes and Their Supervisors' Supervision Training. Procedia-social and Behavioral Sciences，2012（31）：788－793.

[159] Michael J. Platow. PhD Experience and Subsequent Outcomes：A Look at Self-perceptions of Acquired Graduate Attributes and Supervisor Support. Studies in Higher Education，2012，37（1）：103－118.

[160] Pamela Moss. Positioning a Feminist Supervisor in Graduate Supervision. Journal of Geography in Higher Education，2009，33（1）：67－80.

[161] Sevgi Turan，Melih Elcin，Orhan Odabası，et al. Evaluating the Role of Tutors in Problem-based Learning Sessions. Procedia-social and Behavioral Sciences，2009，1（1）：5－8.

[162] Tina L. Heafner，Teresa M. Petty，Richard Hartshorne. University Supervisor Perspectives of the Remote Observation of Graduate Interns. Journal of Computing in Higher Education，2012，24（3）：143－163.

[163] Dolan Walsh. Changing Identities and Practices：Transitioning from the Role of Supervisor to Placement Tutor in Initial Teacher Education in

Ireland. Professional Development in Education，2019，45（4）：527－528.

［164］Shang Yufan，Melody P. M. Chong，Jun Xu，et al. Authentic Leadership and Creativity in China：The Role of Students' Regulatory-focused Behaviors and Supervisors' Power Sources. Thinking Skills and Creativity，2019，34（5）：1－15.

# 后 记

习近平总书记指出，“每个时代总有属于它自己的问题”①。所谓“问题”，就是“时代需要”，就是“时代呼声”。当前，我国研究生教育面临的形势和任务发生了深刻变化。从国际上看，当今世界正经历百年未有之大变局，新一轮科技革命和产业变革兴起，高精尖人才日益成为影响国际竞争的重要因素。从国内来看，中国特色社会主义进入新时代，在完成脱贫攻坚、全面建成小康社会基础上，我国迈向建设社会主义现代化国家新征程。研究生教育作为最高层次的学历教育，肩负着高层次人才培养和创新创造的重要使命，是国家发展、社会进步的重要基石。近年来，特别是党的十八大以来，党和国家高度重视研究生教育，召开了一系列重要会议，出台了一系列重要政策，明确了研究生教育的战略地位、发展目标和基本思路。围绕服务需求、提高质量的主题主线，各级党委和政府纷纷把研究生教育纳入经济社会发展和教育工作全局，统筹谋划研究生教育改革，全面推进研究生教育内涵式发展。

2016 年，我从哈佛大学访学回国到研究生院负责研究生教育管理相关工作后，愈加体会到研究生思想政治教育的重要性、复杂性和独特性。虽然当前研究生思想政治教育受到学界越来越多的关注，但这一研究领域尚有诸多亟待破解的核心问题。比如，已经是研究生了还需要思想政治教育吗？延续

① 习近平．之江新语．杭州：浙江人民出版社，2007：235.

本科生的思想政治教育模式不可以吗？又如，究竟什么样的思想政治教育才符合研究生教育规律、符合思想政治教育规律、符合研究生自身成长规律？这些问题始终萦绕在心头，也是我把“研究生思想政治教育”作为研究重点的强大驱动力。

工作20多年来，我一直扎根在大学生思想政治工作理论创新与实践探索第一线。在此过程中，高校思想政治工作面临诸多新形势、新任务和新挑战，传统的工作载体与方法表现出严重的不适应，亟待深化研究、创新实践、破解问题。东北师范大学思想政治工作队伍始终坚持“将难题聚焦为课题，将管理上升为学理，将成果转化为效果”，各方面工作都取得了突出成效，形成了“把工作做成一门学问”的特色与品牌。作为其中的骨干成员，我也是无论在哪个岗位工作，都始终紧扣提高工作针对性与实效性这一核心任务，着力破解思想政治教育的瓶颈性难题，也正因为如此，在开始进入研究生思想政治工作研究这一领域之初，我就将目标对准了其中的重点、难点和热点问题，展开集中攻关，比如导生关系异化、导师师德失范、导师立德树人评价等问题，并将其定位于“研究生思想政治教育论要”。拙著对研究生思想政治教育存在的问题及其成因进行了科学分析，尝试挖掘其背后的生发规律，并在此基础上探索促进和优化当代思想政治教育前沿问题的基本对策。科学研究就是一个不断打破砂锅问到底的过程，多年来，我反复追问自己每个概念究竟“是什么”，警惕“熟知即真知”的认知陷阱，挖掘实践经验背后的深层规律，并将研究发现应用到实践中进行检验。还记得在厘清研究生思想政治教育的概念时，由于开展此研究的学者较少，且学界尚未形成共识，能用于参考的文献十分有限，更需要自己去探索。为此，我尝试以研究生和思想政治教育两个关键要素的内涵边界为坐标维度，在研究生思想政治教育与研究生教育的对比分析中窥见“思想政治教育”的独特内涵，在研究生思想政治教育与思想政治教育的对比分析中挖掘“研究生”的独特属性，创新性提出研究生思想政治教育的基本内涵。在研究过程中，我振奋于每一个新发现，愉悦于每一次新尝试带来的新认知，兴奋于每一个挑战的创新性突破。

本书成功付梓得益于东北师范大学思想政治教育研究中心多年来的研究

积淀，尤其是得益于中心主任杨晓慧教授对我国思想政治教育学科发展的战略研判和前瞻布局，对团队青年教师的悉心规划和精心扶持。我还想诚挚地感谢东北师范大学思想政治教育研究中心领导和同事的关怀与支持，感谢我的研究生们在本书写作过程中提供的积极且卓有成效的协助。同时，也要衷心感谢中国人民大学出版社编辑在审校过程中给予的意见和帮助，他们严谨的工作态度、良好的专业素养使我们受益匪浅且深受感动。

我深知，研究生思想政治工作理论探索这列快车尚在起步的阶段，拿出一部专题著作本身既是令人心动的挑战，也是一次无知无畏的探险，全书无论在体系的架构还是在具体的论述方面一定还有诸多的不成熟甚至是偏差，但我相信每一位可敬的读者都会对其投以看待“初生牛犊”的大度眼光，如有大家的这份包容甚或进一步的指正意见，我将有接续奋斗无比强大的动力，在此提前诚表谢意！

刘　志

图书在版编目（CIP）数据

研究生思想政治教育论要 / 刘志著. --北京：中国人民大学出版社，2024.6
（思想政治教育实践研究新探索丛书 / 杨晓慧，刘志主编）
ISBN 978-7-300-32660-3

Ⅰ.①研… Ⅱ.①刘… Ⅲ.①研究生－思想政治教育－研究－中国 Ⅳ.①G643.1

中国国家版本馆 CIP 数据核字（2024）第 059064 号

思想政治教育实践研究新探索丛书
主编 杨晓慧 刘 志
研究生思想政治教育论要
刘 志 著
Yanjiusheng Sixiang Zhengzhi Jiaoyu Lunyao

| | | | |
|---|---|---|---|
| 出版发行 | 中国人民大学出版社 | | |
| 社　址 | 北京中关村大街 31 号 | 邮政编码 | 100080 |
| 电　话 | 010－62511242（总编室） | | 010－62511770（质管部） |
| | 010－82501766（邮购部） | | 010－62514148（门市部） |
| | 010－62515195（发行公司） | | 010－62515275（盗版举报） |
| 网　址 | http://www.crup.com.cn | | |
| 经　销 | 新华书店 | | |
| 印　刷 | 唐山玺诚印务有限公司 | | |
| 开　本 | 720 mm×1000 mm 1/16 | 版　次 | 2024 年 6 月第 1 版 |
| 印　张 | 14.75 插页 1 | 印　次 | 2024 年 6 月第 1 次印刷 |
| 字　数 | 202 000 | 定　价 | 58.00 元 |